数字图书馆管理与服务

周圆圆　阮贻翠　著

云南美术出版社

图书在版编目（CIP）数据

数字图书馆管理与服务 / 周圆圆，阮贻翠著 .

昆明 : 云南美术出版社 , 2024.8. -- ISBN 978-7-5489-5863-5

Ⅰ . G250.76

中国国家版本馆 CIP 数据核字第 202486ME60 号

责任编辑 : 吴 洋
责任校对 : 台 文 刘俊男 付春华
装帧设计 : 朝夕文化

数字图书馆管理与服务

周圆圆 阮贻翠 著

出 版 : 云南美术出版社
地 址 : 昆明市环城西路 609 号
印 刷 : 固安兰星球彩色印刷有限公司
开 本 : 889mm×1194mm 1/16
印 张 : 20.875
字 数 : 334 千
版 次 : 2025 年 1 月第 1 版
印 次 : 2025 年 1 月第 1 次印刷
书 号 : ISBN 978-7-5489-5863-5
定 价 : 72.00 元

前　言

　　随着信息技术的迅猛发展，我们迎来了一个信息爆炸的时代，知识和信息的获取、传播和利用方式均发生了翻天覆地的变化。在这一背景下，数字图书馆作为传统图书馆的数字化转型和升级，正逐渐展现出其独特魅力和重要价值。本书旨在深入探讨数字图书馆的管理理念、服务策略以及未来发展，以期为图书馆工作者、教育技术研究者以及广大读者提供有益的参考和借鉴。

目　录

第一章　数字图书馆管理概述

第一节　数字图书馆的定义与特点

一、数字图书馆的基本概念解析

数字图书馆（Digital Library）是用数字技术处理和存储各种图文并茂文献的图书馆，实质上是一种多媒体制作的分布式信息系统。它把各种不同载体、不同地理位置的信息资源用数字技术存储，以便进行跨越区域、面向对象的网络查询和传播，涉及信息资源加工、存储、检索、传输和利用的全过程。

通俗地说，数字图书馆就是虚拟的、没有围墙的图书馆，是基于网络环境下共建共享的可扩展的知识网络系统，是超大规模的、分布式的、便于使用的、没有时空限制的、可以实现跨库无缝链接与智能检索的知识中心。

二、数字图书馆与传统图书馆的差异对比

首先，从外在形态来看，传统图书馆通常是一座座宏伟的建筑，内部摆放着整齐的书架和大量的纸质书籍；而数字图书馆则是一个虚拟的空间，其内部没有实体的书架和书籍，所有的资源都以数字形式存储在计算机中，用户可以通过互联网进行访问和获取。这种外在形态上的差异使得数字图书馆具有更强的灵活性和便捷性，用户不再受到时间和地点的限制，可以随时随地进行学习和研究。

其次，在服务方式方面，传统图书馆与数字图书馆之间存在显著的差异。传统图书馆主要提供借阅服务，用户需要亲自前往图书馆，穿梭于书架间，

寻找自己感兴趣的书籍，并在办理借阅手续后才能将书籍带回家中阅读。这种服务方式虽然能够让人们接触到纸质书籍，但在一定程度上受限于开放时间、地理位置以及图书资源的数量与种类。数字图书馆为用户提供了更为丰富的服务方式，其数字图书馆允许用户在线阅读，无须亲自前往图书馆，只需通过电脑、手机等终端设备，即可随时随地浏览和阅读各种电子信息资源。这种在线阅读的方式更为方便快捷，能够节省用户的时间和精力。

最后，从内在理念和功能来看，传统图书馆注重的是书籍的收藏和保存，强调的是对知识的传承和保护；而数字图书馆则更加注重知识的共享和创新，通过数字技术将知识资源进行整合和优化，为用户提供更加全面、深入的学习资源。为了更好地说明二者的差异，可以通过一些具体的例子来展现。比如，在学术研究方面，传统图书馆可能需要花费大量的时间和精力去查找和借阅相关的纸质书籍和期刊；而数字图书馆则可以通过关键词搜索等方式，迅速找到相关的电子文献和资料，大大提高了研究效率。此外，在个性化学习方面，传统图书馆缺乏针对用户的个性化学习指导和支持，难以满足用户的个性化需求；而数字图书馆可以根据用户的兴趣和需求，推荐相关的学习资源和课程，帮助用户更加高效地进行学习。

三、数字图书馆的核心功能与服务范畴

（一）核心功能

资源数字化：通过数字技术将传统图书馆的资源（如图书、期刊、论文等）转化为数字格式，实现资源的数字化存储和管理。

在线服务：提供全天候的在线服务，使用户可以在任何时间、任何地点通过网络访问数字图书馆的资源。

检索与导航：提供强大的检索系统，支持用户根据关键词、作者、ISBN编号等多种方式检索资源。同时，提供导航功能，帮助用户快速定位所需资源。

个性化推荐：根据用户的兴趣偏好和阅读历史，推荐相关的文献资源，提供个性化的信息服务。

长期保存与管理：通过数字技术对图书馆的馆藏资源进行长期保存和管理，确保文献资源的永久性保存和可持续利用。

（二）服务范畴

信息服务：提供馆藏资源查询系统，使用户可以通过网络查询图书馆的资源目录，获知文献资源的简介和收藏情况等信息。

数字化资源：提供丰富的数字化资源，包括电子图书、电子报刊、国内外大型电子检索工具、专题数据库、多媒体音像资料等，以光盘数据库、网络数据库形式提供服务。

网络服务：开展基于网络环境的服务项目，如网络导航、网络教育、多媒体资源传递、网上培训等。

馆际互借与文献传递：通过数字技术实现馆际互借和文献传递的网络化，方便用户获取其他图书馆的资源。

学术交流与互动：提供学术交流平台，支持用户之间的学术交流和互动，促进信息共享和学术创新。

四、数字图书馆的数字化与信息化特征

（一）数字化特征

1.数字化资源存储

数字图书馆将传统的纸质文献、音像资料等资源转化为数字格式进行存储，这不仅可以节省大量的存储空间，还可以实现资源的长期保存和备份。同时，数字化资源还可以通过互联网进行传输和共享，使用户能够更加方便地获取所需的信息资源。

2.多媒体资源呈现

数字图书馆支持多媒体资源的呈现和展示，包括文字、图片、音频、视频等多种形式的信息资源。这种多媒体资源呈现可以使用户更加直观地了解信息内容，提高信息获取的效率和效果。

3. 高效的数据处理

数字图书馆采用先进的数据处理技术，可以对海量的信息资源进行高效的处理和分析。这不仅可以提高信息检索的准确性和效率，还可以为用户提供更加深入、全面的信息服务。

（二）信息化特征

1. 信息资源整合与共享

数字图书馆通过运用现代信息技术，对海量的信息资源进行深度挖掘和整理。这些资源包括但不限于图书、期刊、论文、报纸、多媒体资料等，它们原本分散在图书馆、档案馆、博物馆等不同的机构中，难以被统一管理和利用。而数字图书馆则通过建立统一的信息资源目录和索引系统，将这些资源有机地整合在一起，形成一个庞大的、互联互通的信息资源网络。用户只需通过简单的检索或浏览，就能找到所需的信息资源。同时，数字图书馆还提供多种形式的访问和获取方式，如在线阅读、下载、打印等，满足了用户多样化的需求。

2. 智能化信息检索

数字图书馆采用先进的智能化信息检索技术，可以根据用户的检索习惯和兴趣偏好，为用户提供更加精准、个性化的信息检索服务。这不仅可以提高用户的信息获取效率，还可以提升用户的满意度和忠诚度。

3. 交互式信息服务

数字图书馆提供交互式的信息服务，用户可以通过平台与图书馆员或其他用户进行交流和互动，分享学术成果、交流学习心得等。这种交互式的服务方式可以激发用户的创造力和合作精神，促进学术研究的深入发展。

4. 跨时空信息服务

数字图书馆打破了传统图书馆的时空限制，用户可以在任何时间、任何地点通过网络访问数字图书馆的信息资源。这种跨时空的信息服务方式为用户提供了极大的便利和灵活性。

第二节　数字图书馆管理的发展历程

一、早期数字图书馆管理

随着信息技术的迅猛发展，数字图书馆作为现代图书馆的重要形态，其管理也经历了从简单到复杂、从粗糙到精细的演进过程。在数字图书馆发展的早期阶段，管理主要体现在资源数字化和基础功能的构建上。

在早期，数字图书馆管理的核心任务是将传统的纸质文献资源转化为数字形式，以便其更好地保存、传播和利用。这一阶段的管理涉及对大量文献的扫描、数字化处理、格式转换等工作，确保数字化资源的质量和准确性。同时，为了满足用户的基本需求，数字图书馆还提供了基本的检索、浏览和下载功能，方便用户获取所需信息。

然而，早期的数字图书馆管理在技术和功能上较为简单，尚未形成完整的理论体系和实践模式。在这一阶段，图书馆管理者面临着如何高效进行数字化资源采集、加工和整合的挑战，以及如何为用户提供便捷、准确的检索服务的问题。此外，随着数字资源的不断增多，如何有效管理和维护这些资源，确保其安全性和可用性，也成为早期数字图书馆管理需要关注的重要问题。

尽管早期数字图书馆管理在技术和功能上存在一定的局限性，但也为后来的数字图书馆发展奠定了坚实的基础。通过不断地实践、总结和探索，数字图书馆管理逐渐走向成熟，形成了更加完善的理论体系和实践模式，为现代图书馆的发展提供了有力支持。

二、当代数字图书馆管理

自 20 世纪 90 年代起，随着互联网的普及，数字图书馆得到广泛发展。数字图书馆主要依托于纸质文献的数字化转换，将传统图书馆中的馆藏资源转化为数字形式，并通过互联网进行共享与传播。这一时期，数字图书馆管理主要关注于数字化技术的运用，如扫描、识别、存储等，以及数字化资源的整合与分类。

进入 21 世纪，随着信息技术的快速发展，数字图书馆管理迎来了前所未有的变革。一方面，云计算技术的应用使得数字图书馆的资源存储和访问更加便捷、高效；另一方面，大数据技术使得数字图书馆能够实现对海量数据的挖掘与分析，为用户提供更加精准的个性化服务。

此外，人工智能技术的引入也为数字图书馆管理带来了革命性的改变。通过现代化信息技术的应用，数字图书馆能够实现智能化检索、推荐和个性化定制等功能，极大地提升了用户体验和满意度。

在管理理念方面，当代数字图书馆管理也呈现出诸多创新。例如，强调用户体验和服务质量，注重与用户的互动与沟通；强调资源共享与开放存取，推动跨机构、跨领域的合作与交流；强调知识管理与知识创新，将数字图书馆打造成为知识创新的重要平台。

当代数字图书馆管理还面临着诸多挑战与机遇。随着数字化资源的快速增长和技术的不断进步，如何有效地管理和利用这些资源成为亟待解决的问题。同时，随着用户对数字图书馆的需求日益多样化，如何提供更为丰富、便捷的服务也成为图书馆管理者需要思考的问题。

第三节 管理与服务的重要性

一、管理是数字图书馆得以稳定有序运行的基础

管理，作为数字图书馆稳定有序运行的关键基石，其重要性不言而喻。在数字化时代，数字图书馆作为知识传播和信息交流的重要平台，其管理涵盖了资源管理、用户管理、安全管理等方面，从确保数字图书馆的稳健运行和优质服务。

在资源管理方面，数字图书馆需要对海量的数字资源进行有序的分类、整理、存储，确保资源的准确性和可用性。这些数字资源包括但不限于电子书、学术论文、多媒体资料等，它们以数字化形式存储于图书馆的系统中。为了确保这些资源的有效利用，数字图书馆需要采取科学的分类方法，按照学科、

主题等维度对资源进行归类，方便用户查找和使用。同时，数字图书馆还需要定期对资源进行更新和维护，确保资源的时效性和准确性。此外，为了应对可能发生的数据损坏或丢失等风险，数字图书馆还需要建立完善的备份和恢复机制，保障资源的可靠性和安全性。

　　在用户管理方面，数字图书馆需要建立完善的用户认证和权限管理机制，保障用户信息的安全和隐私。数字图书馆作为开放性的服务平台，用户群体广泛，因此用户管理尤为重要。一方面，数字图书馆需要设置严格的用户认证流程，确保用户身份的真实性和合法性；另一方面，数字图书馆还需要根据用户的需求和角色，设置不同的权限等级，确保用户只能访问和操作自己权限范围内的资源和服务。此外，数字图书馆还需要对用户的行为进行监控和记录，及时发现并处理违规行为，维护数字图书馆的秩序和安全。

　　在安全管理方面，数字图书馆需要采取多种技术手段和措施，防范网络攻击、数据泄露等安全风险。随着网络技术的不断发展，网络安全问题日益突出，数字图书馆作为重要的信息服务机构，其安全管理工作尤为重要。数字图书馆需要建立严格的安全管理制度和流程，利用防火墙、入侵检测、数据加密等多种技术手段，确保系统的安全稳定运行。同时，数字图书馆还需要加强馆员的安全意识和培训，提高馆员对安全风险的识别和应对能力。此外，数字图书馆还需要与相关部门和机构合作，共同应对网络安全威胁和挑战。

二、服务是数字图书馆实现其价值的关键

　　在信息查询方面，数字图书馆需要提供便捷、高效的检索工具和丰富的资源链接。用户通过输入关键词或短语，能够快速定位到所需的信息资源。此外，数字图书馆还应提供多种检索方式，如全文检索、作者检索、主题检索等，以满足用户不同的查询需求。同时，数字图书馆还应加强与各类信息机构的合作与共享，确保资源的丰富性和准确性，为用户提供更全面的信息查询服务。

　　在知识服务方面，数字图书馆需要运用数据挖掘、知识图谱等先进的技

术手段，为用户提供深入的知识分析和解决方案。通过对大量信息资源的挖掘和分析，数字图书馆能够发现知识之间的关联和规律，为用户提供更有价值的知识服务。例如，数字图书馆可以为用户提供定制化的知识服务，如提供专业的学科报告、行业分析报告等，以满足用户特定的需求。

在个性化推荐方面，数字图书馆需要通过对用户行为的挖掘和分析，为用户提供符合其兴趣和需求的个性化推荐服务。数字图书馆可以记录用户的浏览记录、查询记录、下载记录等信息，分析用户的兴趣偏好和需求特点，从而为用户提供个性化的资源推荐。这种服务方式不仅能够帮助用户更快速地找到所需的信息资源，还能够提升用户的阅读体验和满意度。

三、管理与服务在数字图书馆的发展中相互依存、相互促进

首先，有效的管理是提升服务质量和效率的关键。数字图书馆作为一个复杂的信息系统，涉及海量的数据、多样的服务和复杂的业务流程。只有通过科学的管理方法，才能确保各项服务的有序运行和高效协同。例如，通过建立完善的服务标准和流程，能够确保服务的规范性和一致性；通过运用先进的信息技术手段，能够实现对服务质量和效率的实时监控和优化；通过加强图书馆员培训和管理，能够提升图书馆员的专业素养和服务意识，从而提升整体的服务水平。

其次，优质的服务能够吸引更多的用户，促进资源的利用和共享。数字图书馆作为信息资源的汇聚地，其服务的质量和水平直接关系到用户的体验和满意度。只有提供丰富、便捷、个性化的服务，才能吸引更多的用户。同时，优质的服务也能够促进资源的充分利用和共享，提高资源的利用效率和价值。例如，通过提供精准的检索和推荐服务，能够帮助用户快速找到所需的信息资源；通过提供在线交流和协作平台，能够促进用户之间的知识分享和经验交流；通过提供个性化定制服务，能够满足不同用户群体的特殊需求。

最后，管理与服务的良性互动推动了数字图书馆的持续创新和发展。随着信息技术的不断发展和用户需求的不断变化，数字图书馆需要不断进行创新和改进以适应新的挑战和机遇。而管理与服务的良性互动正是推动这种创

新发展的关键力量。例如，通过不断优化管理流程和服务模式，数字图书馆能够不断提升自身的竞争力和适应能力；通过不断收集和分析用户反馈和需求数据，数字图书馆能够及时发现和解决存在的问题；通过不断探索和尝试新的技术手段和服务方式，数字图书馆能够不断开拓新的服务领域和发展空间。

第二章　数字图书馆管理

第一节　资源管理

一、资源采购与收集

（一）资源采购与收集是数字图书馆构建知识体系的基础

采购与收集工作的目标是从海量的信息中筛选出有价值、有特色的资源。这要求采购人员具备深厚的专业知识，能够准确判断资源的价值所在。同时，采购人员还需要具备敏锐的市场洞察力，能够及时发现并捕捉那些具有潜力的资源。此外，拥有广泛的资源渠道也是采购人员不可或缺的能力，这有助于他们获取更多元化、更全面的资源信息。

在采购过程中，采购人员需要关注资源的权威性、准确性、时效性和实用性。权威性是指资源来源的可靠性，准确性则是指资源内容的真实度。采购人员需要通过各种途径对资源进行评估，确保其具备这两个重要特征。同时，采购人员还需要关注资源的时效性，确保所采购的资源能够反映最新的学术成果和行业动态。此外，实用性也是采购人员在采购资源时需要关注的一个方面，要确保所采购的资源能够满足用户的需求，提供有价值的参考信息。

为了做好资源采购与收集工作，数字图书馆还需要建立科学的采购机制和管理制度。一方面，要明确采购标准和流程，确保采购工作的规范化和标准化。另一方面，要加强与供应商的合作与沟通，建立长期稳定的合作关系，确保资源的稳定供应。

（二）资源采购与收集需要注重资源的多样性和互补性

数字图书馆的资源构成并不单一，而是涵盖了众多类别，既有传统的纸质资源，如图书、期刊、报纸等，又有电子图书、电子期刊、数据库、多媒体资源等数字化资源。这些资源在形式、内容、使用方式等方面各有千秋，相互补充，共同构成了数字图书馆的资源体系。

在采购过程中，采购人员需要根据用户的需求和阅读习惯，对各种类型资源的比例进行精心安排。例如，对于学术研究者而言，他们可能更倾向于获取深入、专业的学术著作和期刊论文，因此电子图书和电子期刊的采购比例应相对较高。而对于普通用户而言，他们可能更关注通俗易懂、生活实用的读物，因此纸质图书和报纸的采购也应得到充分考虑。

除了关注资源的多样性，采购人员还需要注重资源的互补性。这主要体现在两个方面：一是纸质资源与数字化资源的互补，二是不同数字化资源之间的互补。纸质资源具有独特的阅读体验和文化价值，而数字化资源则具有检索方便、更新迅速等优势。在采购时，应充分考虑这两类资源的优势互补，以满足不同用户的需求。同时，不同数字化资源之间也存在互补关系，如电子图书与数据库、电子期刊与多媒体资源等，它们共同构成了数字图书馆的资源网络。

（三）资源采购与收集还需要遵循一定的规定和原则

在资源采购与收集的过程中，必须严格遵循一定的规定和原则，以确保整个过程的合规性、合法性和公平性。这些规定与原则不仅为数字图书馆的资源采购与收集工作提供了坚实的保障，同时也体现了对知识产权保护的尊重，以及对市场公平竞争环境的维护。

首先，严格遵守国家的法律法规和出版规定。在采购资源时，必须确保所采购的内容符合国家的法律法规要求，不含有任何违法、违规的内容。同时，还要遵循出版规定，确保采购的资源具备合法的出版资质和授权，避免侵犯他人的合法权益。

其次，知识产权保护的原则在资源采购与收集过程中具有举足轻重的地位。作为数字图书馆的采购人员，应深知知识产权的重要性，因此，在采购资源时，要尊重原作者的权益，确保所采购的资源具有合法的知识产权授权。要坚决反对任何形式的盗版、抄袭等侵犯知识产权的行为，并采取必要的法律手段来维护原作者的权益。

最后，公平竞争的原则也是资源采购与收集过程中不可忽视的一环。在采购资源时，相关人员应遵循公平竞争的原则，避免不正当竞争和垄断行为。有关部门鼓励各种供应商在公平、公正的市场环境中进行竞争，以提供更高质量、更优惠的资源。这不仅有助于相关人员采购到更多优质的资源，同时也能够促进整个行业的健康发展。

二、资源分类与编目

（一）资源分类

资源分类是指根据资源的内容、形式、用途等属性，将其按照一定的规则和逻辑进行划分和归类。这一环节对于数字图书馆至关重要，它能够帮助用户快速定位所需资源，提高检索效率。同时，分类也有助于图书馆员对资源进行有效的组织和管理，确保资源的完整性和可访问性。

在构建图书馆资源分类体系的过程中，可以根据实际需求采用多种分类方法，以形成既全面又精细的体系。其中，主题分类、形式分类和年代分类是三种常用的分类方法，它们各自具有独特的优点和应用场景。

1. 主题分类

主题分类是一种对资源进行有效组织和管理的重要方法，它主要是根据资源涉及的主题领域来进行划分的。这种分类方式对于用户而言，具有极高的实用价值和便利性。无论是学术研究者还是普通用户，都可以通过主题分类快速定位到自己所感兴趣或需要的资源，从而节省大量的时间和精力。

主题分类的准确性和有效性对于用户的使用体验至关重要，因为这直接关系到用户能否迅速、准确地找到他们感兴趣或需要的内容。在进行主题分类时，相关人员必须充分考虑资源的内在特征和读者的需求，从而确保分类的精准度和实用性。

首先，针对文学类资源，可以从多个维度进行分类。体裁是一个重要的分类依据，如小说、诗歌、散文等，每种体裁都有其独特的艺术特点和审美价值。此外，风格也是分类的关键因素，如现实主义、浪漫主义、现代主义等，它们反映了文学的风貌与内涵。同时，时代背景也是不可忽视的分类依据，不同历史时期的文学作品往往承载着不同的社会思潮和文化内涵。以中国古代文学为例，可以根据体裁将作品分为诗词、小说、戏曲等；根据风格，可以将作品分为豪放派、婉约派等；根据时代背景，可以将作品分为先秦文学、唐宋文学、明清文学等。这样的分类有助于用户根据自己的兴趣和需求，迅速找到适合自己的文学作品。

其次，对于历史类资源，可以从历史时期、重大事件、历史人物等角度进行分类。历史时期是历史类资源分类的基础，如古代史、近代史、现代史等，它们反映了人类社会的不同发展阶段。重大事件是历史进程中的关键节点，如战争、革命、改革等，它们对历史发展产生了深远影响。历史人物则是历史的见证者和参与者，他们的生平事迹和思想贡献为后人提供了宝贵的借鉴和启示。以中国近代史为例，我们可以根据重大事件将资源分为太平天国运动、洋务运动、戊戌变法、辛亥革命等；根据历史人物，可以将资源分为孙中山、康有为、梁启超等人物传记和思想研究。这样的分类有助于用户深入了解历史事件和历史人物，从而更好地理解历史发展的脉络和规律。

最后，对于科学类资源，可以从学科领域、研究方向、技术应用等角度进行分类。学科领域是科学类资源分类的基础，如物理学、化学、生物学等，它们代表了人类对自然界不同领域的探索和认识。研究方向是学科领域内的细分领域，如量子力学、分子生物学等，它们反映了学术研究者对特定问题的深入研究和探索。技术应用则是科学研究成果在实际生活中的应用和体现，如新能源技术、人工智能等，它们为人类社会的发展提供了强大的动力。以物理学为例，可以根据研究方向将资源分为经典力学、电磁学、光学、量子力学等；根据技术应用，可以将资源分为激光技术、核能技术、半导体技术等。

这样的分类有助于了解物理学的发展历程和前沿动态，从而激发他们对科学的兴趣和热情。

主题分类还需要不断地进行更新和调整，以适应时代的发展和用户的需求。

一方面，随着科技的日新月异，新的主题领域和研究方向如雨后春笋般涌现。例如，在人工智能领域，深度学习、机器学习、自然语言处理等子领域正在快速发展，并产生了大量的研究成果。为了将这些新兴领域纳入信息分类体系，主题分类需要不断更新，以包含这些新的主题标签和关键词。同时，一些传统领域的主题也可能因为技术的进步而发生演变，如生物医学领域中的基因编辑、细胞治疗等新技术，都需要主题分类进行相应的调整。

另一方面，用户的需求和兴趣也在不断变化。随着社会的发展和人们生活水平的提高，人们对于信息的需求和兴趣也在不断演变。例如，近年来，随着环保意识的增强，越来越多的人开始关注气候变化、可持续发展等主题；而随着健康意识的提升，健康饮食、运动健身等主题也开始备受人们关注。因此，主题分类需要密切关注用户的反馈和需求，根据用户的兴趣变化进行调整和优化，以更好地满足用户的需求。

在更新和调整主题分类的过程中，相关人员可以借助一些方法和技术来提高分类的准确性和效率。例如，可以利用自然语言处理技术对文本进行预处理和特征提取，以识别文本中的关键信息和主题；同时，还可以利用机器学习算法对分类模型进行训练和优化，以提高分类的准确性和稳定性。此外，还可以借鉴一些成功的主题分类案例来指导人们的实践。例如，一些大型在线平台通过不断优化主题分类，成功吸引了大量用户，提高了用户满意度和活跃度。这些案例为相关人员提供了宝贵的经验和启示，可以帮助他们更好地进行主题分类的更新和调整。

2. 形式分类

形式分类是图书馆资源管理中的一种重要方法，它主要依据资源的载体形式来进行分类。这种分类方式不仅有助于图书馆对资源进行统一管理和维护，还能够更好地满足用户的需求。

针对形式分类具有的优势，主要表现在以下几个方面。

（1）形式分类有助于图书馆对各类资源进行明确的区分和归类。

通过形式分类，图书馆员可以根据资源的性质、特点和用途，将其划分为不同的类别，为资源的查找、借阅、管理和维护提供了极大的便利。

在图书的分类方面，图书馆员通常会根据学科领域、作者、出版日期等因素进行分类。例如，按照学科领域分类，可以将图书划分为文学、历史、科学、艺术等多个类别；按照作者分类，可以将同一作者的著作集中在一起；按照出版日期分类，则有助于用户了解图书的出版情况，及时获取最新资讯。

对于多媒体资料，其形式分类则更为复杂多样。多媒体资料包括视频、音频、图片等多种格式，这些资料具有丰富的内容类型和多样的表现形式。因此，在对其进行分类时，图书馆员需要根据其格式、内容类型、用途等因素进行综合考虑。例如，可以将视频资料按照题材、年代、导演等分类，将音频资料按照音乐类型、演唱者、制作公司等分类，将图片资料按照主题、拍摄者、拍摄地点等分类。

形式分类的实施使得资源的分布情况一目了然助于图书馆优化资源配置，提高资源利用效率。通过对各类资源进行明确的区分和归类，图书馆可以更加精准地了解各类资源的数量、种类和分布情况，从而制订出更加科学合理的资源配置方案。这不仅可以避免资源的浪费和重复建设，还可以为图书馆的发展提供更加坚实的基础。

（2）形式分类可以提高图书馆员的工作效率。

图书馆员作为图书馆资源管理和服务的核心力量，肩负着对馆内资源进行有效整理、编目、上架等一系列重要任务，以确保资源的准确性和完整性，为读者提供优质的借阅体验。

形式分类是指按照一定的规则和标准，将图书馆内的各类资源进行归类和划分。这种分类方式使图书馆员能够更加便捷地查找和管理各类资源。在传统的图书馆工作中，图书馆员往往需要花费大量的时间和精力去查找和整理资源，而形式分类的运用则大大简化了这一过程。图书馆员只需根据分类体系，便可迅速定位到所需的资源，从而大大减少了查找时间，提高了工作效率。

此外，形式分类还有助于图书馆员更好地了解资源的整体情况。通过对资源的分类和整理，图书馆员可以清晰地了解馆内资源的数量、种类以及分布情况。这些信息为图书馆员在资源采购和更新方面提供了有力的决策依据。他们可以根据用户的借阅需求和资源的利用情况，制订出更加科学合理的采购计划，确保馆内资源的丰富性和多样性。

（2）形式分类可以为用户提供更加便捷的查找体验。

用户是图书馆服务的核心对象，他们的满意度直接影响图书馆的形象和声誉。通过形式分类，用户可以根据自己的需求和兴趣，在图书馆的分类目录中快速找到所需的资源。无论是想要了解某个学科领域的最新研究成果，还是想要寻找某个作者的经典著作，用户都可以通过分类目录轻松找到相关资源。形式分类为用户提供了更便捷高效的借阅体验，不仅节省了用户的时间，还提高了他们的满意度。

（4）形式分类有助于图书馆对资源进行针对性的维护。

不同的载体形式，其维护需求自然也是千差万别，因此，通过形式分类，图书馆能够根据不同资源的特点，制订更为精细和科学的维护计划。

对于纸质图书而言，它们作为图书馆最传统的资源形式，其维护工作的重点在于保持书籍的整洁和完好。图书在长时间的存放和借阅过程中，不可避免地会积累灰尘和污渍，这不仅会影响用户的阅读体验，还可能对书籍造成损害。因此，图书馆需要定期对图书进行清理，包括除尘、擦拭封面和页面等，以保持其干净整洁。同时，对于那些已经出现破损的图书，图书馆还需要及时进行修补，以防止破损情况的进一步恶化。

而对于音像资料这类电子资源来说，其维护工作的重点则在于确保设备的正常运行和资源的及时更新。音像资料通常依赖于特定的播放设备进行使用，因此，图书馆需要定期对这些设备进行检查和维护，以确保其能够正常播放音像资料。此外，随着技术的不断进步和资源的不断更新，图书馆还需要及时对音像资料进行更新和替换，以确保用户能够获取到最新、最全面的信息。

通过形式分类，图书馆可以更加清晰地了解各类资源的维护需求，从而制订出更为具体和有效的维护计划。这不仅有助于提高资源的利用效率，还能够延长资源的使用寿命，为用户提供更加优质的服务。因此，形式分类在图书馆资源管理中具有不可替代的作用，是图书馆工作不可或缺的一部分。

在实际操作中，图书馆可以根据自身情况，结合各类资源的特点和使用情况，制订出更为详细和科学的维护计划。例如，对于借阅率较高的图书，图书馆可以加强对其的清理和修补工作；而对于那些使用频率较低的音像资料，则可以适当延长其检查和更新的周期。此外，图书馆还可以借助现代技术手段，如数字化技术、智能设备等，来提高资源维护的效率和准确性，为用户提供更加便捷和高效的服务。

3. 年代分类

年代分类是一种重要的资源分类方法，它根据资源的出版或创作时间进行划分，有助于用户深入了解不同时期的文化、历史和社会背景。通过这种分类方式，我们可以系统地追溯和了解人类文明的演进历程，洞察各个时代的思想、风俗、科技等方面的变化。

在浩瀚的历史长河中，每个时代都留下了丰富的文献资源，这些资源是后人了解过去的重要窗口。通过查阅古代的文献资源，我们可以窥见古代社会的风俗习惯、思想观念、宗教信仰等各个方面的面貌。例如，古代的诗歌、史书、碑刻等文献，记录了古代人民的喜怒哀乐、悲欢离合，反映了当时社会的政治、经济、文化状况。这些珍贵的文献资源为人们提供了一个独特的视角，能够更好地理解古代社会的历史和文化。

近代以来，随着社会的快速发展和变革，文献资源的数量和种类也大幅增加。通过阅读近代的文献资源，我们可以了解近代社会的变革和发展，包括政治制度的演变、经济结构的调整、科学技术的进步等方面。这些文献资源不仅记录了近代社会的历史进程，也反映了当时人们的思想观念和价值追求。通过深入研究这些文献，人们可以更好地理解近代社会的变迁和发展趋势。

年代分类不仅有助于用户了解不同时期的文化和历史，还可以帮助图书馆对资源进行年代排序。通过对资源进行年代分类，图书馆可以建立清晰的时间线索，使用户能够更加方便地查找和研究特定时期的文献资源。这种分类方法也有助于图书馆进行资源管理和维护，提高资源的使用效率和保护水平。

此外，年代分类还可以与其他分类方法相结合，形成更加全面和深入的资源分类体系。例如，可以根据资源的主题、地域、作者等因素进行进一步的分类，以便用户能够根据自己的兴趣和需求进行更加精准的查找和阅读。

在实际应用中，这些分类方法并不是孤立的，而是可以根据实际需求进行选择和组合。例如，可以先按照主题分类将资源划分为不同的领域，然后在每个领域下再根据形式分类和年代分类进行进一步的划分。这样既能保证分类的全面性，又能提高分类的精细度，从而满足用户的多样化需求。

（二）编目

编目是对资源进行详细描述和记录的过程，它包括了资源的标题、作者、出版信息、内容摘要、关键词等信息的提取和整理。通过编目，可以建立起资源的元数据，为用户提供详细的资源信息，帮助他们更好地了解和使用资源。

在编目工作中，严格遵守既定的标准和规范是确保工作质量的关键所在。这些标准规范就如同编目的"指南针"，为编目工作者提供了明确的方向和准则，引导他们精准地完成各项任务。通过遵循这些标准规范，编目工作者不仅能够确保所获取的信息具备高度的准确性和一致性，还能够提高工作效率，减少错误和重复劳动。

在资源描述和标识方面，可以采纳国际上广泛认可且成熟的元数据格式。这些元数据格式经过长期的实践检验和不断完善，已经形成了一套科学、合理的描述体系。通过采用这些元数据格式，可以对资源进行全面、准确的描述，并为其赋予唯一的标识符，以便在后续工作中进行检索、引用和管理。

其中，都柏林核心元数据元素集（DC）便是一个极具代表性的选择。DC以其简洁、灵活和易于理解的特点，在图书馆、档案馆、博物馆等各个领域中得到了广泛应用。DC 包含了一系列核心的元数据元素，如标题、创作者、出版者、主题等，这些元素能够全面反映资源的基本属性和特征。同时，DC 还允许根据实际需求进行扩展，以适应不同领域和资源的特殊要求。

除了 DC 之外，还有许多其他的元数据格式可供选择。例如，图书馆领域常用的 MARC 格式、博物馆领域常用的 CDWA 格式等。这些格式各有特色，各机构可以根据实际情况进行选择和应用。

通过应用这些国际标准元数据格式，编目人员可以对资源进行详尽且全面的描述。比如，对于一本书籍，描述信息可能包括其标题、作者、出版日期等基本信息。此外，还可以进一步拓展至主题分类、关键词等更深层次的内容。这些元数据不仅仅是对资源的简单标注，它们能够深入揭示资源的核心特征，帮助用户快速了解资源的主要内容和特点。

同时，采用统一的元数据格式，有助于不同机构之间的信息互通有无。想象一下，如果每个机构都采用不同的元数据格式来描述资源，那么信息的共享和利用将变得异常困难。而有了统一的元数据格式，不同机构之间的信息可以无缝对接，从而提高信息的共享和利用效率。

国际标准元数据格式不仅有助于信息的共享和利用，还能够提升信息的质量。通过统一的格式和标准，编目人员能够更加规范地进行资源描述和标识，减少信息描述的随意性和主观性。这有助于确保信息的准确性和一致性，提高信息的质量。

除采用国际标准元数据格式外，还可以借助自动化编目工具和技术，进一步提升编目的效率和准确性。随着科技的不断发展，自动化编目工具已经逐渐成为编目工作的得力助手。这些工具能够自动提取资源中的关键信息，生成符合规范的元数据，大大减轻了编目人员的工作负担。同时，自动化工具还可以通过智能算法对元数据进行校验和修正，确保信息的准确性和一致性。

当然，自动化编目工具并不能完全替代编目人员的角色。在实际操作中，编目人员还需要根据具体情况对自动化生成的元数据进行人工审核和调整。此外，随着资源的不断更新和变化，需要及时对元数据进行更新和维护，确保信息的时效性和准确性。

三、资源存储与备份

（一）资源存储

在数字图书馆这一现代化知识库中，资源存储占据着举足轻重的地位。它主要指的是将海量的数字化文献、图片、视频等多媒体信息进行有效的组织、存储和管理，从而为用户提供便捷、高效的资源获取途径。资源存储不仅关乎资源的保存与利用，更直接关系到数字图书馆的服务质量和长远发展。

在资源存储的过程中，存储设备的选择至关重要。为了确保资源的长期保存和高效利用，数字图书馆需要采用高性能、高可靠性的存储设备。例如，磁盘阵列作为一种高性能的存储设备，具有容量大、读写速度快、数据安全性高等优点，因此被广泛应用于数字图书馆的资源存储中。其次，存储容量的规划也是资源存储中不可忽视的一环。随着数字化资源的不断增多，数字图书馆面临着日益增长的存储需求。因此，在规划存储容量时，数字图书馆需要充分考虑未来的扩展需求，预留足够的存储空间。同时，为了更加合理地利用存储空间，数字图书馆还可以采用压缩技术、重复数据删除技术等手段，对存储资源进行优化和管理。

为了方便用户检索和利用资源，数字图书馆还需要对存储资源进行统一的命名、分类和描述。这包括对资源的元数据进行提取、整理和存储，以便用户能够通过关键词搜索、分类浏览等方式快速找到所需的资源。同时，为了确保资源的准确性和完整性，数字图书馆还需要建立严格的资源审核机制，对上传的资源进行质量把关和版权审核。

（二）资源备份

备份，作为数字图书馆日常运营中不可或缺的一环，其主要目的是确保数字资源的长期安全，有效预防数据丢失或损坏的风险。在数字化时代，数据已然成为图书馆最宝贵的资产，因此，如何有效地进行备份，保障数据的完整性、可靠性和恢复速度，显得尤为关键。

在数字图书馆进行备份时，需要考虑的因素颇为丰富。其一，数据的完整性是备份工作的核心要求。这意味着在备份过程中需要确保每一份数据都被完整、准确地保存下来，没有任何遗漏或损坏。其二，备份数据的可靠性同样重要。这要求备份系统具备高度的稳定性和可靠性，确保在数据丢失或损坏时，备份数据能够迅速、准确地恢复。其三，恢复速度也是备份工作不可忽视的一环。在紧急情况下，快速恢复数据对于保障数字图书馆的正常运营至关重要。

为了实现上述目标，数字图书馆可以采用多种方式，具体包括以下几点。

1. 备份策略

完全备份是数据备份中最为常见和基础的方式。它采取的是对所有数据进行全面的、无差别的复制，确保备份数据中包含了所有原始信息，无论是重要的核心文件还是一些看似无关紧要的临时文件。这种方式的优点在于其完整性和可靠性，使得在发生数据丢失或损坏的情况下，可以完全恢复到之前的状态。

然而，完全备份的缺点也十分明显。随着数据量的不断增加，尤其是在数字图书馆这样需要处理海量信息的场所，完全备份所需的时间和存储空间也在不断增加。这不仅会影响备份的效率，还可能因为存储空间不足而导致备份失败。因此，为了解决这个问题，数字图书馆通常会结合其他备份策略，如增量备份和差异备份，以提高备份效率。

增量备份是一种针对自上次备份以来发生变动的数据进行备份的策略。这种方式的优点在于，它只备份新增或修改的数据，而不需要再次备份那些没有变化的数据。因此，在数据量巨大且变动频繁的情况下，增量备份可以大大缩短备份时间并减少存储空间的使用。

差异备份则是一种介于完全备份和增量备份之间的策略。它备份的是自上次完全备份以来发生变动的所有数据。这意味着，虽然差异备份不会像完全备份那样对所有数据进行复制，但它会包含自上次完全备份以来的所有变动，从而确保备份的完整性。

在数字图书馆的实际应用中，可以根据数据的特点和需求，灵活运用这些备份策略。例如，对于核心数据和关键业务，可以采取定期完全备份的方式，以确保数据的完整性和可靠性；而对于一些变动频繁但重要性相对较低的数据，则可以采用增量备份或差异备份的方式，以提高备份效率并节省存储空间。

此外，为了更好地管理备份数据，数字图书馆还可以采用一些先进的备份技术和工具，如数据压缩、加密和远程存储等。这些技术不仅可以进一步减少备份数据的大小和存储空间的使用，还可以提高备份数据的安全性和可靠性，防止数据泄露和丢失。

2. 备份数据进行加密处理

数字图书馆需要对备份数据进行加密处理，以应对潜在的数据泄露或被篡改的风险。在这个过程中，采用先进的加密算法和加密技术显得尤为重要。这些算法和技术能够确保备份数据在传输和存储过程中的安全性，有效防止未经授权的访问和恶意攻击。同时，为了应对日益复杂的网络环境，数字图书馆还应定期更新加密算法和技术，确保其与最新的安全标准保持同步。除了加密处理，定期检查和测试备份数据的可用性也是至关重要的。数字图书馆应建立一套完善的备份数据管理机制，定期对备份数据进行恢复测试。这些测试旨在验证备份数据的完整性和可用性，确保在需要时能够迅速恢复数据。通过模拟实际的数据恢复场景，数字图书馆可以及时发现并解决潜在的问题，提高数据恢复的成功率。

3. 备份设备的选择和部署

备份设备的选择和部署，无疑是数字图书馆备份工作中不可或缺的关键环节。随着数字技术的快速发展，数字图书馆所存储的数据量日益庞大，因此，备份设备必须具备充足的存储空间和卓越的性能，才能有效应对不断增长的数据备份需求。

在选择备份设备时，数字图书馆必须全面考虑多个关键因素。

（1）存储容量

备份设备需要具备足够的物理存储空间。随着数字图书馆中电子书籍、期刊、论文、图片、音频、视频等各类资源的不断增加，备份设备必须能够容纳这些庞大的数据量。这要求备份设备在硬件配置上要达到一定的标准，例如拥有足够大的硬盘空间、高效的内存和处理器等，以确保在备份过程中能够稳定、快速地完成数据的存储。

备份设备还需要具备高效的存储管理功能。对于数字图书馆而言，数据的分类、组织和检索是至关重要的。备份设备应当能够对存储的数据进行智能分类，根据数据的类型、来源、大小等因素进行有序组织。同时，备份设备还应提供便捷的检索功能，支持多种查询方式，如关键词搜索、模糊查询等，以满足用户不同的查询需求，方便用户进行检索和使用。

（2）读写速度

备份设备的读写速度是影响数据备份与恢复效率的关键因素之一。在数字化快速发展的今天，数字图书馆面临着海量的数据存储与管理的挑战，因此，如何高效地备份和恢复数据成了数字图书馆运营中的一项重要任务。特别是在应对突发事件或系统故障时，能否迅速恢复数据直接关系到数字图书馆的稳定运行和用户体验。

高读写速度的备份设备在数据备份和恢复过程中具有显著的优势。在数据备份阶段，高读写速度的备份设备可以大幅缩短备份时间，从而减轻数字图书馆在数据存储方面的压力。同时，快速备份还可以确保数据的实时更新，避免数据丢失或损坏的风险。在数据恢复阶段，高读写速度的备份设备可以在短时间内完成数据恢复工作，使得数字图书馆能够迅速恢复正常运营，降低因数据问题带来的损失。当然，在选择备份设备时，除考虑存储容量、读写速度、可扩展性外，还需要综合考虑设备的稳定性、兼容性以及成本等因素。

（3）可扩展性

可扩展性是指备份设备能够支持未来的扩容需求，以便在必要时增加存储容量或提升性能。这一特性对于数字图书馆来说至关重要。随着数字资源的不断增加，数字图书馆需要存储的数据量也在持续增长。如果备份设备的存储容量有限，无法满足未来的需求，那么数字图书馆的运行将会受到严重影响。此外，随着技术的不断进步，备份设备也需要不断提升性能，以应对更加复杂和高效的数据备份需求。

在应对紧急情况时，高读写速度的备份设备无疑能够为我们提供更加有力的保障。

在部署备份设备的过程中，数字图书馆需要格外谨慎，以确保设备的安全可靠运行，从而保障图书馆数字资源的完整性和可访问性。为了实现这一目标，数字图书馆应选择符合安全标准的环境进行备份设备的部署，并配备相应的防护措施，以应对可能发生的各种风险。

（1）具备适宜的温湿度条件

对于电子设备而言，过高的温度可能导致设备内部元件老化加速，甚至引发短路、烧毁等严重问题；而过低的温度则可能导致设备内部凝结水珠，进而引发电路短路。同时，湿度的控制也至关重要。湿度过高可能导致设备内部生锈、腐蚀，而湿度过低则可能引发静电问题，对设备造成损害。因此，确保备份设备存放空间的温湿度处于适宜范围内，是保障设备稳定运行的重要前提。

（2）远离电磁干扰源

电磁干扰是指由电磁场引起的对电子设备性能的影响。在数字图书馆中，电磁干扰可能来自周围的电子设备、电线电缆、无线信号等。这些干扰源可能会对备份设备的正常运行造成干扰，甚至导致数据丢失或损坏。因此，在选择备份设备存放空间时，应充分考虑电磁环境，确保空间远离这些干扰源，以保证设备的稳定运行。

（3）为备份设备配备必要的防护措施

a.防火设施

防火设施作为数字图书馆备份设备保护的重要一环，其重要性不言而喻。数字图书馆有着大量的电子设备，这些设备在为人们提供便捷服务的同时，也隐藏着潜在的安全风险。一旦发生火灾，不仅会造成设备损坏、数据丢失，更会对人们的生命财产安全构成严重威胁。因此，安装高效的防火设施，确保数字图书馆的安全稳定，已成为当下亟待解决的问题。

在数字图书馆防火设施的配置中，烟雾报警器和自动灭火系统发挥着至关重要的作用。烟雾报警器通过监测空气中的烟雾浓度，能够在火灾初期及时发现并发出警报，提醒人们及时采取措施。同时，自动灭火系统能够在接收到报警信号后迅速启动，通过喷洒灭火剂或释放灭火气体，有效遏制火势的蔓延，减少火灾造成的损失。

此外，为了进一步提高数字图书馆防火设施的效果，要注重加强防火设施的定期检查和维护，确保其始终处于良好的工作状态；也要提高馆员的防火意识和应急处理能力，通过培训和演练，使馆员能够熟练掌握防火设施的使用方法和火灾应急处理流程，从而在火灾发生时能够迅速、有效地应对。

据统计，近年来，由于防火设施不到位或管理不善导致的数字图书馆火灾事故屡见不鲜。这些事故不仅给图书馆带来了严重的经济损失，也影响了人们的学习和工作。因此，数字图书馆的管理者必须充分认识到防火设施的重要性，加强防火设施的建设和管理，确保数字图书馆的安全稳定。

b. 防水措施

在潮湿或暴雨等恶劣天气条件下，数字图书馆的设备面临着巨大的水患威胁。由于图书馆内通常存放着大量的电子设备，如计算机、服务器、扫描仪等，这些设备一旦接触到水分，很可能导致短路、损坏甚至数据丢失。因此，为了保障数字图书馆的设备安全，防水措施显得尤为重要。

为了应对水患的威胁，可以采取一系列有效的防水措施。安装防水地板是一个很好的选择。防水地板采用特殊的防水材料制成，能够有效阻挡水分渗透。在潮湿或暴雨天气下，即使地面积水，防水地板也能保证水分不会渗到地板下方，从而保护设备免受水患侵害。

此外，防水墙板也是数字图书馆的一项重要防水措施。防水墙板通常由耐水材料制成，不仅具有防潮、防水的特性，还能有效抵抗霉菌、避免腐蚀。通过在图书馆的墙面安装防水墙板，可以进一步减少水分对设备的潜在威胁。

除安装防水地板和防水墙板外，还可以采取其他辅助措施来增强图书馆的防水能力。例如，在图书馆的入口处设置防水门槛，防止雨水直接流入室内；在设备周围设置防水围堰，防止水分接触到设备；定期检查图书馆的排水系统，确保排水畅通，避免积水等问题。

c. 防尘措施

防尘措施是保障数字图书馆备份设备稳定运行的关键因素。灰尘和污垢对于数字图书馆备份设备的影响不容忽视。这些杂质会附着在设备的散热口和风扇上，导致散热性能下降。散热不良会使设备内部温度升高，进而影响其稳定性和可靠性。此外，灰尘还可能进入设备内部，与电路板和电子元件接触，导致短路或损坏。一旦设备出现故障，不仅会影响数据的备份和恢复，还可能给图书馆的运营带来不必要的麻烦和损失。

为了确保数字图书馆备份设备的稳定运行，定期清洁设备表面和内部尤为重要。清洁工作不仅需要专业的清洁工具，还需要遵循一定的操作规范。清除设备表面的灰尘应该使用柔软的布料或吸尘器。对于难以触及的缝隙和角落，可以使用专业的清洁刷或吹风机进行清理。在清洁过程中，应注意避免使用过于湿润的布料或液体，以免对设备造成损害。

除定期清洁设备外，还可以采取一些防尘措施来预防灰尘的积累。例如，在设备周围设置防尘罩或防尘网，以减少灰尘进入设备的可能性。同时，保持设备所在环境的清洁和干燥也是防止灰尘污染的有效方法。

四、资源共享与交换

资源共享与交换，顾名思义，指的是各图书馆之间通过一定的方式，将各自的文献资源进行共享和交换，从而实现资源的最大化利用。这种方式不仅有助于缓解某些图书馆资源匮乏的问题，还能让用户更加便捷地获取到所需的信息和知识。

在实际操作中，图书馆资源共享与交换是一项复杂而富有成效的工作，通过多样化的方式得以实现。图书馆资源共享与交换不仅有助于提升图书馆的服务质量，更能满足广大用户日益增长的信息需求。

一方面，图书馆之间可以通过建立文献传递系统，实现资源共享与交换。这种系统允许用户在线提交申请，从其他图书馆获取所需的文献资源。例如，当某图书馆的藏书无法满足用户的需求时，用户可以通过该系统向其他图书馆提出请求。一旦请求被接受，相关文献将通过邮寄、电子传输等方式送达用户手中。这种方式不仅解决了用户获取文献的难题，还促进了图书馆之间的合作与交流。

另一方面，图书馆还可以参与区域性或全国性的资源共享网络，与其他图书馆共同构建庞大的文献资源库。这些网络通常由多个图书馆联合组成，共同分享各自的文献资源。通过参与这些网络，图书馆可以获取更广泛的文献资源，实现资源的互补和共享。例如，一些大型图书馆可能拥有丰富的古籍、珍本等特色资源，而一些小型图书馆则可能更注重现代文献的收藏。通过资源共享网络，这些图书馆可以相互补充，为用户提供更全面的文献服务。

图书馆资源共享与交换的实施，不仅提高了文献资源的利用率，还促进了图书馆之间的合作与交流。通过资源的共享与交换，各图书馆可以互相学习、互相借鉴，不断提升自身的服务水平和管理能力。同时，图书馆之间的合作与交流也有助于推动整个图书馆行业的发展和进步。

第二节 系统管理

一、软硬件系统规划与实施

（一）软硬件系统的规划

软硬件系统的规划是数字图书馆管理的基石。在规划阶段，需要深入剖析数字图书馆的定位、规模以及用户需求等多个维度，以便制订出既符合实际又具有前瞻性的软硬件系统方案。

1. 明确数字图书馆的定位

（1）功能定位

功能定位是数字图书馆的核心所在。一个定位是学术研究的数字图书馆，其软硬件系统必须能够支持大量的学术资源存储、高效的检索以及深度的学术研究等功能。这样的图书馆需要构建强大的数据存储系统，以容纳海量的学术文献、论文、期刊等；同时，还需要开发高效的检索算法，使用户能够迅速找到所需的信息。此外，为了满足学术研究的深度需求，数字图书馆还应提供数据分析、可视化展示等高级功能，为研究人员提供更为便捷、高效的学术支持。

相比之下，一个定位是普及文化知识的数字图书馆，其侧重点则有所不同。这类图书馆更注重用户界面的友好性、资源的丰富性以及多媒体展示等功能。为了实现这一目标，图书馆需要设计简洁明了、易于操作的界面，使用户能够轻松上手；同时，还需要广泛收集各类文化知识资源，包括图书、图片、音频、视频等，以满足不同用户的需求。此外，通过运用多媒体技术，数字图书馆可以将文化知识以更为生动、形象的方式呈现给用户，增强用户的阅读体验和学习效果。

（2）服务定位

服务定位是数字图书馆定位的重要方面，它关乎图书馆的运营效果和用户体验。一个优秀的数字图书馆应该能够根据不同用户群体的需求和特点，提供个性化的服务，以满足他们的信息获取和知识分享需求。

对于学术研究人员来说，他们对专业学术资源的需求较高，因此数字图书馆应提供深入的学术咨询、数据分析等专业服务。例如，图书馆可以设立专门的学术咨询窗口，由专业的图书馆员或学者提供个性化的学术资源推荐、文献检索指导等服务。此外，图书馆还可以利用大数据技术，对学术资源进行深度挖掘和分析，为用户提供更加精准、全面的学术信息。

而对于普通用户来说，他们更注重文化普及和知识分享。数字图书馆可以提供丰富多彩的文化活动和知识讲座，让用户在轻松愉快的氛围中获取知识。同时，图书馆还可以建立知识分享平台，鼓励用户分享自己的知识和经验，促进知识的传播和交流。

（3）发展定位

发展定位是数字图书馆未来发展的方向和目标。在数字化时代，数字图书馆需要不断创新和发展，以适应时代的变化和用户的需求。例如，图书馆可以积极探索与人工智能、大数据等技术相融合的应用，提升服务的智能化水平；同时，还可以加强与实体图书馆、博物馆等机构的合作，实现资源共享和优势互补，共同推动文化事业的发展。

2.考虑数字图书馆的规模

数字图书馆的规模包括图书馆的资源数量、用户数量以及访问量等多个指标。规模的大小，将直接影响软硬件系统的配置和性能要求。

（1）资源数量

大型数字图书馆往往拥有海量的资源，涵盖了各个学科领域的知识和信息。这些资源种类繁多，包括学术著作、科技论文、研究报告、专利文献、会议资料等。这些资源不仅可以帮助用户了解学科前沿动态，还可以为他们提供深入研究和探索的素材。规模较小的数字图书馆可能拥有的资源更为有限。然而，这并不意味着它们的价值就较低。相反，这些图书馆往往注重资源的精选和优化，它们可能会根据地域、学科或特定需求来定制资源，以满足特定用户群体的需求，为用户提供更为精准和实用的信息服务。

（2）用户数量

用户数量作为衡量图书馆服务范围与影响力的重要指标，不仅反映了图书馆服务对象的多少，更是评估其受欢迎程度及社会地位的关键因素。在数字化时代，大型数字图书馆凭借其丰富的资源储备、便捷的访问方式和个性化的服务体验，往往能够吸引庞大的用户群体。

大型数字图书馆作为知识的宝库，吸引了来自各行各业的用户群体。这些用户群体广泛而多元，涵盖了学术研究者、学生、教育工作者、企业职员、文化爱好者等众多领域。他们各自怀揣着对知识的渴望、对信息的追求，希望通过数字图书馆这一平台，找到满足自己需求的资源。

a.学术研究者

学术研究者们致力于深入挖掘某一领域的专业知识，以推动学术进步和人类文明的发展。对于他们而言，文献的准确性和权威性是他们最为关注的核心要素。

学术研究者们深知，高质量的文献是他们研究工作的基石。因此，他们渴望能够拥有大型数字图书馆作为支持，以便获取丰富的学术资料。这些资料包括但不限于论文、专著、研究报告等，涵盖了从基础理论到前沿研究的广泛内容。

大型数字图书馆不仅为学术研究者们提供了丰富的学术资源，还通过先进的检索技术和分类体系，使得这些资源能够更加便捷地被找到和利用。学术研究者们可以通过关键词搜索、作者检索、引用追踪等方式，快速定位到与自己研究方向密切相关的文献，从而节省了大量的时间和精力。

在拥有丰富学术资源的基础上，学术研究者们可以更加深入地进行文献综述和理论探讨。他们可以对前人的研究成果进行全面的梳理和分析，找出其中的不足和待改进之处，进而提出自己的研究假设和创新点。同时，他们还可以通过对比不同文献的观点和论据，深化对某一问题的理解，形成更加全面和深入的学术认识。

b. 学生

在当代教育环境中，学生们对于知识的追求已然超越了简单的记忆和应试，他们更加注重知识的广度和深度。这种追求不仅体现在对基础理论知识的渴求上，还体现在对实用技能和方法的掌握上。因此，大型数字图书馆作为知识的宝库，应当提供更为丰富、多元的教材和参考书目，以满足学生们日益增长的学习需求。

基础理论知识是学生构建知识体系的基石，是他们理解世界、分析问题的基础。大型数字图书馆应当收录大量的经典教材、专业著作以及学术论文，为学生提供深入学习的资源。同时，这些资源应当具备权威性、准确性和前沿性，以确保学生们能够获取到最准确、最新的知识。

除基础理论知识外，学生们还需要掌握实用的技能和方法。这些技能和方法可以帮助他们更好地应对现实生活中的挑战，提高他们的综合素质和竞争力。大型数字图书馆应当提供丰富的实践教学资源，如案例分析、实验报告、操作指南等，以帮助学生们将理论知识与实践相结合，培养他们的创新思维和实践能力。

此外，生动有趣的多媒体教学资料也是大型数字图书馆不可或缺的一部分。这些资料可以通过图像、音频、视频等多种形式展示知识，使学习过程更加直观、生动。学生们可以通过观看视频教程、听取专家讲座、参与在线互动等方式，加深对知识的理解和记忆。

c. 教育工作者

教育工作者们肩负着传承和弘扬文化的重任，他们不仅仅教授知识，更是塑造未来社会的重要力量。为了更好地履行职责，教育工作者们需要借助大型数字图书馆，获取丰富的教学资源和教育案例，以更加全面、深入地指导学生，激发他们的学习兴趣和动力。

大型数字图书馆不仅汇聚了海量的图书、期刊、论文等学术资源，还包含了各种教学视频、案例库、课件等实用教学材料。这些资源为教育工作者提供了宝贵的参考和借鉴，有助于他们更好地理解学科知识，掌握教学技巧，提升教学质量。同时，大型数字图书馆还为教育工作者提供了便捷的在线学习平台。通过这一平台，教育工作者可以随时随地进行在线学习，了解最新的教育理念和方法，掌握最新的教学技术。此外，他们还可以与其他教育工作者进行在线交流和讨论，分享教学经验，相互学习、相互启发。

大型数字图书馆的出现，不仅丰富了教育工作者的教学资源，还提高了他们的教学效率。教育工作者可以更加轻松地备课、上课，更加有针对性地指导学生，从而取得更好的教学效果。然而，值得注意的是，虽然大型数字图书馆为教育工作者提供了诸多便利，但教育工作者仍需保持独立思考和创新精神，要结合实际情况，灵活运用教学资源，不断创新教学方法，以更好地满足学生的需求，培养他们的综合素质。

d. 企业职员

企业职员作为企业的中坚力量，肩负着推动企业发展、实现公司目标的重要使命。然而，随着市场竞争的日益激烈和技术的不断进步，企业职员面临着越来越大的挑战。为了应对这些挑战，他们需要不断提升自己的专业技能和综合素质，以适应快速变化的市场环境。

一方面，专业技能的提升是企业职员不可或缺的一环。在各行各业，技术的更新换代速度都很快，这就要求企业职员不断学习和掌握新的知识和技能。大型数字图书馆应提供针对性的技能培训资源，包括在线课程、专业书籍、实践案例等，帮助企业职员了解行业前沿动态，掌握最新技术，从而在工作中更加得心应手。

另一方面，综合素质的提高也是企业职员需要努力的方向。除专业技能外，企业职员还需要具备良好的沟通能力、团队协作能力、创新能力等多方面的素质。这些素质的培养需要长期的积累和锻炼。大型数字图书馆可以提供丰富的职业发展指导资源，包括职业规划、人际交往、情绪管理等方面的课程，帮助企业职员提升自我认知，发掘潜力，更好地应对工作中的各种挑战。

此外，大型数字图书馆还可以举办线上线下相结合的交流活动，如专家讲座、座谈会、技能竞赛等，为企业职员提供一个交流学习、分享经验的平台。这些活动不仅可以促进企业职员之间的交流和合作，还可以激发他们的创新精神和学习热情，进一步提升自身的竞争力。

e. 文化爱好者

文化爱好者们始终致力于文化的传承与创新。在这个信息爆炸的时代，大型数字图书馆成了他们获取文化艺术作品和历史文化资料的重要渠道，为他们提供了无比丰富的资源，助力他们更好地了解文化。

对于文化爱好者们而言，大型数字图书馆就像是宝藏库，里面蕴藏着无数珍贵的文化艺术珍品。从古代的诗词歌赋、书法绘画，到近现代的文学作品、影视作品，这些丰富多彩的文化艺术作品都成了他们探索的对象。他们可以通过数字图书馆轻松地查阅这些作品，感受文化的博大精深，从而加深对文化的理解和认识。除了文化艺术作品，历史文化资料也是文化爱好者们关注的焦点。大型数字图书馆中收录了大量的历史文献、古籍善本以及珍贵的历史图片等，这些资料为他们提供了深入了解历史文化的机会。同时，文化爱好者们也是文化创新的积极推动者。大型数字图书馆为他们提供了丰富的创新素材和灵感来源，他们可以从中汲取营养，激发文化创新的活力。

（3）访问量

访问量作为衡量图书馆网站运营状况和用户活动度的关键指标，它直接反映了用户对图书馆资源的利用情况和图书馆的活跃程度。具体来说，访问量是指用户在一定时间内访问图书馆网站的次数和频率，是评价图书馆网站影响力、用户满意度和信息服务质量的重要依据。

大型数字图书馆往往具有较高的访问量，这得益于其丰富的资源、优质的服务和广泛的宣传。这些图书馆通常拥有海量的数字化资源，满足了用户多样化的信息需求。同时，它们还注重提升服务质量，通过优化网站界面、提高检索效率、加强用户互动等方式，提升了用户体验和满意度。此外，大型数字图书馆还积极开展宣传推广活动，通过社交媒体、线上线下活动等多种方式，吸引更多的用户关注和访问。

然而，随着用户数量的不断增加，数字图书馆需要承载更多的访问请求和数据传输，这对系统性能和稳定性提出了更高的要求。因此，数字图书馆需要不断升级软硬件设备，优化网络架构，确保服务的稳定性和高效性。同时，数字图书馆还需要加强安全防护措施，防范网络攻击和数据泄露等安全风险，保障用户信息安全和隐私。

3. 制订符合实际需求的软硬件系统方案

首先，在选择适合的数字图书馆管理系统时，需要关注其易用性、功能全面性以及系统稳定性等方面。易用性意味着系统界面友好，操作简单，方便管理员和用户使用。功能全面性则要求系统能够涵盖图书馆的各项业务，如图书借阅、归还、查询、预订等，并具备强大的统计分析功能，为管理者提供决策支持。同时，系统稳定性是确保数字图书馆持续运行的关键因素，我们必须选择那些经过严格测试、稳定可靠的管理系统。

其次，在确定服务器配置时，相关人员需要根据数字图书馆的规模和需求进行合理的配置。对于大型数字图书馆而言，可能需要配置高性能的服务器，以满足大量用户的并发访问需求。而对于中小型数字图书馆而言，可以选择性价比更高的服务器配置，既满足业务需求，又节省成本。此外，我们还需要考虑服务器的可扩展性，以便在未来业务增长时能够轻松升级。

最后，在设计网络架构时，需要考虑网络的速度、稳定性和安全性等多个因素。速度是网络架构的核心，只有快速稳定的网络环境，才能确保用户在访问数字图书馆时获得流畅的体验。稳定性则是确保网络长期稳定运行的关键，我们需要采用先进的技术和设备，降低网络故障的概率。安全性是网络架构不可忽视的一环，相关人员需要采取多种安全措施，如防火墙、入侵检测系统等，保护数字图书馆的数据安全。

（二）软硬件系统的实施

在软硬件系统的实施过程中，相关人员必须遵循一系列严谨的原则和方法，以确保系统的顺利部署和高效运行。

明确软硬件系统实施的目标和步骤是至关重要的。这需要相关人员深入了解项目的实际需求，并制订出符合实际、切实可行的实施方案。只有明确了目标，才能有针对性地开展工作，确保系统能够按照既定的方案进行部署，最终实现预期的效果。

在系统部署前，需要对系统进行全面的测试，以确保其能够达到预期的性能指标。这包括功能测试、性能测试、安全测试等多个方面。通过测试，可以发现系统中存在的问题和隐患，并及时进行修复和优化。同时，在系统运行过程中，还需要不断地对系统进行监控和优化，以提高系统的稳定性和效率。

二、系统维护与升级

（一）系统维护

系统维护作为数字图书馆日常运营的关键环节，对于保障数字资源的稳定性、安全性以及用户访问的流畅性具有不可替代的作用。

在定期检查方面，图书馆员需要严格按照既定的计划，对系统的硬件和软件进行全面细致的检查。硬件检查主要包括对服务器、存储设备、网络设备等设备的运行状态、温度、噪声、性能等指标的监测，确保这些设备在规定的工作条件下稳定运行。同时，馆员还需关注硬件设备的生命周期，及时更换老化或出现故障的设备，防止因硬件问题导致的系统故障。

为确保数字图书馆的稳定运行和高效服务，软件检查显得尤为重要。软件检查主要聚焦于数字图书馆系统的运行日志、错误报告、性能监控等方面，旨在通过深入分析和精准诊断，确保系统的可靠性、安全性和高效性。

1. 运行日志的分析是软件检查的核心环节之一

作为系统的守护者，馆员肩负着确保系统稳定运行的重要职责。其中，定期查阅系统日志是不可或缺的一项工作。系统日志，作为系统运行情况的详细记录，对于馆员来说，就如同一张地图，指引着他们深入了解系统的运行状态，发现可能存在的问题。

在日常工作中，馆员需要定期查阅系统日志，这不仅是他们的职责所在，更是对系统稳定运行的重要保障。通过查阅日志，馆员可以获取到系统运行的实时数据、事件记录以及异常信息，从而全面把握系统的整体状况。

在查阅系统日志的过程中，馆员需要仔细分析其中的信息，包括系统的运行时间、资源使用情况、访问量以及异常事件等。通过对这些信息的梳理和分析，馆员可以识别出潜在的异常、错误或性能瓶颈。例如，若日志中显示某一时段内系统访问量激增，导致系统响应速度变慢或出现崩溃现象，馆员便可判断系统可能存在性能问题。

针对识别出的问题，馆员需要采取相应的措施进行预防或修复。例如，针对系统性能问题，馆员可以通过调整服务器资源分配、优化系统配置、升级硬件设备等方式来提升系统性能。同时，馆员还可以根据日志中的异常信息，定位问题的根源，进行针对性的修复。

2. 错误报告的分析是软件检查不可或缺的一部分

当计算机系统出现故障或异常时，系统通常会生成相应的错误报告。这些报告是系统诊断问题的重要工具，它们记录了故障发生时的详细信息，包括错误代码、错误描述、发生时间以及可能涉及的模块或组件等。面对这些错误报告，相关人员需要保持高度的警惕和耐心，仔细研究它们，以便了解错误的具体原因和影响范围。

在分析错误报告时，馆员需要具备一定的专业知识和经验。一方面，相关人员需要理解错误代码和描述所代表的含义，这通常需要查阅相关的技术文档或向厂商咨询。另一方面，相关人员需要结合系统的运行环境和配置情况，分析错误发生的原因。这可能涉及操作系统的设置、硬件设备的兼容性、网络连接的稳定性等多个方面。

通过分析错误报告，馆员可以找到问题的根源。有时候，问题可能只是一个小小的配置错误，通过简单的调整或更新就可以解决。但有时候，问题可能涉及更深层次的系统架构或设计缺陷，这就需要我们进行更深入的分析和研究，甚至可能需要与厂商或社区的技术专家进行沟通和协作。

在找到问题的根源后，馆员需要制订相应的修复方案。这可能包括修改配置文件、更新软件版本、更换硬件设备等多种措施。在修复过程中，我们需要确保不会对系统的其他部分造成不良影响，同时还需要尽可能地减少对用户的影响。因此，在制订修复方案时，需要综合考虑各种因素，确保方案的可行性和有效性。

通过修复错误并优化系统设置，可以提高系统的稳定性和可靠性。这不仅可以减少故障发生的频率和影响范围，还可以提高用户的满意度和信任度。同时，这也是对馆员技能和能力的锻炼和提升，有助于其在未来的工作中更好地应对各种挑战和问题。

3.性能监控是软件检查的重要方面

为了确保系统的顺畅运行，馆员必须充分利用专业的性能监控工具，对数字图书馆系统的各项运行指标进行实时监控。通过深入剖析和精准把控，馆员可以及时发现潜在的性能瓶颈，进而为系统优化提供有力支持。

其一，性能监控工具的核心功能在于实时监控系统的响应时间。响应时间是指用户发出请求到系统返回结果所需的时间。对于数字图书馆系统而言，快速响应是提高用户体验的关键。因此，馆员需密切关注响应时间的变化，一旦发现响应时间延长，应立即分析原因，并采取相应措施进行优化。

其二，吞吐量是性能监控的另一重要指标。吞吐量反映了系统在一定时间内处理请求的能力。随着数字图书馆资源的不断丰富和用户需求的日益增长，系统吞吐量也面临着越来越大的挑战。馆员需根据实时监控数据，合理调整系统配置，确保系统在高负载下仍能保持稳定运行。

其三，资源利用率也是性能监控不可或缺的一环。资源利用率包括CPU、内存、磁盘等硬件资源的占用情况。通过监控这些资源的使用情况，馆员可以了解系统的负载状况，预测未来的资源需求，从而提前做好资源规划和扩容准备。

除对系统本身的检查外，馆员还需关注数字图书馆系统所依赖的操作系统、数据库、中间件等软件的更新和升级。随着技术的不断进步，这些软件会不断推出新版本，修复已知漏洞、提升性能和安全性。馆员需要及时关注这些更新，并根据实际情况进行系统升级。这有助于确保数字图书馆系统始终运行在最新、最安全的版本上，为用户提供稳定、高效的服务。

在定期检查过程中，一旦发现故障或异常，馆员需要迅速进行排查和修复。故障排查往往需要综合运用多种技术手段和工具，如日志分析、远程调试、性能测试等。馆员需要根据实际情况选择合适的工具和方法，以快速定位问题所在，一旦找到问题原因，便需要采取针对性的措施进行修复，如更换故障部件、调整系统配置、优化程序代码等。通过及时有效的故障排查和修复，可以确保数字图书馆系统的稳定运行和用户的满意度。

（二）系统升级

1. 功能升级

功能升级作为系统升级中不可或缺的一环，对于数字图书馆而言，更是关乎用户体验和满意度的关键所在。数字图书馆以其丰富的资源、便捷的服务，深受广大用户的青睐。然而，随着科技的飞速发展，用户的需求也在不断变化，这就要求数字图书馆必须紧跟时代步伐，不断进行系统的功能升级。

数字图书馆的功能模块众多，有些功能可能存在使用不便、操作复杂等问题，影响用户的体验。因此，通过功能升级，可以对这些功能进行改进和优化，使其更加符合用户的操作习惯，提高易用性和便捷性。例如，可以优化搜索功能，提高搜索结果的准确性和相关性；改进下载功能，提高下载速度和稳定性等。

功能升级并非一蹴而就的过程，需要相关人员进行深入的市场调研和用户需求分析，确保升级的方向和内容符合市场和用户的实际需求。同时，在升级过程中，还需要充分考虑系统的稳定性和安全性，确保升级不会对现有系统造成负面影响。

2. 性能优化

性能优化同样作为系统升级中不可或缺的一环，对于保障数字图书馆的稳定运行至关重要。随着数字化技术的快速发展，数字图书馆规模不断扩大，用户数量也在持续增长，这对系统的运行速度和稳定性提出了更高的要求。因此，数字图书馆必须通过一系列性能优化措施来提升系统的整体性能。

（1）优化系统架构

在优化系统架构方面，图书馆可以积极采纳和应用先进的分布式系统架构技术。这种架构能够将图书馆管理系统的各个模块进行分布式部署，使得各个模块能够独立运行，并通过网络进行通信和协作。这样的设计不仅提高了系统的并发处理能力，还显著提升了系统的响应速度，为用户提供更加流畅和高效的服务体验。

分布式系统架构的核心优势在于其高度的可扩展性和灵活性。通过将系统拆分成多个模块，图书馆可以根据实际需求对各个模块进行独立升级和维护，而无须对整个系统进行全面改造。这种模块化的设计方式不仅降低了系统的维护成本，还使得系统更加易于扩展和升级，以适应图书馆业务不断发展和变化的需求。

此外，图书馆还可以利用云计算技术来进一步优化系统架构。通过将系统部署在云端，图书馆可以利用云计算平台提供的弹性伸缩和负载均衡等机制，实现对系统资源的动态调整和优化。当图书馆的业务量增加时，云计算平台可以自动为系统分配更多的资源，以确保系统的稳定性和可用性；而当业务量减少时，云计算平台则可以释放多余的资源，以节省成本和提高效率。

（2）提高数据处理能力

随着数字图书馆资源的不断增加，系统需要处理的数据量也在迅速增长。面对如此庞大的数据处理需求，传统的数据处理方法显然已经无法满足需求。因此，图书馆必须紧跟时代步伐，积极采用高效的数据处理算法和技术，以提升数据处理的速度和效率。

其中，并行处理技术便是一种非常有效的解决方案。通过并行处理，图书馆系统可以将大数据划分为多个较小的数据集，然后同时对这些数据集进行处理。这样一来，不仅大大缩短了数据处理的时间，还提高了系统的吞吐量。例如，某大型图书馆采用并行处理技术后，其检索速度提升了近 50%，极大地提升了用户体验。

此外，压缩存储技术也是图书馆在应对大数据挑战时的重要武器。通过压缩存储，图书馆可以将数据以更小的空间进行存储，从而节省了宝贵的存储空间。同时，压缩存储还有助于减少数据传输的开销，提高数据传输的效率。在实际应用中，一些图书馆采用先进的压缩算法，成功地将存储空间减少了近 30%，为图书馆节省了大量的成本。

通过性能优化，不仅可以加快用户访问速度，提高用户满意度，还可以减少系统故障率，保障系统的稳定运行。当系统的运行速度得到提升后，用户可以更快速地获取所需的资源，提高学习和工作的效率。同时，系统的稳定性也会得到增强，减少了因系统故障而导致的服务中断和数据丢失的风险。

三、系统安全与防护

图书馆系统安全与防护涉及多个方面，包括物理安全、网络安全、数据安全以及应急处理等措施。

（一）物理安全措施

1. 安全门禁系统

其一，门禁系统可以有效地防止未经授权的人员进入图书馆。图书馆拥有丰富的藏书和珍贵的文献资料，这些资源对于学术研究、文化传承等方面具有重要意义。然而，一些不法分子可能会利用图书馆的管理漏洞，窃取或破坏这些资料。安装门禁系统后，图书馆可以实现对进馆人员的有效管控，确保只有经过身份验证的人员才能进入，从而大大降低安全风险。

其二，门禁系统有助于保护馆内设备的安全。图书馆内不仅有大量的纸质书籍，还有许多电子设备，如电脑、打印机等。这些设备是图书馆正常运行的重要支撑，一旦被破坏或丢失，将对图书馆的工作造成严重影响。通过安装门禁系统，图书馆可以实时监控进馆人员的活动，一旦发现异常情况，可及时采取措施进行处理，保障设备的安全运行。

其三，门禁系统还能提高图书馆的管理效率。传统的图书馆管理往往依赖于人工检查用户的证件和登记信息，这种方式不仅耗时耗力，而且容易出现疏漏和错误。而门禁系统可以自动识别和记录用户的身份信息，实现快速、准确的身份验证。同时，门禁系统还可以与图书馆的借阅系统、管理系统等进行集成，实现数据的共享和互通，进一步提高管理效率。

在实际应用中，图书馆可以根据自身特点和需求，选择最适合的门禁系统类型。例如，有些门禁系统采用指纹识别、面部识别等生物识别技术，具有较高的安全性和准确性；还有些门禁系统支持刷卡、扫码等多种方式，方便用户进行身份验证。

2. 视频监控系统

在图书馆这一公共场所中，安装高清摄像头并建立完善的监控系统显得尤为重要。通过视频监控系统，能够全方位地监控图书馆的公共区域，有效预防和调查各种窃盗和破坏行为，为图书馆的安全管理提供有力支持。

高清摄像头的安装是视频监控系统的核心组成部分，其在现代图书馆安保工作中发挥着举足轻重的作用。这些先进的摄像头以其提高的清晰度和分辨率，将图书馆内各个角落的详细情况尽收眼底，从而确保了图书馆的安全与秩序。通过实时监控，图书馆员可以及时发现并处理各种潜在的安全隐患，如窃盗、破坏行为等。一旦发生问题，高清摄像头还能迅速锁定嫌疑人的行踪，为后续的调查和追查提供有力证据。这不仅有助于快速解决问题，还能对潜在的犯罪分子形成有效的震慑。

高清摄像头的安装和使用也需要遵循一定的规范和标准。在安装过程中，需要考虑到摄像头的布局、角度和高度等因素，以确保其能够全面覆盖图书馆的各个区域。同时，还需要定期对摄像头进行维护和保养，以确保其正常运行和数据的准确性。

除了高清摄像头这一核心组成部分，一个完善的视频监控系统更是一个集众多先进技术于一体的复杂体系，其中，强大的存储和回放功能更是不可或缺的一环为监控工作提供了坚实的后盾。

在现代视频监控系统中，存储设备扮演着至关重要的角色。借助先进的硬盘阵列、云存储等技术，监控系统可以将大量的监控视频数据进行长时间的保存。这不仅保证了数据的完整性和可靠性，更让图书馆员能够随时调取历史监控数据，以便对图书馆的安全状况进行深度分析。对于存储设备的选择，一方面，存储设备需要具备足够的容量，以应对日益增长的监控数据；另一方面，存储设备还需要具备较高的读写速度和稳定性，以确保监控视频的流畅播放和长期保存。

除存储功能外，回放功能也是视频监控系统不可或缺的一部分。通过灵活的回放功能，图书馆员可以方便地查看过去的监控记录，了解图书馆在不同时间段的安全状况。这有助于图书馆员及时发现潜在的安全隐患，并采取相应的措施进行防范。此外，现代视频监控系统还提供了多种回放模式，如快进、快退、暂停等，让图书馆员能够根据自己的需求进行个性化的操作。同时，一些先进的系统还支持多人同时在线查看监控视频，从而提高了工作效率和协同能力。

另外，视频监控系统还能与其他安全设备实现联动，具体表现在以下几点。

其一，视频监控系统能够与其他报警装置实现联动。当系统通过智能分析技术检测到异常情况，如入侵者、异常行为等，它便能迅速触发报警装置。这些报警装置可以是声音报警器、灯光闪烁器等，通过发出明显的声光信号，提醒现场的工作人员及时关注并处理。这种联动机制大大提升了监控系统的响应速度，使得安全隐患能够在第一时间得到控制。

其二，视频监控系统可以与门禁系统实现联动。门禁系统作为控制人员进出的重要手段，与视频监控系统的结合能够实现对人员出入的精确监控。当有人员通过门禁系统进入或离开特定区域时，视频监控系统能够自动记录并保存相关视频资料。这不仅能够为馆员提供详细的出入记录，还能够在发生安全事故时提供重要的线索和证据。

其三，视频监控系统还可以与消防系统实现紧密协作。当消防系统检测到火警或其他异常情况时，它可以迅速将信息传递给视频监控系统。视频监控系统便能够立即切换到相关区域的监控画面，为消防人员提供实时的现场情况。这种联动机制使消防人员能够更快速地了解火势情况，制订更为准确的救援方案，从而最大限度地减少火灾带来的损失。

在实际应用中，视频监控系统在图书馆的安全管理中发挥着举足轻重的作用。一方面，它能够在窃盗和破坏行为发生时迅速响应，协助馆员及时制止并调查案件。另一方面，通过长期的监控和记录，系统还能够为图书馆的管理层提供宝贵的数据支持，帮助他们了解读者的阅读习惯、图书馆的使用状况等信息，从而做出更科学、更合理的决策。

3. 保密柜和柜台

（1）保密柜

保密柜的设置显得尤为关键和重要。它不仅仅是一个简单的储物设施，更是保障图书馆信息安全、维护用户隐私，以及确保贵重物品安全的重要工具。保密柜在图书馆中承载着多重的功能和职责，为图书馆的运营提供了坚实的保障。保密柜主要用于存放敏感信息和贵重物品。在图书馆中，用户的个人信息、借阅记录等都属于敏感信息，需要得到妥善的保护。此外，图书馆内部的一些秘密文件、重要资料等也需要得到严格的保密。保密柜为这些敏感信息和贵重物品提供了一个安全可靠的存放空间，防止信息泄露和物品丢失。

保密柜的设计充分考虑了安全性和保密性。它采用了先进的锁具技术和防盗系统，如电子密码锁、指纹识别等，确保只有经过授权的人员才能打开和使用保密柜。同时，保密柜的材质也经过精心挑选，具有防火、防潮、防腐蚀等特性，进一步增强了其安全性和耐用性。

图书馆对保密柜的使用和管理也非常严格。图书馆会制定明确的保密柜使用规定和流程，规范馆员和用户的使用行为。同时，图书馆会定期对保密柜进行检查和维护，确保其正常运行和安全性。此外，图书馆还会对保密柜的使用情况进行记录和监控，以便及时发现和处理任何异常情况。

（2）柜台

除保密柜外，图书馆还会在合适的位置设置柜台，以方便用户借阅、归还书籍和办理其他业务。这些柜台往往被安排在图书馆的显眼位置，无论是刚进入图书馆的用户，还是正在寻找特定服务的用户，都能迅速定位到它们。这样的设计不仅方便了用户，也提高了图书馆的工作效率。

为了确保柜台的安全，图书馆会采取一系列的措施。首先，图书馆会安排专业的保安人员或管理人员对柜台进行实时监控。这些人员通常会在柜台附近设置监控摄像头，并时刻保持警惕，以确保柜台上的物品不被非法侵占或损坏。

此外，图书馆还会加强保密工作，防止保密信息被恶意窃取或泄露。在柜台附近，图书馆通常会设置保密设施，如保密柜或保密箱，用于存放读者的个人信息或重要文件。

4. 消防设备和通道

每层楼的消防器材由所在区域的部室负责管理，确保每个馆员都会使用。加强对消防安全通道的管理，保证紧急情况下通道畅通无阻。

（1）消防设备

消防设备的管理不仅仅是一项日常工作，更是关乎公共安全与生命财产安全的重要任务。为了确保消防设备在关键时刻能够发挥最大效用，部室必须肩负起定期检查和维护的重任，确保这些设备始终处于良好的工作状态。

部室需要制订详细的检查和维护计划，并严格执行。这包括对消防栓、灭火器、灭火器等主要设备的全面检查。在检查过程中，应关注设备的外观是否完好、标识是否清晰、压力是否正常等关键指标。一旦发现设备存在损坏或缺失的情况，应立即进行修复或补充，以确保设备的完整性和可靠性。

除主要设备外，部室还应关注消防水带、消防喷头等配件的保养。这些配件在灭火过程中起着至关重要的作用，因此必须确保它们能够随时投入使用。部室应定期对配件进行清洗、润滑和更换，以确保其性能稳定、操作顺畅。

在消防设备的管理过程中，部室还应注重数据的统计和分析。通过对设备使用情况的记录和分析，可以发现设备存在的问题和隐患，为后续的改进和优化提供依据。同时，也可以通过数据的对比和趋势分析，评估消防设备管理的效果和质量。

（2）消防安全通道

在紧急情况下，消防安全通道是疏散和救援的生命线。为了确保通道的畅通无阻，部室还需要制订应急预案，明确在火灾等紧急情况下如何快速有效地打开和使用通道。此外，还需要组织馆员进行应急演练，提高馆员在紧急情况下的应对能力和自救互救能力。

图书馆作为一个人员密集且储存大量书籍文献的场所，其消防安全管理尤为重要。而消防安全通道作为建筑物内部人员疏散、消防车辆进出以及灭火救援的重要通道，更是安全管理中不可或缺的一环。因此，图书馆部室需要高度重视消防安全通道的日常管理和维护工作，确保在紧急情况下能够发挥其应有的作用。

定期清理通道内的杂物和障碍物是保障通道畅通无阻的基础。在日常管理工作中，部室应高度重视通道的日常维护和清理工作，并将其纳入常规任务之中，具体需做好以下几点。

其一，部室应设立专门的巡查岗位，并安排专人负责通道的日常巡查工作。这些巡查人员需要具备良好的观察力和责任心，能够及时发现并处理通道内的各种问题。他们应定期巡查通道，包括走廊、楼梯、门厅等各个区域，确保没有杂物和障碍物阻塞通道。在巡查过程中，巡查人员应特别留意通道内可能出现的纸箱、家具等物品。这些物品如果随意摆放或堆积，很容易堵塞通道，影响人员疏散和消防车辆的进出。一旦发现这些物品，巡查人员应立即进行清理，将其移至指定区域或进行妥善处理。

其二，部室还应加强对通道内卫生情况的关注。通道内如果灰尘堆积、垃圾遍地，不仅会影响整体环境的美观度，还可能对人员的身体健康造成潜在威胁。因此，部室应定期组织清洁人员对通道进行深度清洁，包括扫地、拖地、擦拭墙面等，确保通道干净整洁。

其三，部室还可以利用科技手段提高通道管理的效率和准确性。例如，可以安装监控摄像头对通道进行实时监控，以便及时发现并处理异常情况；还可以采用智能巡检系统，通过巡检人员的移动设备上报巡查结果，实现数据的实时汇总和分析。

另外，对通道内的照明、指示标识等设施进行检查和维护也是至关重要的。为了确保这些设施能够在关键时刻发挥出应有的效能，部室必须对其进行定期的检查和维护。

照明设备是通道内不可或缺的一部分。在紧急情况下，如火灾、地震等突发事件，照明设备能够为人员提供清晰的指引，帮助他们快速找到安全出口和逃生方向。因此，部室应定期对通道内的照明设备进行全面的检修。这包括对灯具的清洁、灯泡的更换、电路的检查等，以确保其正常工作，亮度充足。同时，对于照明设备的布局也应进行合理规划，确保通道内的每一个角落都能得到充足的照明，避免出现盲区。

指示标识在紧急情况下同样具有重要的作用。这些标识能够清晰地指示出安全出口、疏散方向等重要信息，帮助人员在混乱中迅速找到逃生的方向。因此，部室应对指示标识进行定期更换和更新，确保其清晰可见、易于识别。同时，对于标识的内容也应进行严格的审核，确保其准确、清晰、易懂。此外，还可以在通道内设置明显的逃生指示标志和疏散路线图，以便人员在紧急情况下能够迅速找到安全出口。

除照明和指示标识外，部室还应关注通道内的其他安全设施。例如，可以在通道内设置自动喷水灭火系统、烟雾探测器等消防设施，以提高通道的火灾防控能力。

（二）网络安全措施

为了确保图书馆网络的稳定运行和信息安全，配置防火墙和其他网络安全设备成为必不可少的举措。这些设备和软件不仅能够有效保护图书馆网络免受恶意攻击和计算机病毒的侵害，还能提升网络的整体安全性能。

1. 防火墙

防火墙的主要工作原理在于对网络数据进行细致的过滤和检查。每当有数据尝试进出图书馆网络时，防火墙都会对其进行严格审查。这种审查不仅限于数据的来源和目的地，还涉及数据的内容、格式等多个方面。通过这种全面的审查，防火墙能够及时发现并阻止那些潜在的网络威胁，如黑客攻击、恶意软件等。这些威胁一旦侵入图书馆网络，很可能导致数据的泄露、篡改甚至整个系统的瘫痪，因此，防火墙的及时发现和阻止功能显得尤为重要。

除了对网络威胁的防范，防火墙还能根据图书馆预设的安全策略，对进出网络的数据进行精确的控制。例如，图书馆可能会设置一些敏感信息的访问权限，只有特定的人员或系统才能访问这些信息。防火墙便能根据这些权限设置，对尝试访问敏感信息的行为进行限制和拦截。这种功能在很大程度上避免了敏感信息的泄露和滥用，为图书馆的资源安全提供了有力保障。

此外，防火墙还能对图书馆网络的使用情况进行记录和统计。这些记录和统计数据不仅可以帮助图书馆员了解网络的使用情况，还能为制定更为精确的安全策略提供有力支持。例如，通过对网络流量的分析，图书馆员可以发现某些时段或某些类型的数据流量异常，进而推测可能存在的安全隐患，并采取相应的防范措施。

2. 入侵检测系统（IDS）

入侵检测系统（IDS）作为网络安全领域的一项重要技术，以其强大的实时监控和异常检测能力，在图书馆网络安全体系中发挥着至关重要的作用。IDS不仅能够深入分析网络流量，还能通过监控网络中的数据包和流量模式，实时检测并报告潜在的安全威胁，为图书馆网络安全提供了坚实的保障。

IDS的工作原理是通过对网络流量的深度分析，识别并报告异常的网络行为。这些异常行为可能包括未经授权的访问、恶意软件传播、数据泄露等多种安全威胁。IDS通过实时监控网络流量，能够及时发现这些潜在的安全风险，并向相关人员发出警报，以便相关人员能够迅速采取应对措施，防止网络攻击的发生。

除强大的实时监控和异常检测能力外，IDS还具有高度的敏感性。它能够根据网络环境的变化自动调整检测策略，以更准确地识别异常行为。例如，当网络流量突然增加或出现异常模式时，IDS能够迅速作出反应，识别并报告这些异常行为。这种自动适应的能力使得IDS能够应对各种复杂的网络环境，提高安全检测的准确性和效率。

此外，IDS还可以与其他安全设备进行联动，实现更全面的安全防护。

例如，IDS 可以与防火墙、入侵防御系统（IPS）等设备进行协同工作，共同构建多层次的安全防护体系。当 IDS 检测到潜在的安全威胁时，它可以向其他安全设备发送警报，以便这些设备能够采取相应的防御措施，阻止网络攻击的发生。这种协同工作的方式能够进一步提高图书馆网络的安全防护能力。

3. 安全事件管理（SIEM）系统

SIEM 系统已成为现代网络安全体系中的关键组成部分。它具备强大的整合能力，能够将来自不同安全设备的信息整合在一起，包括但不限于防火墙、入侵检测系统（IDS）等。这些安全设备在日常运行过程中会产生大量的安全日志和事件数据，SIEM 系统能够将这些数据收集起来，并通过关联和分析，提供全面的安全事件视图。

通过 SIEM 系统，馆员可以清晰地了解网络安全状况，无论是日常的安全事件还是突发的安全威胁，都能够得到及时的监测和报告。这种实时的安全事件监测和报告功能极大地提高了馆员对网络安全事件的感知能力，使他们能够在第一时间发现并应对潜在的安全风险。

不仅如此，SIEM 系统还具备强大的事件关联分析能力。在日常工作中，安全事件往往不是孤立存在的，它们之间可能存在某种关联或模式。通过 SIEM 系统的关联分析，馆员可以将来自不同设备的安全事件进行关联，揭示出潜在的安全威胁和攻击模式。这种能力不仅有助于馆员更深入地了解安全事件的本质，还能够为制定有效的安全策略和措施提供有力支持。

此外，SIEM 系统还具备高度的灵活性。它可以根据馆员的需求，提供定制化的安全报告和告警。这些报告和告警可以基于特定的安全事件、威胁类型或时间范围等条件进行筛选和呈现，帮助馆员更好地了解和掌握网络安全状况。同时，SIEM 系统还可以与其他安全工具进行集成，形成更加完善的网络安全防护体系。

4. 防止恶意软件

（1）杀毒软件

杀毒软件作为图书馆网络安全防护体系中的关键一环，其重要性不容忽视。随着信息技术的日新月异，网络攻击手段日益复杂多变，给图书馆网络安全带来了前所未有的挑战。在这个背景下，杀毒软件的存在成了保障图书馆网络安全稳定运行的坚强后盾。

计算机病毒、木马等恶意程序在网络环境中如同潜伏的暗流，随时可能给图书馆网络系统带来灾难性的后果。这些恶意程序一旦侵入图书馆网络系统，将可能窃取敏感信息、破坏数据完整性，甚至导致整个网络系统的瘫痪。而杀毒软件正是针对这些恶意程序而设计的，它能够对图书馆网络进行实时监控和检测，一旦发现恶意程序立即进行清除，从而有效遏制网络攻击的发生。杀毒软件的运用还能提高图书馆网络系统的整体防护能力。杀毒软件不仅具备实时检测和清除恶意程序的功能，还能对网络系统中的漏洞进行扫描和修复，从而提高网络系统的抗攻击能力。此外，杀毒软件还能对网络流量进行监控和分析，帮助馆员及时发现异常流量和潜在威胁，从而采取相应的应对措施。

当然，相关人员也需要认识到杀毒软件并非万能的。虽然杀毒软件在网络安全防护中发挥着重要作用，但它并不能完全杜绝网络攻击的发生。因此，在使用杀毒软件的同时，还需要加强其他网络安全防护措施的建设，如加强网络安全意识教育、定期更新网络系统漏洞补丁等。

（2）安全漏洞扫描工具

网络系统中的安全漏洞，作为黑客攻击的突破口，一旦存在且未得到及时修复，将给整个网络安全体系带来严重威胁。因此，有效识别并修复这些安全漏洞，对于保障网络系统的安全稳定运行至关重要。

安全漏洞扫描工具，作为网络安全防护的重要手段之一，能够全面扫描图书馆网络系统中的各类安全漏洞。这些漏洞包括系统配置错误、软件缺陷、网络协议漏洞等。通过深入剖析这些漏洞，扫描工具能够及时发现潜在的安全风险，并为修复工作提供有力支持。

具体来说，安全漏洞扫描工具在扫描过程中会对图书馆网络系统的各个方面进行细致入微的检查。例如，对于系统配置错误，扫描工具会检查系统的各项设置是否符合安全标准，是否存在未经授权的访问路径等；对于软件缺陷，扫描工具会深入剖析软件的代码实现，查找可能存在的漏洞和安全隐患；

对于网络协议漏洞，扫描工具则会针对各种网络协议进行安全性测试，以确保协议的正确性和安全性。在扫描完成后，安全漏洞扫描工具会生成一份详细的漏洞报告。这份报告会详细列出扫描过程中发现的所有安全漏洞，包括漏洞的类型、位置、影响范围等信息。此外，报告还会给出相应的修复建议和措施，帮助馆员快速定位并修复这些漏洞。

根据漏洞报告，可以及时修复这些安全漏洞，加强网络系统的安全防护能力。对于系统配置错误和软件缺陷，可以通过调整配置、更新软件版本等方式进行修复。对于网络协议漏洞，则需要更新或替换存在问题的协议，以确保网络系统的安全性。

（三）数据安全措施

1. 数据保密性

图书馆需要实施身份验证机制，对浏览器端用户进行严格的身份核实。这可以通过用户名和密码、数字证书、指纹识别等多种方式进行。只有通过身份验证的用户才能访问图书馆的资源，这样可以有效防止未经授权的用户进入图书馆系统，窃取或篡改数据。

2. 数据备份与恢复

无论是图书信息、用户账户信息还是借阅书籍信息等关键数据，都是图书馆运营和服务的基石。然而，这些关键数据的安全面临着诸多潜在威胁，如硬件故障、软件漏洞、人为误操作以及恶意攻击等。因此，为了确保图书馆管理系统中数据的完整性和安全性，数据备份与恢复策略的制定和实施显得尤为重要。

数据备份是指将系统中的数据复制到其他存储介质或位置，以防止数据丢失或损坏。对于图书馆管理系统而言，数据备份不仅有助于在硬件故障或软件问题发生时快速恢复数据，还能在人为误操作或恶意攻击等情况下保护数据的完整性。通过定期备份数据，可以确保即使发生意外情况，也能及时恢复系统正常运行，保障图书馆服务的连续性和稳定性。

数据恢复是指在数据丢失或损坏后，通过备份数据重新构建系统的过程。

在图书馆管理系统中，数据恢复功能通常有两种方式。

（1）自动恢复功能

自动恢复功能，作为图书馆管理系统中的一项核心特性，发挥着至关重要的作用。这一功能主要依赖于系统自带的先进恢复机制，这些机制是保障图书馆数据安全与稳定运行的关键。

定期的数据备份是自动恢复功能的核心环节之一。图书馆管理系统会按照设定的时间间隔，自动对数据库中的数据进行备份，确保在任何情况下都能快速恢复数据。这种备份机制能够有效避免因硬件故障、人为错误或自然灾害等原因导致的数据丢失。

另外，数据校验和错误检测机制也是自动恢复功能不可或缺的部分。这些机制能够实时监控数据的状态，一旦检测到异常，比如文件损坏、数据丢失或数据不一致等，系统会立即启动恢复过程。数据校验通常包括检查数据的完整性、一致性和准确性，确保数据的准确性和可靠性。而错误检测则能够及时发现潜在的问题，避免问题扩大化。

自动恢复功能的优点在于其高效性和自动化程度。当系统检测到数据问题时，它能够迅速响应，自动触发恢复过程，尝试恢复到最近一次正常状态。这种自动化的处理方式大大减少了馆员的干预，降低了人为错误的风险，同时也提高了图书馆服务的连续性和稳定性。此外，自动恢复功能还具备灵活性和可扩展性。馆员可以根据实际需求调整备份策略、恢复策略等参数，以满足不同场景下的数据保护需求。同时，随着技术的不断进步，图书馆管理系统也在不断升级和完善，自动恢复功能也将不断优化，为图书馆提供更加安全、可靠的数据保障。

（2）手动恢复功能

由于硬件故障、病毒攻击或其他一些未知的复杂原因，系统自动恢复机制可能无法应对所有的问题。这时就需要馆员具备足够的技术能力和丰富的实践经验，以手动执行更为精确的恢复操作。

手动恢复功能通常要求馆员能够深入了解系统的运行机制，并具备对问题产生原因的敏锐洞察力。他们需要对硬件、软件、网络等多个方面有所涉猎，以便在出现问题时能够迅速定位问题源头，并制定相应的恢复策略。同时，馆员还需要具备一定的耐心和细心，因为在恢复过程中，往往需要对大量的数据进行检查、修复和验证，以确保恢复结果的准确性和完整性。

为了确保数据恢复的高效性和准确性，相关人员在制定备份策略时，需要充分考虑到恢复过程中可能遇到的各种问题和挑战。他们需要根据实际业务特点和数据规模，合理设置备份周期和备份方式。例如，对于关键数据，可以采用更为频繁的备份策略，以确保在出现问题时能够及时获取到最新的备份数据。同时，他们还需要考虑备份数据的存储位置和安全性，以防止备份数据本身受到损坏或丢失。

除了备份策略的制定，相关人员还需要建立故障应急预案。这一预案应明确在数据丢失或损坏时的处理流程和责任人，以便在出现问题时能够迅速响应并恢复数据。预案中还应包含对恢复操作的具体指导，以帮助馆员在紧急情况下能够迅速上手并正确执行恢复操作。

3. 用户权限管理

（1）用户权限管理对于图书馆数据安全的重要性不容忽视

图书馆每天都会有大量的用户进出，借阅书籍、查询资料，同时也产生了大量的用户信息和图书资源数据。这些数据不仅是图书馆运营和管理的基石，更是用户隐私和知识产权的重要保障。因此，如何确保这些数据的安全，防止未经授权的用户对数据进行篡改或泄露，成了图书馆管理工作中亟待解决的问题。在这个背景下，用户权限管理显得尤为重要。通过对不同用户设置不同的访问和修改权限，可以确保只有经过授权的用户才能访问和修改相关数据。这样不仅可以有效防止数据泄露和篡改，还能提高数据使用的效率和准确性。

具体来说，图书馆可以根据用户的身份和需求，为他们设置不同的权限等级。例如，普通用户在图书馆中的权限情况。通常情况下，普通用户只能访问图书馆的公共区域，如阅览室、借阅区等，查阅和借阅图书资料。这些图书资料经过图书馆的精心筛选和整理，旨在满足广大用户的学习需求。然而，普通用户在访问图书馆资源时往往受到一定的限制。他们无法直接访问图书馆的后台管理系统，也无法修改自己的借阅记录。这样的设计是为了保障图书馆资源的安全性和稳定性，防止未经授权的访问和修改。

相比之下，图书馆员则拥有更高的权限和更广泛的责任。作为图书馆的管理者和维护者，他们不仅需要确保图书馆的正常运营和管理，还需要负责图书馆资源的更新和维护。因此，图书馆员可以访问图书馆的后台管理系统，查看和管理各项业务数据，如图书的借阅情况、读者的借阅记录等。通过这些数据，馆员可以及时了解图书馆的运营情况，发现问题并采取相应的措施加以解决。

图书馆员还具备修改和更新图书资料的能力。当图书馆需要新增或删除图书时，馆员可以通过后台管理系统进行操作，确保图书资源的准确性和完整性。同时，馆员还可以根据用户的借阅情况和需求，对图书进行分类和推荐，为用户提供更加精准的服务。

（2）用户权限管理有助于实现高效协作

在图书馆这一复杂的业务环境中，不同分部的馆员往往负责不同的业务领域和职责，他们之间的协作和配合是保障图书馆运营顺利的关键。例如，有的馆员负责用户信息的录入，他们需要能够访问并修改用户信息数据库；有的馆员则负责图书资源的维护，他们需要能够管理图书的采购、借阅、归还等流程。为了确保这些工作的顺利进行，必须根据馆员的职责和角色，赋予他们适当的权限。

（3）用户权限管理还有助于提高图书馆的工作效率和质量

首先，合理的权限设置可以避免因权限不足而导致的工作延误。在图书馆的日常运营中，各个岗位的馆员需要完成不同的任务，而这些任务往往涉及不同的数据和信息。例如，负责图书采购的馆员需要查看图书的库存情况，以便及时了解哪些图书需要补充或更新；而负责图书借阅的馆员则需要查看读者的借阅记录，以便掌握图书的流通情况。如果权限设置不合理，导致这些馆员无法访问到他们所需的信息，那么就会给工作带来极大的不便和延误。因此，通过合理的权限设置，确保每个馆员都能够访问到他们所需的信息，是提高图书馆工作效率的关键。

其次，合理的权限设置还可以避免因权限滥用而导致的失误。在图书馆中，不同岗位的馆员拥有不同的权限，这些权限往往与他们的职责和任务密切相关。然而，如果某些馆员滥用他们的权限，比如私自修改图书的库存信息或借阅记录，那么就会给图书馆的管理带来极大的困扰和混乱。因此，通过合理的权限设置，对馆员的权限进行严格的限制和管理，可以有效避免权限滥用的情况发生，从而保障图书馆的数据安全和准确性。

最后，合理的权限设置还可以促进图书馆的服务质量提升。对于负责图书维护的馆员来说，他们可以通过权限设置方便地查看图书的库存情况、借阅记录等信息。这样，他们就能够及时了解到哪些图书需要采购和补充，哪些图书的借阅率较高需要增加库存，从而确保图书馆的图书资源充足且更新及时。

在实施用户权限管理的过程中，图书馆员的角色至关重要，他们不仅是图书馆资源管理的守护者，更是确保信息安全和数据完整性的关键人物。他们的工作涉及对图书馆用户的细致管理，以及权限分配的精确执行，确保每位用户都能在遵循规则的前提下，有效地利用图书馆资源。

一方面，图书馆员需要根据业务需求和职责分工，为不同用户分配适当的权限。这包括对学生、教师、研究人员等不同类型用户的细致划分，并为他们分别设定相应的访问权限。例如，学生可能只被允许访问特定的电子书籍或期刊，而教师和研究人员则可能拥有更广泛的访问权限，以便他们进行更深入的学术研究。馆员在分配权限时，需要充分考虑到各类用户的需求和图书馆资源的合理利用，以实现资源最大化共享。

另一方面，馆员还需要定期检查和更新权限设置，确保权限分配的准确性和及时性。这包括了对用户权限的定期审查，以及对权限变更的及时处理。随着图书馆资源的不断更新和用户需求的变化，馆员需要时刻保持警惕，对权限设置进行动态调整，以满足用户日益增长的需求。

（四）应急处理措施

在数字图书馆系统安全与防护中，应急处理措施是不可或缺的一环。针对可能出现的各种不稳定和不安全因素以及突发事件，数字图书馆需要制定一套完善的应急处理流程，以确保在突发事件发生时能够迅速响应、有效应对。具体需做到以下两点。

其一，数字图书馆需要建立全方位的监测机制，以实现对潜在安全隐患的及时发现和处理。这包括对网络流量、系统日志、用户行为等多方面的实时监控，以便及时发现异常行为和潜在风险。此外，还应利用先进的数据分析技术，对收集到的数据进行深度挖掘和关联分析，从而揭示出隐藏在数据背后的安全隐患。

其二，对于数字图书馆中的重要部位和关键设施，如服务器、存储设备、网络设备等，应定期进行安全检查和评估。这包括对设备的物理安全、运行环境、性能状态等方面进行全面检查，以确保设备的正常运行和系统的稳定性。同时，还应关注设备的软件安全，如操作系统的安全漏洞、应用软件的安全风险等，及时采取补救措施。

四、用户体验与界面设计

（一）用户体验在数字图书馆管理系统中的重要性

1. 提升用户满意度与忠诚度

在数字化、信息化的大潮中，用户对于数字图书馆管理系统的使用体验需求也日益增长。良好的用户体验不仅能提升用户满意度，还能进一步增强用户的忠诚度，为数字图书馆的长远发展奠定坚实基础。

一个优秀的数字图书馆管理系统应该具备简洁明了的界面设计、流畅稳定的系统性能、便捷高效的操作方式等特点。这些特点将直接影响用户在使用过程中的感受，进而影响用户对于数字图书馆的整体评价。良好的用户体验能够提升用户的使用积极性，进而形成对数字图书馆的高度认可。

提升用户满意度是提升用户体验的关键。满意度是用户对于产品或服务的主观评价，是用户在使用过程中的心理感受。为了提升用户满意度，数字图书馆管理系统需要不断优化功能设计，提高服务质量。

用户忠诚度是用户体验优化的重要目标。忠诚度高的用户往往对数字图书馆管理系统有着更深厚的感情，愿意长期使用并推荐给身边的朋友。为了提升用户忠诚度，数字图书馆管理系统需要注重与用户的互动与沟通。可以通过举办线上活动、开展用户调研等方式，增强用户对于数字图书馆的归属感和参与感。此外，还可以通过积分兑换、会员特权等方式，激励用户长期使用数字图书馆，提高用户粘性。

2. 优化信息检索与获取效率

（1）精准的信息检索功能

优化检索算法是实现精准信息检索的关键。传统的检索算法往往基于关键词匹配，但这种方式在面对语义复杂、表述多样的信息时，往往难以准确捕捉用户的真实需求。因此，现代信息检索系统开始引入深度学习等先进技术，通过对大量数据的学习，让系统更好地理解用户的意图，从而提高检索的准确性。

提供多种检索方式也是实现精准信息检索的重要手段。除传统的关键词检索外，现代信息检索系统还支持分类检索、高级检索等多种方式。分类检索可以根据信息的主题或类别进行筛选，帮助用户快速定位到相关领域的信息；高级检索则提供了更多的筛选条件，如时间范围、来源渠道等，使用户能够根据自己的需求进行更加精细化的检索。

另外，支持自然语言检索也是现代信息检索系统的一大亮点。自然语言检索允许用户以自然语言的形式输入查询需求，系统能够自动解析用户的意图并返回相关结果。这种方式不仅提升了用户的检索体验，还使得信息检索更加智能化和人性化。

（2）友好的信息展示方式

a. 提供详细的资源描述是友好信息展示方式的关键一环

资源描述的核心在于全面、准确地展示资源的基本信息和内容特点。其中，标题作为资源的"门面"，应当简洁明了地概括资源的主要内容，吸引用户的注意力；作者信息有助于用户了解资源的来源和权威性，从而增加对资源的信任度；发布时间则能够反映资源的时效性，帮助用户判断资源的价值是否依旧具备参考价值。另外，关键词是资源描述中不可或缺的一部分。通过提取资源中的核心词汇，可以方便用户通过搜索引擎等工具快速找到相关资源。同时，关键词还能为用户提供更多相关信息的链接，进一步拓展用户的知识面。

除基本信息外，资源描述还应包含内容的摘要或简介。摘要应简洁明了地概括资源的主要内容、观点和结构，帮助用户快速了解资源的核心思想。简介则可以对资源进行更为详细的介绍，包括资源的背景、目的、适用范围等方面，以便用户更好地把握资源的价值和意义。

通过提供详细的资源描述，用户可以更加便捷地获取所需信息，提高信息筛选和判断的效率。同时，这也有助于提升信息资源的利用率和传播效果，促进知识共享。

b.预览功能是友好信息展示方式的重要组成部分

预览功能旨在为用户提供一种在未完全打开资源的情况下，先睹为快的便捷体验，使用户能够在短时间内对资源内容有初步了解。预览功能不仅极大地提升了用户的使用体验，还有助于用户在海量的信息中迅速筛选出最符合自己需求的资源。

预览功能极大地节省了用户的时间成本。在面对海量的网络资源时，用户往往需要在短时间内浏览多个资源，以便找到最符合自己需求的选项。预览功能允许用户在未完全打开资源的情况下，快速浏览其内容，从而避免了逐个打开资源的烦琐过程。这样一来，用户可以在短时间内对比多个资源的优劣，迅速作出选择。

预览功能也有助于提高用户的满意度。预览功能为用户提供了一个了解资源内容的窗口，使用户在打开资源之前就能对其有一个初步的印象。这有助于减少用户在打开资源后发现内容不符合预期而产生的失望感，从而提高用户的满意度。同时，预览功能还能增强用户对资源的信任感，因为通过预览，用户可以更直观地感受到资源的质量和可信度。

c.相关资源推荐是提升友好信息展示效果的有效手段

首先，相关资源推荐能够极大地丰富用户的信息获取渠道。在传统的信息获取方式中，用户往往需要通过搜索引擎或手动筛选来寻找自己感兴趣的资源。然而，这种方式不仅效率低下，而且可能遗漏许多有价值的资源。而相关资源推荐系统则能够根据用户的个性化需求，精准地推送符合其兴趣的内容，从而让用户更轻松地获取所需信息。

其次，相关资源推荐能够引导用户发现更多有价值的资源。在日常浏览过程中，用户可能会因为各种原因错过一些优秀的资源。而相关资源推荐系统则能够通过对用户行为的深度分析，发现用户的潜在需求，并推荐与之相关的资源。这种推荐方式不仅能够帮助用户发现更多有价值的资源，还能够拓宽他们的视野，提升他们的认知层次。

最后，相关资源推荐还能够提高信息利用效率。在海量信息面前，用户往往感到无所适从，不知道该如何筛选和利用这些信息。而相关资源推荐系统则能够通过对信息的智能分类和筛选，将最符合用户需求的信息呈现在他们面前。这样，用户就能够更加高效地利用这些信息，在提升自己的工作和学习效率的同时，提高信息利用效率。

（3）便捷的获取途径

a. 在线阅读

在线阅读是一种常见的获取方式。用户可以通过各种在线平台，如电子书籍网站、学术数据库等，轻松获取所需资源。

在线阅读的便捷性是其最大的优势之一。与传统的纸质书籍相比，电子书籍无须花费大量时间去书店或图书馆寻找，只需在搜索框中输入书名或作者名，即可迅速找到所需的资源。电子书籍还可以随时随地进行阅读，无论是等车、排队还是休息时，只需拿出一部智能手机或平板电脑，便能实现这种随时随地的阅读方式，极大地提高了用户的阅读效率，使用户能够更好地利用碎片化的时间。

除了便捷性之外，在线阅读还具有丰富多样的特点。许多在线平台不仅提供了大量的电子书籍资源，还为用户提供了个性化的推荐服务。根据用户的阅读习惯和喜好，这些平台会智能地推荐相关书籍，帮助用户发现更多感兴趣的内容。此外，许多平台还提供了书签、笔记等功能，使用户能够更方便地管理自己的阅读进度和心得体会。这些功能的存在，使得在线阅读不再仅仅是获取信息的手段，更成了一种享受阅读乐趣的方式。

b. 下载功能

下载功能作为现代数字生活中的一项重要功能，为用户带来了极大的便利与惊喜。它不仅让用户可以轻松地将所需的资源保存到本地设备中，而且在无网络连接的环境下也能够随时随地进行阅读、学习或娱乐。这一功能不仅丰富了人们的生活方式，更提升了生活品质，成为数字时代不可或缺的一部分。

下载功能极大地便利了用户的资源获取。无论是电子书、音频、视频还是各种文档，用户只需通过简单的操作，就可以将这些资源保存到自己的手机、电脑或其他设备上。这样一来，无论是在家中、办公室还是在旅途中，用户都可以随时打开这些资源进行学习、阅读或娱乐，无须担心网络连接的稳定性。下载功能让用户不再受网络限制，使其随时可以享受到数字资源的便利。

下载功能还为用户提供了更多的选择空间。在互联网上，各种资源的格式和版本丰富多样，用户可以根据自己的喜好和需求进行选择。例如，对于电子书，可以选择 PDF、EPUB、MOBI 等多种格式，根据自己的阅读设备和习惯进行下载。对于视频资源，可以选择高清、超清甚至蓝光等多种画质，以满足不同的观影需求。这种多样性不仅满足了用户的个性化需求，也提高了用户体验，使得下载功能更加受到用户的喜爱和追捧。

除此之外，下载功能还具有一些其他优势。例如，它可以帮助用户节省流量费用。当用户在网络信号不稳定或费用较高的情况下，通过下载功能将资源保存到本地设备中，可以避免频繁地在线浏览或下载，从而节省流量费用。此外，下载功能还可以提高用户的安全性和隐私性。通过将资源保存到本地设备中，用户可以更好地控制自己的数据，避免个人信息被泄露或滥用。

c. 打印功能

打印功能为用户提供了另一种获取资源的途径。在数字化时代，尽管电子文档和在线资源日益丰富，但打印功能依然扮演着重要的角色。对于那些需要纸质资料的用户来说，无论是学习、工作还是生活，打印功能都显得尤为实用和重要。

首先，对于那些早已习惯纸质阅读的用户而言，打印功能无疑是一项不可或缺的功能，它使得原本只存在于电子设备中的在线资源得以转化为实实在在的纸质文档，极大地方便了用户随时翻阅和保存。无论是在图书馆、学校还是办公室等场所，纸质文档因其易于携带、方便翻阅的特点，始终占据着重要的地位。

在现代社会，随着科技的快速发展，电子设备和网络资源已经深入人们生活的方方面面。然而，对于许多人来说，纸质文档仍然具有无法替代的优越性。打印功能正是为了满足这部分用户的需求而诞生的。通过打印功能，用户可以轻松地将网页、论文、报告等重要的在线资源转化为纸质文档，使得这些资源得以永久保存，并且可以随时随地进行查阅和学习。

在图书馆中，打印功能的应用尤为广泛。许多用户在查找资料或阅读书籍时，都会习惯性地使用电子设备搜索和浏览相关信息。然而，当他们需要深入研究某个领域或撰写论文时，纸质文档往往更受青睐。通过打印功能，图书馆可以为用户提供方便快捷的打印服务，满足他们对纸质文档的需求。

在学校中，打印功能同样发挥着重要作用。学生们在上课、做作业或准备考试时，往往需要查阅大量的资料和文献。这些资料和文献大多来源于网络或电子书籍。然而，对于许多学生来说，纸质文档更容易理解和记忆。因此，他们常常利用打印功能将重要的电子资料转化为纸质文档，以便更好地学习和复习。

在办公室中，打印功能也是必不可少的。员工们在日常工作中需要处理大量的文件、报表和邮件等。这些文件往往需要以纸质形式保存和归档。通过打印功能，员工们可以轻松地将电子文件转化为纸质文档，使得文件的存储和查阅更加方便快捷。

其次，打印功能还有助于用户更好地整理和组织自己的知识库。在繁忙的学习或工作生活中，人们时常需要面对大量的资料和信息，这些内容可能来自各种渠道，如书籍、网络、电子邮件等。如何高效地整理这些信息，使之成为人们学习和工作的有力支撑，就显得尤为重要。打印功能正是解决这一问题的有力工具。通过打印功能，可以将筛选出来的关键信息或资料，以纸质形式呈现出来。相较于电子文档，纸质文档具有独特的优势，如便于翻阅、标记和保存。可以根据主题或时间顺序，将这些纸质文档进行分类和归档，形成一个有序的知识体系。

再次，打印功能还有助于提高用户的学习效率。当用户需要深入研究某个领域或主题时，将相关资料打印出来，可以让其更加专注于内容本身，避免被电子设备上的其他信息干扰。同时，通过翻阅纸质文档，还可以更直观地感受到知识的脉络和逻辑关系，有助于用户更好地理解和记忆所学内容。

另外，打印功能还能够帮助用户养成良好的学习习惯。在整理知识库的过程中，用户会不自觉地养成分类、归纳和总结的习惯，这些习惯不仅有助于用户更好地掌握知识，还能够提升他们的逻辑思维能力和表达能力。

最后，打印功能还可以与其他工具和技术相结合，进一步提升用户的学习和工作效率。在现实生活中，用户经常会遇到需要将纸质文档转化为电子文档的情况。这时，扫描技术便发挥了巨大的作用。用户可以利用扫描仪或带有扫描功能的打印机，轻松将纸质文档转化为电子文档。这一转化过程不仅保留了原始文档的内容，还使得文档更易于编辑、存储和分享。例如，学生可以将课堂笔记扫描成电子文档，方便随时查阅和修改；企业可以将合同、报告等纸质文件转化为电子文档，便于团队内部的协作和信息的快速传递。

除了扫描技术，打印功能还可以与电子文档编辑软件紧密结合，为用户提供更加丰富的操作体验。用户可以在电子文档中随意添加笔记、标注等内容，然后利用打印功能将这些内容打印出来。这种方式不仅方便用户对文档进行深入的讨论和分析，还能帮助用户更好地记忆和理解文档内容。例如，研究人员可以将研究论文中的重点内容打印出来，方便在会议上与同行进行讨论；教师可以将课件中的关键知识点打印出来，作为课堂讲解的辅助材料。

（二）界面设计原则与策略

1. 设计原则

（1）以用户为中心

首先，需要明确"以用户为中心"这一原则在界面设计中的具体体现。

这意味着设计师在设计过程中应始终站在用户的角度思考问题，深入了解用户的需求、习惯以及心理预期。只有这样，才能确保设计出的界面既符合用户的审美，又能满足用户的实际需求。

其次，为了更好地满足用户需求，界面设计应注重信息的组织和呈现。设计师需要仔细分析用户在使用产品时可能遇到的各种场景，并有针对性地设计相应的信息架构和交互方式。例如，对于信息量较大的页面，设计师可以采用分类、排序等方式，帮助用户快速找到所需信息；对于需要频繁操作的功能，设计师可以将其置于显眼的位置，并设计简洁明了的操作路径。

最后，界面设计还应注重用户体验的持续优化。设计师需要密切关注用户在使用过程中的反馈，及时收集并分析用户数据，以便发现潜在的问题并进行改进。同时，设计师还应关注行业动态和技术发展，不断尝试新的设计理念和交互方式，以提升用户的满意度和忠诚度。

（2）清晰简洁

清晰简洁的界面布局有助于用户快速定位信息。在图书馆界面中，用户往往需要快速浏览各种书籍、期刊、资料等资源，以便找到自己感兴趣的或需要的内容。如果界面布局过于复杂或混乱，用户将很难在短时间内找到所需的信息，这不仅浪费了用户的时间，也降低了用户的使用体验。因此，设计师在设计系统界面时，应尽可能地简化布局，减少不必要的装饰和元素，突出关键信息，让用户能够一目了然地看到所需的内容。

清晰简洁的界面布局还有助于提升用户的阅读体验。在图书馆中，用户的主要目的是阅读和学习。因此，界面布局应尽可能地减少干扰因素，使用户能够专注于阅读和学习。过多的装饰和冗余信息可能会分散用户的注意力，影响用户的阅读效果。因此，设计师在设计系统界面时，应尽可能地减少这些干扰因素，保持界面的清晰和简洁。

（3）易用性

界面设计应符合用户的操作习惯。这意味着系统需要遵循常见的交互规范和设计原则，如一致性、可预测性和反馈等。在一致性方面，系统的各项功能和操作应保持统一的操作流程和视觉风格，避免用户在使用过程中产生困惑。可预测性则要求系统能够按照用户的预期进行响应，减少误操作的可能性。同时，系统应及时给予用户反馈，如操作成功或失败的提示信息，以便用户了解当前状态并作出相应调整。

图书馆管理系统应通过明确的导航、直观的图标和友好的提示信息来降低用户的学习成本。

a. 在导航设计方面，图书馆管理系统应该遵循简洁明了的原则

在图书馆管理系统的导航设计方面，需要深入研究和理解用户的使用习惯和需求，以确保系统能够简洁明了地为用户提供服务。简洁明了的原则是导航系统设计的核心，它要求设计人员在布局、功能模块划分以及入口设置等方面都要做到合理、清晰。

系统的主界面布局应该合理，避免过于复杂或混乱。设计人员可以采用常见的模块化布局方式，将各个功能模块按照功能和重要性进行划分，并分别放置在界面的合适位置。同时，通过合理的色彩搭配和字体选择，使主界面更加美观、易读。

功能模块划分应该清晰明确。每个功能模块都应该具有明确的标识和描述，使用户能够一眼看出该模块的功能和作用。此外，还可以通过添加图标、动画效果等方式，增强模块的可视化和交互性，进一步提升用户体验。

导航系统还应该提供多层次的入口，以满足不同用户的使用习惯和需求。例如，设计人员可以设置全局搜索框，让用户可以通过关键词搜索快速找到所需的信息；同时，在各个功能模块内部，也可以设置相应的子菜单或链接，方便用户深入了解和使用相关功能。

此外，设计人员还可以借鉴一些优秀的导航设计案例，学习其设计理念和实现方式。例如，一些优秀的图书馆管理系统会采用侧边栏或顶部菜单的设计方式，将常用功能模块放置在这些显眼的位置，方便用户快速访问。同时，还会通过用户反馈和数据分析等方式，不断优化和改进导航系统，以更好地满足用户需求。

b. 图标的设计是降低用户学习成本的关键因素之一

图标的设计应追求直观易懂。这意味着图标应该能够使用户一眼看出其

所代表的含义，避免使用过于复杂或模糊的图案。例如，一个代表"保存"功能的图标，可以采用一个磁盘或文件夹的图案，并在其上添加一个箭头指向磁盘或文件夹的图标，以清晰地表达出保存的动作。这样的设计不仅容易让用户理解，还能提高用户的使用效率。

图标的颜色和样式也应与系统的整体风格保持一致。这有助于提升系统的整体美观度和易用性，使图标与界面其他元素相协调，给用户带来更加舒适的使用体验。例如，如果系统的整体风格以简约、清新为主，那么图标的设计也应遵循这一风格，采用简洁明了的线条和色彩，避免过于花哨或复杂的元素。

在设计图标时，还可以结合用户的使用场景和习惯来进行优化。例如，对于经常使用的功能，可以采用更加醒目的图标设计，以便用户能够更快地找到并使用这些功能。而对于一些较为次要或不常用的功能，则可以采用相对较小的图标或将其放在较为隐蔽的位置，以避免干扰用户的正常使用。

c. 友好的提示信息对于提升用户体验同样重要

在用户进行操作时，系统应该及时提供必要的帮助和指导，避免用户因为操作不当而陷入困境。提示信息应该准确、简洁，能够直接解决用户的问题。同时，系统还可以根据用户的使用情况和反馈，不断优化提示信息的内容和方式，提高用户满意度。

2. 响应速度

一方面，快速的响应速度有助于提升用户的满意度。图书馆每天都有大量的用户进出，他们往往需要在短时间内获取所需的信息和资源。如果图书馆管理系统的响应速度过慢，用户可能需要花费大量时间等待系统完成操作，这不仅会浪费他们的时间，还可能影响他们的学习和工作效率。因此，一个快速响应的图书馆管理系统能够为用户提供更好的使用体验，从而增加他们的满意度。

另一方面，快速的响应速度有助于提高图书馆的管理效率。图书馆管理系统通常负责处理大量的图书借阅、归还、查询等操作，这些操作都需要系统及时、准确地作出响应。如果系统响应速度过慢，可能导致馆员在处理业务时面临困难，甚至可能引发错误和纠纷。而一个高效的图书馆管理系统则能够迅速完成这些操作，减轻馆员的负担，提高整体的管理效率。

为了实现快速的响应速度，图书馆管理系统在设计和开发过程中需要考虑多个方面。

其一，系统应采用先进的技术架构和高效的算法，以确保在处理大量数据时能够保持稳定的性能。这意味着相关人员需要选择适合图书馆管理需求的先进技术和算法，比如采用分布式系统架构、使用高效的数据结构和算法等，以提高系统的处理能力和响应速度。

其二，系统还应具备优化数据库查询和缓存机制的能力。图书馆管理系统需要频繁地访问和传输数据，因此优化数据库查询和缓存机制至关重要。通过优化查询语句、使用索引、缓存常用数据等方式可以减少数据访问和传输的时间，从而提高系统的响应速度。

其三，系统还应定期进行维护和升级。随着图书馆业务的不断发展和变化，图书馆管理系统也需要不断地进行更新和优化。图书馆馆员可以定期对系统进行维护和升级，修复系统中的漏洞和缺陷，更新系统的功能和界面，以确保系统始终保持在最佳状态，并满足用户的需求。

第三节　人力资源管理

一、人员招聘与培训

（一）人员招聘

1.明确岗位需求与任职要求是招聘工作的基础

对于数字图书馆的每一个岗位，都需要进行深入的职责分析。这包括明确岗位的核心职责、日常工作内容以及所需承担的责任等。例如，在图书馆员的岗位上，他们不仅需要负责图书的借阅、归还以及整理工作，还需要协助用户进行信息查询、提供阅读建议等。这样的职责分析有助于相关人员更加清晰地了解每个岗位的工作内容和要求，为后续的招聘工作提供有力的支撑。

对于每个岗位的任职要求，同样需要进行详尽的分析。这包括对任职岗位所需的教育背景、工作经验、技能要求等方面的要求。以技术部门为例，他们不仅需要具备扎实的编程能力和项目管理能力，还需要对数字图书馆的技术架构和业务流程有深入的了解。这样的任职要求分析有助于筛选出真正符合岗位需求的候选人，提高招聘的准确性和效率。

在进行岗位需求与任职要求的分析过程中，还可以结合市场调研和行业内的实际情况，了解行业对于人才的需求趋势和变化。例如，随着数字技术的不断发展和普及，数字图书馆对于技术人才的需求在不断增长。因此，在招聘过程中，需要更加注重对候选人技术能力的考察和评估。

2. 预测未来一段时间内的人力资源供给情况是招聘工作的重要一环

图书馆在招聘工作中，预测未来一段时间内的人力资源供给情况至关重要。这不仅是保证图书馆正常运营的基础，更是提升服务质量和实现可持续发展的关键所在。通过对市场趋势的深入分析、对竞争对手的细致研究以及对内部员工流动率的科学预测，图书馆可以更加精准地把握人力资源供需状况，进而有针对性地制订招聘计划，确保人员配备的合理性和高效性。

（1）对市场趋势的分析是预测人力资源供给情况的重要前提

对于图书馆而言，教育、文化等相关行业的发展动态，以及社会对图书馆服务的需求变化，都是至关重要的信息。只有密切关注这些领域的发展，图书馆才能准确把握市场的脉搏，为自身的招聘计划提供有力的依据。

在教育领域，随着教育改革的不断深入和素质教育的全面推进，图书馆作为重要的教育资源库，其地位和作用日益凸显。图书馆不仅需要提供传统的图书借阅服务，还需要开展多样化的阅读推广活动，满足学生、教师以及广大用户的多元化需求。因此，图书馆需要密切关注教育政策的变化和教育改革的进展，以便及时调整人力资源配置，提升服务质量和水平。

在文化领域，随着文化产业的快速发展和数字技术的广泛应用，图书馆的服务模式和内容也在不断创新。图书馆不仅需要收藏和整理传统文献资源，还需要积极引入数字技术，打造线上线下相结合的服务模式。同时，图书馆还需要关注文化消费市场的变化，了解用户的阅读兴趣和偏好，以便提供更加精准的服务。

通过对市场趋势的深入剖析，图书馆可以预测未来一段时间内人力资源需求的趋势。例如，随着数字化技术的普及和应用，图书馆对具备信息技术和数字化技能的人才需求将逐渐增加；而随着文化产业的快速发展，图书馆对具备文化创意和市场营销能力的人才需求也将不断提升。因此，图书馆在招聘计划中应充分考虑这些趋势，加大对相关人才的培养和引进力度。

（2）对竞争对手的研究是预测人力资源供给情况的重要环节

图书馆应当充分了解同行业内其他图书馆的人力资源状况，包括人员结构、专业分布、招聘策略等方面，以便从中吸取经验、发现不足，进而调整自身的招聘策略，提升竞争力。

首先，了解竞争对手的人员结构对于图书馆来说至关重要。通过对比分析不同图书馆的员工规模、职称结构以及学历分布，图书馆可以找出自身在人力资源方面的优势和不足。例如，若竞争对手在高级职称员工数量上占有明显优势，那么图书馆就应当考虑加强高级人才的培养和引进，以提升自身的专业水平和影响力。

其次，专业分布是图书馆需要关注的重要方面。不同图书馆在学科领域和专业方向上可能存在差异，通过了解竞争对手的专业分布情况，图书馆可以更好地调整自身的学科布局和专业方向。例如，若竞争对手在某一学科领域拥有较强的专业团队，那么图书馆可以借鉴其经验，加强该领域的专业建设和人才培养，以吸引更多的用户。

最后，招聘策略也是图书馆需要关注的重要方面。竞争对手的招聘策略可能包括招聘渠道、招聘流程、福利待遇等方面。通过对比分析，图书馆可以找出自身在招聘方面的不足，进而优化自身的招聘策略。例如，若竞争对手在招聘过程中注重候选人的专业背景和实际能力，那么图书馆也可以借鉴其经验，完善自身的招聘流程和标准，以吸引更多优秀人才加入。

在对比分析的基础上，图书馆可以制订出更具针对性的招聘计划。针对自身在人力资源方面的不足，图书馆可以加强相关专业的招聘力度，提升馆员的整体素质和专业水平。同时，图书馆还可以根据竞争对手的招聘策略，调整自身的福利待遇和激励机制，以吸引和留住优秀人才。

（3）对内部员工流动率的预测是预测人力资源供给情况的关键因素

对内部员工流动离的预测过程不仅涉及对离职率、转岗率等数据的深入剖析，还需对员工流失的原因、趋势以及晋升和培训计划进行全面分析，从而准确预测未来一段时间内内部员工岗位变动的情况。

首先，图书馆应密切关注员工的离职率数据。离职率不仅反映了员工对工作环境、待遇以及职业发展的满意度，也揭示了图书馆在人力资源管理方面可能存在的问题。通过收集和分析离职员工的反馈意见，图书馆可以了解员工流失的主要原因，如工作压力过大、待遇不公、晋升机会有限等。针对这些问题，图书馆可以制定相应的改进措施，如优化工作流程、提高福利待遇、完善晋升渠道等，以降低离职率，稳定员工队伍。

其次，转岗率数据是预测人力资源供给情况的重要参考。员工转岗可能源于个人兴趣、能力匹配度以及职业发展需要等多方面的因素。图书馆应关注转岗员工的职业路径和转岗后的表现，以评估转岗机制的有效性和合理性。同时，图书馆还可以通过分析转岗率数据，预测未来一段时间内可能出现的岗位空缺和人才需求，为招聘计划的制订提供重要依据。

此外，员工的晋升和培训计划也是预测内部员工岗位变动情况的关键因素。图书馆应建立完善的晋升和培训体系，为员工提供明确的职业发展方向和成长路径。通过制订个性化的培训计划，图书馆可以帮助员工提升专业技能和综合素质，提高员工的工作满意度和忠诚度。同时，图书馆还可以通过关注员工的晋升情况，预测未来一段时间内可能出现的管理岗位空缺，为选拔和培养优秀的管理人才做好充分准备。

最后，图书馆应综合运用上述数据和分析结果，对人力资源供给情况进行全面预测。通过对离职率、转岗率、晋升和培训计划等数据的综合分析，图书馆可以预测未来一段时间内的人力资源缺口和人才需求。在此基础上，图书馆可以制订更具针对性的招聘计划，以满足图书馆业务发展的需求。

在制订招聘计划时，图书馆应充分考虑预测结果，并结合实际情况制订具体可行的招聘方案。招聘计划应包括招聘岗位、招聘人数、招聘条件、招聘渠道等方面，确保招聘工作的针对性和有效性。同时，图书馆还应加强对招聘过程的监管和评估，确保招聘工作的公平、公正和高效。

3. 在招聘渠道方面，数字图书馆可以选择多种方式来吸引人才

（1）内部推荐

内部推荐机制作为一种招聘策略，早已被广泛应用于各个行业。尤其在图书馆领域，这一方式不仅能够有效提高招聘效率，还能显著增强员工的归属感，对于图书馆的长远发展具有重要意义。

其一，图书馆内部推荐有助于提升招聘效率。图书馆员工在日常工作中与同事、用户等人群建立了深厚的信任关系。他们通过长期的相处和合作，对彼此的能力、性格和潜力有了深入的了解。当图书馆需要招聘新员工时，员工推荐自己了解的人才往往更加符合图书馆的用人需求。这种推荐方式能够迅速地将合适的人选纳入招聘视野，避免了大海捞针式的盲目搜索，从而节省了大量的筛选和面试时间。

其二，推荐能够提高招聘质量。由于员工对推荐人的了解较为深入，他们在推荐过程中会综合考虑候选人的能力、性格、经验以及价值观等多个方面。这种全方位的评估使得招聘过程更加精准，能够更好地预测候选人未来的表现。同时，员工推荐也能够在一定程度上降低招聘风险，减少因信息不对称而带来的不确定性。

其三，图书馆内部推荐有助于营造良好的组织氛围和文化。员工推荐人才的过程本身就是一种组织文化的传承和弘扬，它强调了团队合作、相互信任和共同发展的价值观。这种文化氛围有助于增强员工的归属感和凝聚力，激发员工的工作积极性和创造力。

其四，图书馆内部推荐有助于增强员工的归属感。内部推荐机制为员工提供了一个展现自身眼光和判断力的绝佳机会。当员工发现身边有优秀的人才，并认为他们能够为图书馆的发展贡献力量时，他们便可以通过内部推荐渠道，将这些人才推荐给图书馆。在这个过程中，员工不仅能够展示自己的

识人眼光，还能够通过推荐合适的人才，为图书馆的未来发展添砖加瓦。这种参与感和成就感能够极大地激发员工的积极性和工作热情，使他们更加投入地工作。

其五，图书馆内部推荐还能够加强员工之间的交流和合作。员工在推荐人才的过程中，需要深入了解被推荐者的能力、特长以及职业规划等信息，这无疑加强了员工之间的沟通和互动。同时，通过内部推荐，员工们还能够共同讨论和分享对图书馆未来发展的看法和建议，形成更加紧密的团队氛围。这种良好的沟通和互动有助于提升图书馆的凝聚力和向心力，使全体员工心往一处想，劲往一处使。

为了更好地发挥图书馆内部推荐机制的作用，图书馆可以制订一些具体的实施方案。例如，可以设立专门的推荐渠道，方便员工提交推荐信息；同时，也可以设立奖励机制，对成功推荐人才的员工给予一定的奖励和表彰，以激励更多的员工参与到推荐工作中来。

（2）校园招聘

校园招聘是图书馆获取优秀人才的重要途径。校园招聘作为图书馆获取优秀人才的重要途径，一直以来都备受图书馆行业的青睐。通过与高校建立紧密而稳固的合作关系，图书馆得以更加深入地了解高校毕业生的专业背景、技能特长以及个人素质，从而有针对性地筛选出更符合图书馆事业发展需求的优秀人才。这种直接从源头选拔人才的方式，不仅为图书馆提供了更为丰富的人才资源，还有助于图书馆构建更加专业、高效的团队，推动图书馆事业的持续发展。

其一，通过与高校建立紧密合作，图书馆可以充分了解高校毕业生的专业背景。不同高校的图书馆学专业或其他相关专业，其课程设置、研究方向和学术氛围都各具特色。图书馆通过与高校沟通，可以了解到这些专业的最新发展动态、课程设置情况以及高校毕业生的专业素养，从而为选拔人才提供更为准确的信息支持。

其二，校园招聘有助于图书馆发掘高校毕业生的技能特长。图书馆事业需要的人才类型多种多样，包括图书馆学专业人才、信息技术人才、管理人才等。通过校园招聘，图书馆可以直接与毕业生面对面交流，了解他们的技能特长、实践经验以及个人兴趣，从而选拔出更符合图书馆需求的人才。此外，图书馆还可以通过组织实践活动、技能竞赛等方式，进一步挖掘和培养高校毕业生的潜力和才能。

其三，校园招聘有助于图书馆了解高校毕业生的个人素质。图书馆作为公共服务机构，需要具备良好的职业道德、团队合作精神和服务意识。通过校园招聘，图书馆可以观察高校毕业生的言谈举止、沟通能力、组织协调能力等，从而评估他们的个人素质是否符合图书馆工作的要求。同时，图书馆还可以通过与高校毕业生的深入交流，了解他们的职业规划、价值观等，进一步筛选出更符合图书馆文化和发展方向的人才。

其四，校园招聘有助于提升图书馆的知名度和影响力。通过举办招聘会、校园宣讲等活动，图书馆可以向广大师生展示其文化底蕴、服务理念以及发展前景，进而吸引更多优秀人才关注并加入。同时，图书馆还可以通过与高校的合作，共同开展文化活动、学术研讨等，进一步扩大图书馆的社会影响力和品牌知名度。

在校园招聘过程中，图书馆还可以为高校毕业生提供更多的职业发展机会和平台。通过组织培训课程、实习实训等活动，图书馆可以帮助高校毕业生了解图书馆行业的特点和发展趋势，掌握相关技能和知识，为未来的职业发展奠定坚实的基础。同时，图书馆还可以为高校毕业生提供广阔的晋升空间和发展前景，让他们在工作中不断实现自我价值。

（3）社会招聘

社会招聘的优势在于能够从更广泛的范围内挑选出具备丰富经验和卓越才能的优秀人才，从而显著提升招聘质量。与校园招聘相比，社会招聘的对象通常已经积累了一定的社会阅历和工作经验，这使他们能够更好地适应图书馆复杂多变的工作环境和业务需求。

社会招聘有助于图书馆吸引不同领域的人才，为图书馆带来新的思路和创新动力。这些人才可能来自不同的行业背景，他们带来的新视角和独特见解有助于图书馆在管理和服务方面实现突破和创新。此外，他们的跨领域经验也能够为图书馆带来新的合作机会和发展空间。当然，图书馆在进行社会招聘时，也需要关注招聘流程的规范性和公平性。图书馆应制定详细的招聘计划和流程，明确各个环节的职责和要求，确保招聘工作的顺利进行。同时，图书馆还应建立有效的评估机制，对应聘者进行全面、客观的评估，以选拔出最符合图书馆需求的人才。

在图书馆的招聘流程中，简历筛选标准、面试安排以及评估与决策等环节都是至关重要的，它们共同构成了一个高效、公正的招聘体系。

a. 简历筛选

简历筛选标准是招聘流程中的第一道关卡，对于图书馆而言，它不仅是选拔合适人才的起点，更是确保招聘过程公正、公平的关键环节。为了确保筛选出的候选人具备基本的技能和素质，图书馆需要根据岗位需求来制定详细且明确的筛选标准。

第一，学历是筛选简历时的一个重要指标。在筛选简历的过程中，学历往往被视为一个重要的筛选指标，它能在一定程度上反映一个人的知识储备和学习能力。对于图书馆这一以知识管理和服务为核心的机构而言，对候选人的学历更是有着明确的要求。一般而言，图书馆在招聘图书馆员、图书管理员等岗位时，通常会要求候选人具备相关专业的本科或以上学历。这样的学历要求旨在确保候选人具备扎实的专业基础知识，能够胜任图书馆日常的工作需求。同时，拥有本科或以上学历的候选人通常也具备良好的学习能力，能够不断吸收新知识，跟上图书馆行业的发展步伐。当然，对于某些特殊岗位，如技术岗或研究岗，图书馆对候选人的学历层次会有更高的要求。这些岗位通常涉及更为深入的专业知识和技术技能，因此图书馆会倾向于招聘具备硕士学历或更高学历的候选人。这样的学历要求有助于确保候选人具备更强的专业能力和研究素养，能够更好地胜任技术岗或研究岗的工作。

第二，专业背景是筛选简历时需要考虑的因素之一。图书馆作为一个综合性的服务机构，其招聘的岗位种类丰富多样，从负责图书管理和借阅的图书管理员，到负责信息技术支持和系统维护的信息技术人员，每个岗位都承载着不同的职责和使命，因而对候选人的专业背景也提出了不同的要求。

对于图书管理员这一岗位来说，候选人应具备图书馆学、文献学等相关专业背景。这些专业能够为他们提供丰富的图书管理知识，帮助他们更好地进行图书的分类、编目、借阅等工作。此外，图书馆学专业的人员通常还具备良好的文化素养和沟通能力，能够更好地为用户提供优质的服务。

而对于信息技术人员来说，他们则需要具备计算机科学与技术、信息管理与信息系统等相关专业背景。这些专业能够为他们提供扎实的信息技术知识和实践能力，使他们能够胜任图书馆的信息化建设、系统维护和数据管理等工作。信息技术人员的专业素养和能力对于图书馆的信息化建设至关重要，他们的工作能够确保图书馆的信息系统稳定运行，提高服务效率和质量。

在筛选简历时，图书馆还需要关注候选人的专业素养和能力是否与招聘岗位相符。例如，对于图书管理员岗位，除专业背景外，候选人还应具备良好的服务意识、团队协作能力和责任心等职业素养；而对于信息技术人员岗位，则需要他们具备扎实的技术基础、创新能力和解决问题的能力。

第三，工作经验是筛选简历时不可忽视的一个方面。对于图书馆这样的文化机构而言，具有相关工作经验的候选人更是被视为宝贵的资源。因为他们通常能够更快地融入工作环境，更好地掌握工作技能，从而更加高效地完成任务，为图书馆的发展贡献自己的力量。

拥有相关工作经验的候选人对于图书馆的日常运作和业务流程往往有着更为深入的了解。他们能够更快地适应图书馆的工作节奏和文化氛围，减少因不熟悉工作环境而带来的摩擦和延误。此外，他们还能迅速掌握图书馆的工作技能和工具，提高工作效率，为图书馆提供更高质量的服务。同时，在面对各种挑战和问题时，他们往往能够凭借过去的经验，迅速找到解决问题的途径和方法。这种能力对于图书馆来说尤为重要，因为图书馆作为一个服务机构，需要面对各种各样的用户需求和问题。一个经验丰富的候选人能够更好地应对这些挑战，为用户提供更加优质的服务。

此外，在关键岗位上，具有丰富经验的候选人往往更具竞争力。这些岗位通常对候选人的专业能力和综合素质要求较高，需要他们能够迅速适应工作，承担起重要的职责。因此，图书馆在筛选简历时，会特别关注那些具有相关工作经验的候选人，以确保这些岗位能够得到合适的人选。

第四，技能证书也是筛选简历时的一个参考依据。例如，对于信息技术人员而言，技能证书不仅代表着他们在某一领域经过系统学习和实践，掌握了相应的知识和技能，更能够证明他们具备解决实际问题的能力。这些证书往往涵盖了理论知识和实践操作等多个方面，是对求职者技术能力的全面检验。

因此，在筛选简历时，图书馆作为用人单位，应当特别关注候选人是否持有与岗位相关的技能证书。通过查看证书的类型、级别以及颁发机构等信息，图书馆可以初步判断候选人的技术能力和专业素养。同时，还可以结合证书所涵盖的技能范围与岗位需求进行对比，以评估候选人是否具备胜任岗位所需的技术能力。

技能证书的种类繁多，包括但不限于计算机等级考试、专业认证考试等。每种证书都有其特定的适用范围和认可程度。因此，在筛选简历时，图书馆还需要根据具体岗位的需求和行业标准，选择适合的证书作为筛选依据。

b. 面试安排

针对不同职位和候选人类型的面试形式应有所不同。例如，对于初级岗位或基层员工的候选人，可以采用传统面对面的面试方式，以便更好地了解他们的仪表、言谈举止和表达能力。而对于重要岗位或高级职位的候选人，图书馆则可以安排多轮面试，包括初步筛选、深入交流、能力测试等多个环节，以便更全面地了解他们的专业技能、管理经验和综合素质。

在面试时间的安排上，图书馆作为用人单位，需要细心地考虑到候选人的工作和生活节奏。尽可能减少对候选人工作和学习的影响。为此，图书馆在面试时间的规划上要做到人性化。图书馆可以尽量安排在周末进行面试，这样可以让那些在工作日需要忙于工作或者学习的候选人得以方便参与。同时，对于那些在周末也有安排或者不方便参加面试的候选人，图书馆也可以考虑在工作日的非高峰时段进行面试。例如，可以安排在上午的早些时候或者下午的晚些时候，避开上班族和学生的上下班高峰，以减少候选人的交通压力和时间成本。

至于面试地点，图书馆可以根据实际情况进行选择。如果条件允许，图书馆可以考虑邀请候选人到公司现场进行面试。这样做的好处在于，候选人能够更直观地了解公司的环境和氛围，从而对其有更深入的认识。在图书馆现场进行面试，候选人可以参观图书馆的办公区域、了解员工的工作状态，甚至与团队成员进行简单的交流。这种面对面的交流方式，不仅有助于加深双方的了解，还能够让候选人更全面地感受图书馆的文化和管理方式。

当然，由于地理位置、时间等因素，有时候选人可能无法亲临图书馆现场进行面试。在这种情况下，线上视频面试成了一种非常可行的选择。通过线上视频面试，图书馆与候选人可以在不同的地点进行实时深入的交流，避免了地域限制带来的不便。同时，线上视频面试也具有灵活性强的特点，可以根据双方的时间安排进行调整，提高了面试的效率。为了确保线上视频面试的顺利进行，图书馆需要做好充分的准备。一方面，要确保网络连接的稳定性和清晰度，以便双方能够流畅地进行交流。另一方面，要选择一个安静、整洁的面试环境，避免背景噪声和杂乱无章的场景对面试造成干扰。

除此之外，图书馆需要确保面试过程的高效性。在面试前，图书馆应当提前与候选人确认好面试时间、地点和流程，避免出现因沟通不畅而导致的误会和延误。在面试过程中，图书馆应当确保面试官和候选人能够准时到场，避免出现不必要的等待和拖延现象。同时，面试官在面试过程中也应当保持专注和高效，针对候选人的经历和能力进行深入的了解和评估，以便为图书馆选拔到最合适的人才。图书馆还需要确保面试过程的公正性。面试官应当遵循公平、公正、客观的原则，对候选人进行综合评价。同时，图书馆还需要建立严格的面试流程和规范，避免出现歧视、偏见等不良现象，确保每个候选人都有平等的机会展示自己的能力和素质。

c.评估与决策

评估与决策作为招聘流程中的两大核心环节，对于图书馆而言具有至关重要的意义。这两个环节相互关联，共同决定了图书馆是否能够招聘到最适合岗位的人才，从而推动图书馆的稳健发展。

在评估阶段，图书馆需要全面、深入地考察候选人的各项素质。这包括对候选人能力的评估，即候选人是否具备胜任图书馆工作的专业技能和知识；对候选人潜力的挖掘，即候选人是否具备未来在图书馆领域持续发展和成长的可能性；以及对候选人性格的考量，即候选人是否具备良好的团队合作精神、沟通能力以及服务意识等。

在决策阶段，图书馆需要综合权衡各种因素，以做出明智的招聘决策。这包括对候选人综合素质的考量，即候选人是否具备图书馆工作所需的各种素质和能力；对岗位需求的匹配度评估，即候选人是否能够满足岗位的具体要求和职责；以及对图书馆文化的契合度判断，即候选人是否能够融入图书馆的文化氛围，与团队保持良好的合作关系。

图书馆在决策过程中还需要考虑一些额外的因素。例如，招聘成本的控制，即在保证招聘质量的前提下，尽可能地降低招聘成本；招聘周期的管理，即确保在合理的时间内完成招聘任务，避免因为招聘时间过长而影响图书馆的运营；以及招聘渠道的优化，即根据岗位的特点和需求，选择合适的招聘渠道，提高招聘效率和质量。

此外，为了更好地提高招聘效率和质量，图书馆还可以采用一些先进的招聘技术和工具。例如，可以利用人工智能技术对简历进行自动筛选和分类，以减少人工筛选的工作量；可以利用大数据分析技术对候选人的背景和经历进行深入挖掘和分析，以更准确地评估他们的能力和潜力。

（二）人员培训

培训在人力资源管理中占据着举足轻重的地位，它不仅是提升员工能力、优化工作表现的重要途径，更是推动组织持续发展和创新的关键力量。在数字图书馆这一特定环境中，培训的重要性更是不言而喻。培训要先确定培训要求，据此制定培训计划，要注重培训形式的多样化，并对培训效果进行评估，之后对培训进行持续改进。

1. 培训需求的确定

首先，为了全面了解员工的能力现状，数字图书馆需要定期开展绩效评估和技能测试。绩效评估通过定性与定量相结合的方式，对员工在工作中的表现进行全面、客观的评价，包括工作态度、工作效率、团队协作能力等多个方面。而技能测试则更加注重员工在专业知识和技能方面的掌握情况，通过测试结果，可以准确掌握员工在当前岗位上的能力水平。

其次，在获取了员工能力现状的准确数据后，需要结合数字图书馆的发展战略和目标，对培训需求进行深入分析。数字图书馆的发展战略通常包括提升服务质量、优化用户体验、推动技术创新等多个方面，而每个方面都需要相应的人才支撑。因此，通过分析发展战略和目标，可以明确哪些岗位或哪些能力是当前或未来所急需的。

此外，数字图书馆还需要关注行业发展趋势和市场需求，以便及时调整培训内容和方向。随着信息技术的快速发展和数字化资源的日益丰富，数字图书馆需要不断提升员工的信息素养和技术能力，以适应行业发展的变化。

最后，将员工能力现状与岗位需求进行对比，从而确定出具体的培训需求。对于能力不足的员工，需要制订针对性的培训计划，帮助他们提升相关技能和知识；对于能力过剩的员工，则可以通过拓展培训内容或提供更高层次的培训机会，激发他们的潜力和创造力。

2. 培训计划的制订

在制订培训计划时，相关人员必须深思熟虑，充分考虑到数字图书馆的发展战略、员工的培训需求以及组织的资源状况。这不仅关系到培训计划的成功与否，更直接关系到数字图书馆的长远发展和员工的个人成长。

首先，要确保培训计划与数字图书馆的整体战略保持一致。这需要先对数字图书馆的发展战略有深入的理解和把握，了解图书馆的长期目标和愿景。只有在这个基础上，才能制订出符合图书馆发展方向的培训计划，确保培训内容与图书馆的目标紧密相连。例如，如果数字图书馆的发展战略是提升数字化服务水平，那么培训计划就应该侧重于数字化技术的培训和应用，以提升员工的数字化素养和服务能力。

其次，要根据员工的培训需求，量身定制个性化的培训计划。每个员工都有自己的特点和需求，他们的知识背景、技能水平、工作经验以及职业规划都不尽相同。因此，在制订培训计划时，需要充分了解员工的培训需求，包括他们希望提升的技能、需要解决的问题以及个人发展的目标等。只有根据员工的实际需求来制订培训计划，才能确保培训的针对性和有效性。

最后，在制订培训计划时，还需要考虑组织的资源状况。这包括培训师资、培训场地等方面的资源。相关人员需要评估组织的资源状况，确保培训计划在资源上具备可行性。如果资源有限，可以考虑采用线上培训、内部培训等方式来降低成本，提高培训效率。同时，也可以通过与合作伙伴或外部机构合作，共享资源，实现互利共赢。

3. 培训方式的多样化

为了满足不同员工的学习需求，数字图书馆在培训方式上采取了多样化、全面化的策略。

（1）内部培训

内部培训是一种高效、实用的提升员工技能和知识的方式。通过组织内部专家、优秀员工进行授课，将他们的专业知识和丰富经验分享给其他员工，不仅能够促进员工个人技能的提升，还能增强整个团队的凝聚力和向心力。

首先，内部培训有助于员工深入了解数字图书馆内部的运作机制。数字图书馆的运营涉及多个环节，包括数字资源的采集、整理、存储、检索和利用等。在内部培训中，内部专家和优秀员工可以针对这些环节进行详细讲解和演示，让员工了解每个环节的具体操作和注意事项。通过这种方式，员工可以更加深入地了解数字图书馆的内部运作机制，从而更好地完成自己的工作。

其次，内部培训能够加深员工之间的交流和合作。在培训过程中，员工们可以就某个问题或话题展开深入的讨论和交流，分享各自的经验和看法。这种交流不仅有助于员工之间建立更加紧密的联系，还能促进相互之间的学习和借鉴。同时，内部培训还可以激发员工的创新思维和团队合作精神，推动整个团队不断向前发展。

最后，内部培训还能够提升员工的凝聚力和向心力。通过参加内部培训，员工可以感受到图书馆对他们的重视和关心，从而更加投入地工作。同时，内部培训还可以增强员工对图书馆的认同感和归属感，使他们更加愿意为图书馆的发展贡献自己的力量。这种凝聚力和向心力的提升有助于推动图书馆的整体发展和进步。

（2）外部培训

外部培训能够邀请行业内的知名专家、学者进行授课。这些专家学者不仅拥有丰富的实践经验和深厚的学术造诣，还能够准确把握行业发展的脉搏，为员工带来最新的研究成果和前沿的技术理念。通过与这些行业翘楚的近距离接触和学习，员工可以深入了解行业内的最新动态和趋势，学习到最新的技术知识和应用技巧，提高自己的专业素养和技能水平，从而为自己的职业发展打下坚实的基础。

而这些新技术和理念的应用，不仅能够提升数字图书馆的服务质量和效率，还能够为图书馆的创新发展提供有力的支持。

外部培训还能够增强员工的团队协作能力和创新精神。在培训过程中，员工可以与来自不同部门和岗位的同事进行交流和合作，共同探讨问题、分享经验。这种跨部门的交流和合作有助于打破部门壁垒，增强团队的凝聚力和协作能力。同时，外部培训还能够激发员工的创新精神，鼓励他们在工作中勇于尝试新的方法和思路，为图书馆的持续发展注入新的活力。

（3）集中培训

集中培训作为数字图书馆培训体系的重要组成部分，其特点在于能够在特定的时间段内，组织员工进行集中学习。这种学习方式具有显著的优势，

首先，集体培训能够有效利用时间资源。在繁忙的工作之余，员工很难抽出足够的时间进行自我学习和提升。而集中培训则能够将员工的学习时间集中起来，通过专业讲师的授课和互动讨论，让员工在短时间内掌握大量的知识和技能。

其次，集中培训能够提高学习效率。在集中学习的过程中，员工可以全身心地投入到学习中，减少外界因素的干扰和诱惑。这样的环境有助于员工保持高度的专注力和注意力，使他们能够更加深入地理解培训内容，并在学习过程中积极思考、主动提问，从而更好地掌握相关知识和技能。

再次，集中培训为员工提供了一个与其他员工交流互动的平台。通过与

其他员工的交流和分享，员工可以相互学习、相互启发，激发思维的火花，促进知识的共享和传承。这种互动式的学习方式不仅可以加深员工对知识的理解，还可以增强他们之间的合作精神和团队意识。

最后，集中培训还可以帮助员工建立系统的知识体系。在学习的过程中，员工可以将碎片化的知识整合在一起，形成更加完整、系统的知识框架。这样的知识体系不仅有助于员工更好地理解和应用所学知识，还可以为他们未来的学习和成长奠定坚实的基础。

4. 培训效果的评估

培训效果的评估是确保培训质量的关键环节。在数字图书馆的培训体系中，有效地评估培训效果不仅能够帮助组织了解员工的学习成果，还能为未来的培训改进提供宝贵的依据。

（1）员工反馈

员工反馈是评估培训效果的重要手段之一。通过系统地收集员工对培训内容的满意度、对培训方式的接受程度，以及培训后实际应用效果等多方面的反馈，组织可以深入洞察员工的学习体验，进而为优化培训方案提供有力的依据。

员工反馈的收集形式多种多样，以满足不同员工的表达习惯和需求。问卷调查是较为常用的一种方式，通过设计涵盖多个维度的详细问卷，能够系统地收集员工对培训课程的实用性、讲师的表达能力、教学方法的合理性等方面的评价。同时，为了更深入地了解员工的想法和感受，面对面访谈和小组讨论也是非常有效的补充手段。这些形式能够为员工提供一个更自由、更开放的交流平台，让他们能够畅所欲言，分享自己的心得和建议。

在收集到员工的反馈后，组织需要对其进行认真的分析和整理。要对员工的评价进行量化处理，如将评分进行汇总和统计，以便更直观地了解员工对培训的总体满意度。同时，要关注员工的具体留言和建议，这些文字信息往往蕴含着员工对培训的真实感受和期待，是改进培训方案的重要依据。

通过分析员工的反馈，组织可以发现培训中的优点和不足。例如，员工可能对某些课程内容的实用性表示高度认可，对讲师的表达能力给予高度评价，但同时也可能指出教学方法不够灵活、互动环节不足等问题。针对这些反馈，组织可以有针对性地改进培训内容和方法，以提升培训效果。

（2）质量检查

质量检查是评估培训效果的重要手段。通过细致入微地观察和分析员工在培训后的工作表现，组织可以深入了解员工是否真正掌握了培训内容，以及这些知识是否能够有效转化为实际工作能力。

具体而言，质量检查可以从多个维度进行。第一，可以关注员工在工作中的态度变化。一个成功的培训项目，不仅应该传授给员工必要的知识和技能，更应该激发员工的工作热情和积极性。因此，通过检查员工在培训后是否更加积极主动、认真负责地投入工作，可以初步判断培训效果的好坏。第二，可以关注员工在实际操作中的表现。例如，对于图书馆员来说，他们需要在日常工作中处理大量的图书借阅、归还、分类等工作。通过检查员工在这些方面的操作是否更加熟练、准确，可以评估员工是否真正掌握了培训中所学的知识和技能。第三，还可以通过对比员工在培训前后的工作绩效来评估培训效果。这可以通过对比员工在培训前后的工作效率、错误率、用户满意度等指标来实现。如果员工在培训后的工作绩效有了明显的提升，那么就可以认为培训是有效的。

（3）考试和测验

考试和测验是量化评估员工学习成果的重要方式。第一，考试和测验具有高度的客观性。在编制试题时，通常会遵循标准化的流程和原则，确保试题的难度、题型、题量等方面具有一定的科学性和合理性。同时，考试和测验通常采取匿名方式进行，避免了主观因素对评估结果的影响。这样，评估结果更加客观公正，能够真实反映员工的学习效果。第二，考试和测验的准确性也备受认可。通过设定明确的评分标准和计分方法，组织可以精确量化员工在考试和测验中的表现。这种量化评估方式不仅有助于组织对员工的学习成果进行准确判断，还能为后续的培训和提升工作提供有力的数据支持。第三，考试和测验具有灵活性强的特点。针对不同的培训内容和目标，组织可以设计不同形式和难度的试题，以适应不同员工的学习需求和水平。同时，考试和测验还可以结合实际应用场景，设置具有针对性的题目，以检验员工在实际工作中的能力表现。

5. 培训的持续改进

在数字图书馆中，培训是一个持续改进的过程。随着技术的不断发展和业务的不断变化，员工的培训需求也会发生相应的变化。因此，需要定期对培训计划、培训方式、培训内容等进行调整和优化，以确保培训的时效性和有效性。同时，还需要加强培训师资的建设和培训质量的监控，提高培训的整体水平。

二、岗位职责与岗位要求

（一）管理人员

1. 岗位职责

管理人员作为图书馆的核心力量，承载着推动图书馆不断前进、创新发展的重要使命。他们的岗位职责不仅涉及战略规划和日常运营，还需要协调各部门间的合作，以确保图书馆各项目标的顺利实现。

管理人员负责制定图书馆的发展战略。在制定发展战略的过程中，管理人员需要对图书馆当前的状况进行深入的了解和分析。这包括图书馆的资源配置情况，如图书、期刊、电子资源等的数量和质量，以及各类设备的配备和使用状况。此外，他们还需关注图书馆的服务质量，包括借阅流程、咨询服务、阅读环境等方面的满意度。同时，了解用户的需求和偏好也是至关重要的，因为这直接关系到图书馆服务的质量和效果。

除了关注图书馆自身的状况，管理人员还需密切关注行业动态和发展趋势。他们需要通过阅读相关报告、参加行业会议等方式，了解国内外图书馆事业的发展动态，以及新技术、新理念在图书馆领域的应用情况。只有这样，他们才能为图书馆制定出具有前瞻性的战略规划，使图书馆在激烈的市场竞争中保持领先地位。

在制定了详细的发展战略后，管理人员还需要将这些规划转化为具体的行动计划。他们需要根据图书馆的实际情况，制订出切实可行的实施方案，明确各项任务的责任人、时间节点和考核标准。同时，他们还需要为全体员工提供清晰的工作指导，确保每个人都能够明确自己的职责和目标，共同为图书馆的发展贡献力量。

在监督图书馆日常运营方面，管理人员需要关注各个环节的运行情况，确保各项工作按照既定计划顺利进行。他们需要定期检查图书馆的借阅、归还、维修、清洁等各个环节，及时发现并解决问题。同时，他们还需关注员工的工作状态，激励员工积极投入工作，提高工作效率。

协调各部门之间的工作是管理人员的重要职责之一。在大型机构如图书馆中，这种协调显得尤为重要。图书馆作为一个综合性的信息服务机构，内部设有多个职能各异的部门，如借阅部、采编部、技术部等，这些部门之间的工作相互关联、相互影响，需要紧密配合，共同推动图书馆的发展。一方面，管理人员需要定期召开部门会议，以促进各部门之间的有效沟通。在会议上，各部门负责人可以详细介绍各自的工作进展、遇到的问题以及未来的计划，以便管理人员可以全面了解各部门的工作状态，及时发现和解决潜在的问题。同时，部门会议也是各部门之间交流经验、分享信息的平台，有助于提升整个图书馆的工作效率和服务质量。另一方面，管理人员还需要关注部门之间的矛盾和问题，并协调解决。在图书馆的日常工作中，各部门之间难免会出现一些分歧和矛盾。这些问题如果得不到及时解决，可能会影响整个图书馆的正常运转。因此，管理人员需要深入了解问题的原因和背景，积极寻求解决方案，确保各部门之间的合作顺利进行。

除了内部协调，管理人员还需加强与外部机构的合作与交流。图书馆作为社会的一部分，其发展与社会的整体进步密切相关。通过与外部机构如学校、研究机构、文化团体等的合作，图书馆可以获取更多的资源和信息，拓宽服务领域，提高服务质量。同时，外部合作也有助于提升图书馆的社会影响力，使更多的人了解并关注图书馆的发展。

为了确保图书馆目标的顺利实现，管理人员还需关注图书馆的服务质量和用户满意度。他们需要定期收集用户的反馈意见，分析用户的需求和期望，以便不断优化服务流程和提高服务质量。同时，他们还需关注图书馆的社会效益，努力实现图书馆的全面发展。

2. 岗位要求

管理人员的领导能力对于图书馆的发展至关重要。他们作为团队的核心，不仅需要具备丰富的专业知识和实践经验，更要通过自身的言行和决策，激发团队成员的积极性和创造力，从而汇聚成一股强大的力量，共同推动图书馆迈向更高的台阶。

（1）明确的目标设定是管理人员领导能力的重要体现

管理人员需要深入了解图书馆的现状和未来发展趋势，结合团队成员的特点和优势，制定出切实可行的目标。这些目标不仅要具有挑战性，能够激发团队成员的潜能，还要具有可操作性，确保团队成员能够明确自己的职责和任务。通过明确的目标设定，管理人员可以引导团队成员朝着共同的方向努力，形成合力，推动图书馆的发展。

（2）有效的沟通协调是管理人员领导能力的关键要素

在图书馆工作中，团队成员之间往往需要密切合作，共同应对各种挑战和问题。管理人员需要善于倾听团队成员的意见和建议，及时了解他们的需求和困惑，通过有效的沟通协调，解决团队内部的矛盾和分歧。同时，管理人员还需要与上级部门、合作伙伴等外部力量保持良好的沟通关系，争取更多的支持和资源，为图书馆的发展提供有力保障。

（3）适时的激励和合理的资源分配也是管理人员领导能力的重要体现

管理人员需要根据团队成员的工作表现和贡献，给予适当的奖励和激励，激发他们的工作热情和积极性。同时，他们还需要根据图书馆的实际情况和发展需求，合理分配资源，确保各项工作能够顺利开展。通过适时的激励和合理的资源分配，管理人员可以营造出一个积极向上、充满活力的工作氛围，为图书馆的持续发展提供源源不断的动力。

（4）管理人员还需要关注团队成员的成长和发展

管理人员需要为团队成员提供必要的培训和支持，帮助其不断提升自己的能力和素质。通过定期的培训和学习活动，管理人员可以引导团队成员不断拓宽知识视野、更新知识结构，提高业务能力和综合素质。同时，管理人员还需要关注团队成员的职业规划和发展方向，为团队成员提供适当的晋升和发展机会，激发其职业潜能和创造力。

另外，管理人员的战略眼光也是不可或缺的。他们需要密切关注行业发展的最新动态和趋势，对图书馆的未来发展进行深入思考和规划。在制定战略时，管理人员需要充分考虑图书馆的定位、特色和资源优势，制定出符合实际情况和未来发展的目标和计划。同时，他们还需要关注用户的需求和变化，及时调整和优化服务内容和方式，提高用户的满意度和忠诚度。

为了更好地发挥领导能力和战略眼光，管理人员还需要注重学习和实践。他们需要不断学习新的管理理念和方法，了解行业内的成功案例和先进经验，不断充实自己的知识和技能。同时，他们还需要积极参与实践活动，将所学知识应用到实践中。

（二）数字图书馆员

1. 岗位职责

数字图书馆员作为现代图书馆体系中的一支重要力量，承担着数字资源的收集、整理、分类和发布等多重职责。他们的工作旨在为用户提供高效、便捷的数字信息服务，以满足日益增长的数字化阅读需求。

在数字资源的收集方面，数字图书馆员需要关注各种学术出版物、网络资源、多媒体资料等，通过专业渠道进行筛选和获取。他们需要具备敏锐的信息洞察力和良好的判断能力，以确保所收集的资源具有较高的学术价值和实用性。在整理数字资源时，数字图书馆员需要对所收集的资料进行清洗、标注、格式转换等处理，以便用户能够更方便地检索和使用。此外，他们还需要对资源进行分类，以便用户能够快速地找到所需的信息。在分类过程中，数字图书馆员需要充分考虑学科特点和用户需求，确保分类体系科学合理、易于操作。在发布数字资源时，数字图书馆员需要利用现代技术手段，如网络平台、移动应用等，将资源推送给用户。他们需要根据不同用户的需求和习惯，制订个性化的服务方案，提供定制化的信息推送服务。此外，他们还需要定期更新资源内容，确保信息的时效性和准确性。

数字图书馆员还需要与用户进行沟通和交流。他们需要关注用户的反馈和需求，及时解答用户的问题，提供个性化的服务。通过与用户的互动，数字图书馆员可以更好地了解用户需求，不断优化服务质量和提升用户体验。

2. 岗位要求

数字图书馆员需要具备扎实的图书馆学知识。这包括熟悉图书分类、编目、借阅等基本业务流程，以及对于图书馆资源管理、信息检索等方面的深入了解。同时，他们还需了解图书馆学领域的最新发展动态，以便不断更新和完善自身的知识体系。这些知识将为他们提供扎实的理论基础，使他们在面对各种复杂的图书馆问题时能够有效地应对。

数字图书馆员还需掌握丰富的信息技术能力。随着信息技术的不断发展，数字图书馆逐渐实现了自动化、智能化，因此，数字图书馆员需要掌握计算机操作、数据库管理、网络技术等方面的技能。他们需要能够熟练地使用各种数字化工具和平台，为用户提供高效的信息检索、下载、分享等服务。此外，他们还需具备数据分析和数据挖掘的能力，以便更好地挖掘和利用图书馆资源，为用户提供更具针对性的服务。

（三）技术人员

1. 岗位职责

技术人员负责维护、开发和升级图书馆自动化集成管理系统、数据库系统以及网络硬件等，以确保图书馆信息系统的稳定运行。作为图书馆信息系统的守护者，技术人员承担着保障图书馆信息资源安全、高效、便捷利用的重要使命。

首先，技术人员需要对图书馆自动化集成管理系统进行日常的维护和保养，具体包括以下几点。

第一，技术人员需要定期对图书馆自动化集成管理系统进行软件更新和补丁安装。随着科技的不断发展，新的软件版本和补丁不断推出，这些更新往往能够修复旧版本中的漏洞，提升系统的稳定性和安全性。技术人员需要密切关注官方发布的更新信息，及时下载并安装相关更新，确保系统始终运行在最新版本上。

第二，技术人员还需要对系统进行故障排除。在日常使用中，图书馆自动化集成管理系统可能会遇到各种故障，如数据丢失、界面卡顿、操作异常等。技术人员需要具备丰富的经验和技能，能够迅速定位并解决故障，确保系统的正常运行。同时，他们还需要定期对系统进行全面的检查和测试，及时发现并处理潜在的问题，预防故障的发生。

第三，技术人员还需要对图书馆自动化集成管理系统进行定期的升级和优化，随着图书馆业务的不断发展和变化，系统需要不断适应新的需求和挑战。技术人员需要关注图书馆业务的发展趋势，根据实际需求对系统进行升级和优化，提升系统的性能和功能。例如，可以增加新的功能模块、优化操作流程、提升数据处理能力等，以满足图书馆日益增长的业务需求。

其次，技术人员还需要对数据库系统进行管理和维护，具体有以下几点。

第一，技术人员在数据库管理方面的首要任务是进行备份和恢复工作。备份是防止数据丢失的关键措施，技术人员需要定期将数据库中的数据复制到其他存储介质上，以防止因硬件故障、自然灾害或其他意外情况导致的数据丢失。同时，他们还需要制订详细的恢复计划，以便在发生数据丢失时能够迅速恢复数据，确保图书馆服务的连续性。

第二，技术人员还需要对数据库进行优化和升级。随着图书馆业务的不断扩展和用户需求的日益增长，数据库中的数据量也在不断增加。为了提高数据查询和处理的速度，技术人员需要运用专业的技术和工具对数据库进行优化，如建立索引、调整查询语句等。此外，随着技术的不断进步，数据库系统也需要不断升级以适应新的需求和挑战。技术人员需要关注最新的技术发展，及时对数据库系统进行升级，以提高系统的稳定性和性能。

第三，在数据库管理和维护的过程中，技术人员还需要关注数据的安全性和隐私保护。他们需要采取一系列措施，如加密存储、访问控制等，确保数据库中的数据不被非法获取或篡改。同时，他们还需要遵守相关法律法规和伦理规范，保护用户的隐私权益。

最后，技术人员还需要负责网络硬件的维护和管理，具体包括以下几点。

第一，技术人员需要定期对网络硬件进行巡检。这意味着他们需要仔细检查网络设备的工作状态，包括交换机、路由器、服务器等，确保它们能够正常运行。此外，他们还需要对网络设备的性能进行监测，以便及时发现并解决潜在的问题。巡检工作不仅要求技术人员具备扎实的专业知识，还需要他们具备敏锐的观察力和责任心。

第二，当网络出现故障时，技术人员需要迅速进行故障排除。他们需要通过分析故障现象、检查设备日志、使用测试工具等手段，定位故障原因，并采取有效的措施进行修复。在故障排除的过程中，技术人员需要保持冷静、沉着应对，以便快速恢复网络的正常运行。

第三，技术人员还需要对网络性能进行调优。他们需要根据网络的实际运行情况和业务需求，对网络设备进行配置调整，以提高网络的传输速度和稳定性。性能调优工作不仅要求技术人员具备深厚的网络知识，还需要他们具备丰富的实践经验和创新思维。

2. 岗位要求

首先，技术人员应熟练掌握各种信息技术基础知识，包括计算机网络、数据库管理、信息安全等方面。

第一，计算机网络作为信息技术的重要组成部分，技术人员需要深入了解其基本原理、拓扑结构以及网络协议等。他们需要掌握网络设备的配置和管理，能够熟练进行网络设备的安装、调试和维护。此外，技术人员还应关注网络技术的发展趋势，不断更新自己的知识体系，以适应日新月异的技术变革。

第二，数据库管理是技术人员必备的另一项技能。数据库作为存储和管理数据的核心工具，对于图书馆的运营和决策具有重要意义。技术人员需要了解数据库的基本原理、数据结构和查询语言等，能够熟练进行数据库的创建、管理和优化。同时，他们还需要关注数据安全和隐私保护，确保数据的安全性和完整性。

第三，在信息安全方面，技术人员承担着至关重要的责任。他们需要了解各种信息安全威胁和攻击手段，掌握安全防御策略和防护技术。此外，技术人员还应关注信息安全法规和政策，确保图书馆的信息安全工作符合法律法规的要求。

第四，技术人员还应具备一定的编程能力。编程作为信息技术领域的核心技能之一，对于解决复杂问题和进行系统优化具有重要意义。技术人员需要掌握至少一门编程语言，能够处理一些简单的代码问题和进行必要的系统优化。

其次，实践经验对于技术人员来说同样重要。作为技术领域的从业者，技术人员在日常工作中会面临各种复杂的问题和故障，这就需要他们不断积累实践经验，以应对各种挑战。通过实践，技术人员可以深入了解技术的本质和原理，掌握各种技术应用的细节和技巧，从而更加熟练地运用技术解决问题。在积累实践经验的过程中，技术人员需要不断总结经验教训，反思自己的工作方法和思路。通过不断地试错和调整，逐渐找到最适合自己的工作方式和解决问题的策略。同时，技术人员还需要善于借鉴他人的经验和智慧，通过与同行交流、学习，不断完善自己的知识体系和技术能力。

最后，技术人员还应积极参与各种技术交流和培训活动。这些活动不仅可以帮助他们了解最新的技术动态和发展趋势，还可以拓宽他们的视野和思路。通过参加技术研讨会、讲座、培训课程等，技术人员可以接触到更多的技术专家和同行，与他们交流心得和经验，共同探讨技术问题和发展方向。

在图书馆信息系统的建设和维护过程中，技术人员的数量和素质需要根据信息系统的规模和复杂性进行合理配置。对于规模较大、复杂性较高的信息系统，需要配备更多经验丰富、技术水平高的技术人员，以确保系统的稳定运行和及时处理各种突发问题。而对于规模较小、复杂性较低的信息系统，则可以适量减少技术人员的数量，但仍需保证他们的技术水平和解决问题的能力达到要求。

（四）市场营销人员

1. 岗位职责

市场营销人员作为图书馆的重要角色，肩负着制定营销策略和推广计划的重任。他们致力于通过各种渠道宣传图书馆的资源和服务，以吸引更多的用户，提升图书馆的知名度和影响力。

市场营销人员需要深入了解图书馆的资源和服务，明确图书馆的定位和目标用户群体。他们需要对图书馆的藏书、电子资源、文化活动等进行全面了解，以便制定有针对性的营销策略。同时，他们还需要关注目标用户的需求和兴趣，以便为用户提供更加贴心的服务。

在制定营销策略和推广计划时，市场营销人员需要综合考虑各种因素。他们需要分析竞争对手的营销策略，了解市场趋势和发展方向，以便制订出更具竞争力的方案。同时，他们还需要考虑预算和资源限制，以确保营销策略的可行性和有效性。

在实施营销策略和推广计划时，市场营销人员需要利用各种渠道进行宣传。他们可以通过社交媒体、官方网站、线下活动等多种方式向用户传递图书馆的信息。例如，他们可以发布图书推荐、活动预告等内容，吸引用户的关注和参与。此外，他们还可以与媒体合作，通过新闻报道、专访等形式提升图书馆的知名度和美誉度。

市场营销人员还需要关注营销策略的效果，及时调整和优化方案。他们可以通过数据分析和用户反馈来了解营销策略的效果，以便及时发现问题并进行改进。同时，他们还需要保持敏锐的市场洞察力，关注市场变化和用户需求的变化，以便制定更加符合实际情况的营销策略。

2. 岗位要求

首先，敏锐的市场洞察力是市场营销人员不可或缺的品质。他们需要时刻关注市场动态，了解用户的需求变化，以及竞争对手的营销策略。通过深入的市场调研，市场营销人员可以把握用户的阅读偏好、借阅习惯以及消费心理，为图书馆制定有针对性的营销策略提供有力支持。同时，他们还需要关注行业发展趋势，及时调整图书馆的营销策略，以适应不断变化的市场环境。

其次，良好的沟通能力是市场营销人员的关键素质。他们需要与用户建立良好的互动关系，倾听用户的声音，解答用户的疑惑，以建立图书馆的良好口碑。此外，市场营销人员还需要与图书馆的各个部门保持密切沟通，协调资源，共同推动图书馆的发展。通过有效的沟通，市场营销人员可以确保图书馆的营销策略得以顺利实施，从而提升图书馆的知名度和影响力。

最后，创新思维能力对于市场营销人员来说同样重要。在竞争激烈的市场环境中，市场营销人员需要不断尝试新的营销策略和推广手段，以吸引更多用户的关注。他们可以通过创意活动、互动体验等方式，为图书馆注入新的活力。同时，市场营销人员还可以借助大数据分析、人工智能等先进技术，优化营销策略，提升营销效果。

（五）法律人员

1. 岗位职责

法律人员是图书馆运营中不可或缺的重要角色，他们承担着解决知识产权、商务与合同等法律问题，为图书馆提供全面、专业的法律支持的重要职责。

法律人员需要熟悉知识产权方面的法律法规，包括但不限于版权、专利、商标等。法律人员需要深入了解这些法律法规的具体内容，以便在图书馆运营过程中能够准确识别和处理知识产权问题。例如，在采购图书、音像制品等文献资源时，法律人员需要仔细审查作品的版权归属情况，确保图书馆所采购的资源具有合法的版权来源，避免因侵权而引发纠纷。

除基本的法律知识储备外，法律人员还需要具备处理知识产权纠纷的能力。当图书馆在运营过程中遇到版权纠纷或侵权问题时，法律人员需要迅速作出反应，为图书馆提供及时、有效的法律支持。他们需要对纠纷的性质进行深入分析，根据法律法规和相关政策提出合理的解决方案，并通过与对方进行协商或诉讼等方式维护图书馆的合法权益。

此外，法律人员还需要处理图书馆与供应商、合作伙伴之间的商务与合同问题。在处理商务与合同问题时，法律人员需要仔细审查合同条款，确保其内容符合相关法律法规的规定。他们需要对合同条款进行逐一梳理、核对，确保没有违反法律法规的内容存在。同时，他们还需要关注合同中可能存在的风险点，如违约责任、争议解决机制等，以便及时提出修改意见，确保合同条款的合法性和公正性。

除审查合同条款外，法律人员还需要在合同谈判和签订过程中发挥专业优势，为图书馆争取最大的利益。他们需要充分了解市场行情和竞争对手的情况，以便在谈判中占据有利地位。同时，他们还需要根据图书馆的实际情况和需求，提出合理的建议和方案，以争取更优惠的价格、更完善的服务和更有利的合作条件。

在合同执行过程中，法律人员还需要密切关注合同的履行情况，确保供应商或合作伙伴按照合同条款履行义务。如果发生合同纠纷或争议，法律人员需要及时介入，提供专业的法律意见和建议，协助图书馆解决问题，维护图书馆的合法权益。

2. 岗位要求

在日益复杂多变的法律环境下，法律人员不仅需要具备扎实的法律知识，还需要具备丰富的实践经验，以应对各种可能出现的法律问题，进而保障图书馆的合法性和合规性。

法律人员需要具备全面的法律知识。这意味着他们不仅要对宪法、民法、刑法等基本法律有深入的了解，还需要对各个领域的专业法律法规有充分的认知。例如，在处理环境问题时，他们需要熟悉环境保护法、水污染防治法等相关法律法规；在处理劳动争议时，他们需要了解劳动法、劳动合同法等相关规定。只有掌握了这些基础知识，法律人员才能在遇到法律问题时迅速找到法律依据，做出正确的判断。法律人员还需要对相关司法解释、案例等熟悉掌握。司法解释是法院在司法实践中对法律条文的具体解释和适用，而案例则是法院判决的具体实例。通过对这些内容的了解和掌握，法律人员可以更加准确地理解和应用法律条文，提高案件处理的效率和准确性。例如，在处理合同纠纷时，他们可以参考以往的案例，了解法院对于类似问题的处理方式和判决结果，从而为自己的案件处理提供参考。

在图书馆的运营中，法律人员在制定图书馆规章制度时发挥着至关重要的作用。他们需要对相关法律法规进行深入研究，确保所制定的规章制度既符合法律法规的要求，又能满足图书馆的实际需求。在这个过程中，法律人员需要运用其专业知识和经验，对规章制度进行细致入微的审查，确保没有违法违规的内容。例如，在图书馆的借阅制度中，法律人员需要确保借阅期限、借阅数量等规定与《著作权法》等相关法律法规相契合，避免侵犯他人的合法权益。在图书馆开展各项活动时，法律人员同样扮演着重要的角色。他们需要提前对活动进行法律风险评估，预测可能出现的法律风险，并制定相应的防范措施。例如，在举办讲座、展览等活动时，法律人员需要审查讲师资质、活动内容等是否符合法律法规的要求，确保活动的合法性和安全性。另外，法律人员还需要关注活动过程中可能出现的纠纷和争议，并及时提供法律建议和解决方案。

为了合理配置法律人员的数量和素质，图书馆应该根据法律问题的复杂性和频率来进行调整。对于大型图书馆或经常涉及复杂法律问题的图书馆，应该适当增加法律人员的数量，并注重提高他们的专业素质和实践经验。而对于小型图书馆或法律问题相对较少的情况，则可以适当减少法律人员的数量，但也要确保他们具备基本的法律知识和应对能力。

三、绩效考核与激励

（一）绩效考核

绩效考核是对数字图书馆员工工作表现的一种评估方法，旨在全面了解员工的工作能力、工作态度和工作业绩。通过绩效考核，可以为图书馆提供员工的能力和贡献的准确信息，同时也为员工提供了领导对其工作的评价。

在数字图书馆中，绩效考核指标的设计通常包括以下几个方面。

1. 服务质量指标

首先，服务质量指标涵盖了员工在为用户服务时的态度。这不仅仅是简单的礼貌和友善，更体现在对用户的尊重和理解上。优秀的数字图书馆员工应该具备积极主动、热情周到的服务态度，能够耐心倾听用户的问题和需求，及时给予解答和建议。同时，他们还应该具备良好的沟通能力和人际交往技巧，能够与不同类型的用户建立良好的互动关系，提升用户的满意度和忠诚度。

其次，服务效率也是服务质量指标的重要组成部分。在数字化时代，用户对于信息的需求往往具有即时性和高效性。因此，数字图书馆员工需要具备快速响应和高效处理问题的能力。他们应该熟练掌握图书馆的信息系统和技术工具，以便在第一时间为用户提供准确、全面的信息支持。此外，员工还应该具备团队协作和分工合作的能力，能够在需要时迅速调动资源，提高服务效率。

最后，服务质量指标还体现在服务的个性化方面。每个用户的需求和偏好都是独特的，数字图书馆员工应该能够根据不同用户的需求和兴趣，提供个性化的服务方案。例如，对于需要深入研究某一领域的用户，员工可以提供专业的文献检索和推荐服务；对于普通用户，员工可以提供简单易懂的解释和指导。这种个性化的服务不仅能够满足用户的个性化需求，还能够提升用户对图书馆的信任和依赖。

2. 资源利用效率指标

数字化的文献资源是数字图书馆最为核心的资源之一。这些资源通过数字技术，将传统的纸质文献转化为电子形式，使用户能够随时随地进行查阅和学习。在绩效评估中，可以通过统计数字化资源的访问量、下载量以及使用频率等指标来评估其利用效率。例如，可以分析哪些文献资源受到用户的青睐，哪些资源较为冷门，从而根据用户的需求进行资源的优化配置。

硬件设备和技术支持是数字图书馆运行的重要支撑。硬件设备包括服务器、存储设备、网络设备等，而技术支持则涉及信息安全、系统维护、数据分析等方面。在绩效评估中，需要关注这些设备和技术的使用情况。例如，可以统计设备的故障率、维修次数以及运行稳定性等，以评估硬件设备的性能和使用效率。同时，通过收集和分析技术支持人员的工作日志、问题解决时间等数据，可以评估技术团队的工作效率和响应速度。

3. 创新与发展指标

服务模式创新是图书馆创新发展的重要体现。在绩效考核指标体系中，可以关注图书馆在服务创新方面的探索和尝试。例如，图书馆可以打破传统服务模式，开展跨界合作，与其他文化机构、企业等共同打造多元化的服务项目和活动。此外，图书馆还可以关注用户的个性化需求，提供定制化、个性化的服务，以满足不同用户的需求。

内容创新也是图书馆创新发展的重要方面。在绩效考核指标体系中，可以关注图书馆在内容创新方面的成果和贡献。例如，图书馆可以积极挖掘和整理历史文化资源，打造具有特色的馆藏资源和文化品牌。同时，图书馆还可以关注前沿科技和新兴领域的发展动态，及时引进和更新图书资料，为用户提供最新、最全面的知识信息。

4.知识贡献指标

知识贡献指标主要包括学术成果和知识资源建设贡献。

学术成果贡献主要指的是图书馆在学术出版、科研支持等方面所取得的成果。例如，图书馆可以统计每年发表的学术论文数量、被引次数等指标，以反映其在学术领域的影响力和贡献。

知识资源建设贡献主要包括图书馆在数字化资源建设、特色资源库建设、资源共享平台建设等方面的成果。数字图书馆作为知识资源的集散地，其资源建设的质量和数量直接影响服务的质量和效率。因此，知识资源建设贡献也是知识贡献指标的重要组成部分。

（二）激励

激励是通过各种手段激发员工的工作积极性和创造力，使其能够更好地完成工作任务。在数字图书馆中，激励措施通常包括以下几种。

1.薪酬激励

薪酬激励是组织管理中一项至关重要的策略，旨在通过经济手段来激发员工的工作动力、提高工作积极性和创造力。基于绩效考核结果的薪酬激励，不仅是对员工过去努力的一种认可，更是对未来持续贡献的一种期待和鼓励。

2.个性化的激励方案

在图书馆这样的组织中，每位员工都拥有独特的职业发展规划、个人兴趣以及家庭状况，因此，薪酬激励方案的设计必须充分考虑到这些因素，以确保方案能够真正激发员工的工作热情和积极性。一个有效的个性化激励方案不仅有助于提升员工的归属感，还能增强他们的忠诚度，进而促进图书馆的整体发展。

首先，图书馆在制订激励方案时，应深入了解每位员工的职业发展规划。对于那些渴望在图书馆行业取得更高成就的员工，组织可以提供更多的培训和发展机会，如参加专业研讨会、进修课程等，以提升他们的专业素养和技能水平。

其次，员工的个人兴趣也是激励方案设计中不可忽视的因素，具体可做好以下几点。

第一，图书馆可以通过组织丰富多彩的活动来激发员工的兴趣。这些活动可以包括读书分享会、主题讲座、文化展览等，让员工在轻松愉快的氛围中拓展视野、增长知识。例如，图书馆可以定期举办读书分享会，让员工分享自己最近阅读的好书，交流阅读心得，从而激发他们对阅读的热爱和兴趣。此外，图书馆还可以邀请专家学者来举办讲座，让员工聆听他们的见解和思考，从而提升自己的专业素养和综合能力。

第二，图书馆可以根据员工的兴趣爱好，为他们安排合适的岗位。每个人都有自己独特的特长和优势，图书馆应该充分了解员工的兴趣爱好和专业技能，将他们安排在能够充分发挥自己特长的岗位上。这样不仅能够让员工在工作中感到快乐和满足，还能够提高他们的工作效率和质量。

第三，图书馆还可以通过提供培训和学习机会来激发员工的兴趣。例如，图书馆可以设立专门的培训基金，鼓励员工参加各种培训课程和研讨会，提升自己的专业素养和技能水平。同时，图书馆还可以建立内部学习小组或团队，让员工在互相学习和交流的过程中不断成长和进步。

最后，家庭状况作为员工生活中的重要组成部分，无疑对员工的工作动力产生着深远的影响。对于那些肩负着沉重家庭负担的员工来说，如何在工作与家庭之间找到平衡点，是他们面临的一大挑战。因此，图书馆作为员工的工作环境，有必要在保障员工权益的同时，积极采取措施帮助他们解决家庭问题，从而激发他们的工作动力。

第一，对于那些家庭负担较重的员工，图书馆可以提供更为灵活的工作安排。例如，图书馆可以根据员工的家庭情况灵活调整工作时间。对于需要照顾孩子或老人的员工，图书馆可以允许他们提前下班或晚些到岗，以便他们能够更好地履行家庭责任。此外，图书馆还可以设置弹性工作时间制度，让员工根据自己的实际情况安排工作时间，既保证了工作的完成，又照顾到了家庭的需要。实行远程办公也是一个不错的选择。随着科技的发展，越来越多的工作可以通过网络进行。图书馆可以支持员工在家完成部分工作，如文件整理、资料查询等。这样既可以减轻员工的通勤压力，又能够让他们在家中照顾家人，同时保证工作的效率和质量。

除此之外，图书馆还可以为员工提供其他的支持措施。例如，可以设立员工休息室，供员工在休息时间照顾孩子或休息片刻；还可以提供家庭照顾相关的培训和资源，帮助员工更好地应对家庭挑战。

通过这些灵活的工作安排和支持措施，员工能够更好地平衡工作与家庭的关系，从而更加投入地工作。他们会在工作中表现出更高的积极性和创造力，为图书馆的发展贡献更多的力量。同时，这种人性化的管理策略也会吸引更多的优秀人才加入图书馆行业，推动整个行业的健康发展。

第二，图书馆还可以设立员工关怀制度，为员工提供更多的福利支持。例如，图书馆可以为员工提供子女教育支持。随着现代社会竞争的日益激烈，子女教育成了许多家庭关注的重点。图书馆可以为员工子女提供教育方面的帮助。例如，可以设立奖学金制度，对品学兼优的员工子女进行奖励；或者提供学习资源，如电子图书、在线课程等，帮助员工子女拓宽知识视野，提升学习成绩。这样的举措不仅能够减轻员工的教育负担，还能够增强员工对图书馆的归属感和忠诚度。

此外，家庭健康保险也是图书馆员工关怀制度中不可或缺的一部分。健康是每个人最宝贵的财富，而家庭成员的健康问题往往会给员工带来沉重的经济负担和心理压力。为了保障员工的切身利益，图书馆可以为员工购买家庭健康保险。这种保险可以覆盖员工及其家庭成员的医疗费用，确保在面临健康问题时能够得到及时的医疗保障。这样不仅可以减轻员工的经济负担，还能够提高员工的生活质量和工作效率。

除子女教育支持和家庭健康保险外，图书馆还可以根据员工的实际需求和兴趣爱好，提供更加多样化的福利支持。例如，可以设立员工健身房、提供定期健康检查、组织文体活动等，以增强员工的身体素质和心理健康。这些福利项目的实施不仅可以提升员工的工作满意度和幸福感，还能够为图书馆营造一个和谐、积极的工作氛围。

第三，图书馆还可以通过开展员工家庭活动，增进员工之间的交流和感情。例如，在员工家庭活动方面，图书馆可以举办一系列富有创意和趣味性的活动。例如，组织员工家庭聚餐，让大家在欢声笑语中共享美食，拉近彼此的距离。此外，还可以举办亲子活动，如亲子阅读、手工制作等，让员工与孩子们在互动中增进亲子关系，同时也让员工们感受到图书馆的关怀和温暖。

这些员工家庭活动不仅能够增强员工的归属感和凝聚力，还有助于提升员工的幸福感和工作满意度。在集体活动中，员工们可以共同分享生活中的点滴，相互支持、鼓励，形成更加紧密的团队合作关系。此外，图书馆还可以通过员工家庭活动传递出积极向上的价值观。在活动中，可以融入图书馆的核心价值观，如尊重知识、热爱阅读、服务读者等，让员工在参与活动的过程中，更加深入地理解和认同这些价值观。这有助于形成一种积极向上、富有活力的文化氛围，为图书馆的长远发展奠定坚实的基础。

3. 与其他管理策略的协同

薪酬激励只是组织管理策略中的一部分，它应该与其他管理策略（如员工培训、职业发展、文化建设等）协同作用，共同推动组织的发展。通过构建一个全面、系统的管理体系，组织可以最大限度地发挥薪酬激励的作用，实现员工和组织的共同发展。

首先，薪酬激励与员工培训策略的结合是提升员工能力的重要途径。

第一，员工培训是提升员工能力的基础。图书馆需要针对员工的岗位需求和发展方向，制订详细的培训计划。这些计划可以包括专业技能培训、管理知识培训、团队合作培训等多个方面，旨在提高员工的专业素养、综合素质和创新能力。通过培训，员工可以不断更新知识，掌握新的技能和方法，以更好地适应图书馆的战略需求和发展方向。

第二，薪酬激励是激发员工参与培训积极性的关键。薪酬不仅是员工劳动成果的物质回报，更是对员工价值的认可和尊重。将薪酬与员工的培训成果和绩效挂钩，可以激励员工更加积极地参与培训，提高培训效果。例如，图书馆可以设立培训津贴、奖金等奖励措施，对在培训中表现优秀的员工给予物质和精神上的双重激励。此外，企业还可以通过设立晋升通道、提供晋升机会等方式，将员工的培训成果与职业发展紧密结合起来，进一步激发员工的学习热情和进取心。

第三，薪酬激励与员工培训策略的结合还能更好地体现薪酬的公平性和激励性。公平性是薪酬管理的重要原则之一。通过将薪酬与员工的培训成果和绩效挂钩，可以确保员工的付出与回报成正比，避免出现"干多干少一个样"的情况。同时，这种结合方式还能激励员工不断提高自己的能力和绩效水平，以获取更高的薪酬回报。这种正向激励机制有助于形成良好的文化氛围，促进员工的团队协作和共同发展。

其次，薪酬激励与职业发展策略的结合有助于员工的个人成长和组织的稳定发展。

第一，薪酬激励作为员工工作动力的源泉，能够直接激发员工的工作积极性。在图书馆工作中，员工需要承担大量的图书借阅、信息咨询、活动策划等任务，而这些任务往往需要耗费大量的时间和精力。如果员工的薪酬水平无法得到合理保障，那么员工的工作动力将会受到严重打击，从而导致服务质量下降。因此，通过制定合理的薪酬制度，为员工提供具有竞争力的薪酬待遇，能够有效激发员工的工作热情，提升服务质量。

第二，薪酬激励与图书馆员工职业发展之间存在相互促进的关系。一方面，薪酬激励能够为员工职业发展提供物质基础。员工在职业发展过程中，需要不断提升自己的专业技能和知识水平，而这往往需要投入大量的时间和精力。如果员工的薪酬水平无法得到有效提升，那么他们可能会因为经济压力而无法专注于职业发展。因此，通过薪酬激励，为员工提供更多的职业发展机会和资源，能够推动员工不断提升自己的专业素养和技能水平，从而更好地适应图书馆工作的需要。

第三，员工职业发展的提升也会反过来促进薪酬激励的完善。随着员工职业能力的提升，他们在图书馆工作中的表现也会更加出色，从而为图书馆创造更多的价值。这种价值的提升，不仅有助于图书馆整体服务水平的提升，也会为员工的薪酬水平提供更有力的支撑。因此，图书馆应该注重员工职业发展的培养和支持，通过提供培训、晋升机会等，鼓励员工不断提升自己的专业素养和技能水平，从而实现薪酬激励与职业发展的良性循环。

最后，薪酬激励与文化建设策略的结合也是推动组织发展的重要因素。组织文化作为组织的核心价值观和行为准则，对于员工的思维方式和行为方式具有重要影响。

第一，构建积极向上的组织文化对于激发员工的创新精神和团队协作意识至关重要。积极向上的组织文化能够为员工营造一个充满活力、敢于挑战的氛围，从而激发员工的创新思维和创造力。同时，注重创新的组织文化还能够鼓励员工勇于尝试新方法、新思路，不断推动组织向前发展。

第二，鼓励合作的组织文化有助于增强组织的凝聚力和竞争力。在合作文化的熏陶下，员工之间能够形成相互信任、相互支持的良好关系，从而推动团队协作和集体智慧的发挥。此外，合作文化还能够促进不同部门、不同团队之间的沟通与协作，打破信息壁垒，实现资源共享和优势互补，进一步提升组织的整体竞争力。

4. 职称晋升

图书馆管理是一项庞大而复杂的系统工程，涵盖了图书的采购、分类、借阅、归还等多个环节，需要有一支高效、专业的团队来支撑。在这个团队中，员工的职称晋升是一个至关重要的环节，它不仅能够激励员工不断提升自身的能力和水平，还能够为图书馆的发展注入新的活力。

首先，职称晋升的依据主要是员工的工作表现和专业能力。这包括员工在日常工作中的态度、效率、创新能力以及对图书馆管理知识的掌握程度。通过定期的考核和评估，可以全面了解员工在各方面的表现，从而为他们提供合适的晋升机会。

其次，图书馆管理职称晋升的意义在于鼓励员工不断追求进步。晋升不仅是对员工过去工作的肯定，更是对他们未来发展的期望。通过晋升，员工可以获得更高的薪资待遇、更广阔的发展空间以及更多的职业发展机会，这将激发他们更加努力地投入工作中，为图书馆的发展贡献更多的力量。

此外，职称晋升还有助于提升图书馆的整体服务水平。随着员工专业能力的提升，图书馆在图书采购、分类、借阅等方面的服务质量也将得到显著提高。同时，员工的专业素养和敬业精神也将通过他们的服务传递给用户，提升用户对图书馆的满意度和信任度。

四、团队建设与协作

（一）建立知识型团队组织

数字图书馆的知识型团队组织应包含资源建设、技术支持与开发、信息服务团队、高层管理团队四部分。这样的团队结构能够充分发挥各自的专业优势，形成强大的合力，共同推动数字图书馆的发展。

1. 资源建设团队是数字图书馆的基础支撑

在资源建设团队的工作中，搜集环节至关重要。他们需要不断挖掘各种学术、文化、历史等具有价值的信息资源，包括学术论文、专著、报告、图片、视频等多种形式。这些资源不仅来自传统的图书馆、档案馆等机构，还来自互联网上的各种开放获取资源、学术数据库等。团队成员需要具备敏锐的信息嗅觉和广泛的知识储备，以便从海量的信息中筛选出有价值的内容。

整理与分类是资源建设团队的又一项重要任务。他们需要对搜集到的资源进行仔细甄别、筛选和分类，以确保资源的质量。同时，他们还需要根据资源的主题、类型、来源等特征进行归类，以便用户能够方便地查找和使用。在这个过程中，团队成员需要掌握一定的分类学知识和信息管理技能，以确保分类的科学性和准确性。

此外，资源加工也是资源建设团队不可或缺的一环。它是将原始资源转化为符合数字图书馆要求的数字资源的关键步骤，涉及数字化处理、格式转换、元数据标注等一系列操作。

数字化处理是资源加工的基础。它利用扫描、拍照或光学字符识别（OCR）等技术，将纸质或其他非数字格式的原始资源转化为数字文件。这一过程确保了资源的数字化存储，便于长期保存和远程访问。

格式转换是资源加工的重要环节。由于不同设备和平台对文件格式的要求不同，资源加工团队需要将数字文件转换为统一的、兼容性强的格式，如PDF、EPUB、TXT等。这不仅提高了资源的可读性，还确保了资源在不同设备上的兼容性。

元数据标注是资源加工中的另一项重要工作。元数据是描述资源属性、特征和关联关系的数据，对于资源的检索、分类、分析和利用至关重要。资源加工团队需要为数字资源添加详细的元数据，包括标题、作者、出版社、出版时间、主题分类、关键词等。这些元数据将大大提高资源的检索效率和准确性，为用户提供更为便捷的访问体验。

通过资源加工，原始资源得以转化为符合数字图书馆要求的数字资源，不仅提高了资源的可读性和可用性，还为后续的检索、分析等操作提供了便利。用户可以通过数字图书馆的检索工具快速定位到所需的资源，并利用各种分析工具对资源进行深入挖掘和利用。这不仅有助于推动知识的传播和共享，也为学术研究、教育教学等领域提供了有力的支持。

2. 技术支持与开发团队是数字图书馆的技术保障

在开发阶段，技术支持与开发团队会深入了解数字图书馆的需求和目标，运用先进的编程技术和设计理念，打造出符合用户期望的数字图书馆平台。首先，技术支持与开发团队会对数字图书馆的需求进行细致的分析。他们与图书馆管理人员、用户群体等进行深入沟通，了解他们对于数字图书馆平台的期望与需求。在此基础上，他们会根据需求进行功能规划，确保平台能够满足用户的各项需求。其次，技术支持与开发团队会运用先进的编程技术和设计理念进行平台的开发。团队会注重平台的稳定性、安全性以及可扩展性，确保在高峰时段也能提供流畅的访问体验。为了实现这一目标，他们会采用高效的算法和先进的技术手段，对平台进行持续的优化与改进。最后，技术支持与开发团队还会关注用户体验。他们深知用户体验对于数字图书馆平台的重要性，因此会通过优化界面设计、提升搜索速度等方式，让用户在使用数字图书馆时感受到便捷和舒适。例如，他们会采用简洁明了的界面设计，使用户能够迅速找到所需的信息；同时，他们还会对搜索算法进行优化，提高搜索结果的准确性和相关性。

在维护阶段，技术支持与开发团队会定期对数字图书馆平台进行检查和修复，及时发现并处理潜在的问题。技术支持团队会密切关注平台的运行状况，收集并分析各种运行数据。他们利用专业的工具和技术，对平台的性能、稳定性、安全性等方面进行全面评估。同时，他们还会主动与用户沟通，收集用户的反馈和建议，以便了解用户对平台的真实需求和期望。在收集到足够的信息后，技术支持与开发团队会共同商讨并制订有针对性的优化方案。他们会对平台的性能进行优化，提升用户的访问速度；同时，他们也会对平台的功能进行改进，以满足用户日益增长的需求。

除日常的维护和优化工作外，技术支持与开发团队还会定期发布平台更新。这些更新通常包括修复已知的漏洞和缺陷、增加新的功能和特性、优化用户体验等方面的内容。通过定期的更新，数字图书馆平台能够不断提升自身的安全性和稳定性，为用户提供更加优质的服务。

技术支持与开发团队也需要对平台的安全性进行重点关注。他们会采取多种措施，包括加强网络安全防护、提高数据加密等级、建立严格的用户权限管理机制等，以确保平台数据的完整性和保密性。

技术支持与开发团队还需不断跟进新技术的发展。他们会密切关注前沿技术动态，了解最新的编程技术、数据存储技术、人工智能技术等方面的进展。在合适的时候，他们会将这些先进的技术应用于数字图书馆的建设中，提升平台的性能和功能。

3.信息服务团队是数字图书馆的桥梁与纽带

信息服务团队的核心职责在于为用户提供高效、准确的信息检索服务。他们不仅要具备扎实的专业知识，还应掌握一系列先进的检索技术和工具。

当用户需要查找某一领域的专业知识或研究资料时，信息服务团队能够迅速定位并筛选出最相关、最有价值的资源，帮助用户节省大量时间和精力。

除提供基本的检索服务外，信息服务团队还需根据用户的需求和反馈，不断优化信息服务流程。他们时刻关注用户的需求变化，积极收集用户的反馈意见，针对问题及时调整服务策略。例如，他们可能会根据用户的搜索习惯优化检索算法，提高检索的准确性和效率；或者根据用户的需求增加新的服务项目，如定制化的信息推送、专业的知识咨询等。

此外，信息服务团队还需积极推广数字图书馆的服务，扩大其影响力和使用范围。他们通过举办讲座、培训等活动，向用户介绍数字图书馆的功能、优势以及提供的服务，引导用户更好地利用数字图书馆的资源。同时，他们还积极与其他机构合作，共同推广数字图书馆服务，吸引更多的用户关注和使用。

4. 高层管理团队是数字图书馆的决策者和领导者

高层管理团队肩负着推动数字图书馆发展的重大责任。他们不仅要关注数字图书馆内部的运营和管理，还要密切关注行业动态和市场需求，为数字图书馆的长远发展制定切实可行的发展战略和规划。

首先，高层管理团队负责制定数字图书馆的发展战略。他们需要深入分析市场需求、技术发展趋势以及竞争对手的情况，结合数字图书馆的实际情况，制订出符合市场需求的战略方案。在制定战略的过程中，他们还需要充分听取团队成员的意见和建议，确保战略的科学性和可行性。

其次，高层管理团队需要规划数字图书馆的管理政策。这些管理政策涉及数字图书馆的各个方面，如资源建设、服务提升、技术创新等。他们需要根据数字图书馆的发展战略，制定出具体的管理政策，以指导图书馆各团队成员的工作，确保数字图书馆的各项工作有序进行。

再次，高层管理团队需要确保图书馆各团队之间的协同合作和整体发展。他们需要关注图书馆各团队成员的工作状态和需求，协调各方面的资源和力量，为其提供良好的工作环境和发展空间。同时，他们还需要加强团队内部的沟通和交流，促进团队成员之间的合作和协作，共同推动数字图书馆的发展。

最后，高层管理团队还需要关注行业动态和市场需求，及时调整战略方向。随着科技的不断发展和市场的不断变化，数字图书馆需要不断创新和升级才能保持竞争优势。高层管理团队需要敏锐地捕捉市场变化和行业趋势，及时调整战略方向，推动数字图书馆的创新发展。

（二）加强团队沟通与协作

首先，有效的沟通机制是图书馆高效运作的基石。团队成员之间需要保持畅通无阻的沟通，以便及时分享各自的工作进展、遇到的问题以及解决方案。图书馆可以通过定期召开会议、建立在线交流群等方式，确保信息的快速传递和反馈。同时，鼓励团队成员积极发表意见、提出建议，从而激发集体智慧，推动工作的持续改进。

其次，协作平台的建立有助于团队成员更好地协同工作。图书馆可以运用现代科技手段，如云计算、大数据等，构建一个集成化的协作平台。通过协作平台，团队成员可以共享资源、协同编辑文档、共同管理项目等。这种协作方式能够打破地域限制，使团队成员无论身处何地都能保持紧密的合作关系。同时，协作平台还可以提供实时数据监控和报表分析功能，帮助团队成员更好地了解工作进度和成果。

最后，有效的沟通机制和协作平台还能够激发团队成员的积极性和创造力。在沟通和协作的过程中，团队成员可以相互学习、相互启发，从而不断提升自己的专业素养和综合能力。同时，通过团队协作解决工作中的问题，能够增强团队成员的归属感和成就感，进一步激发他们的工作热情和创新精神。

（三）培养团队文化和凝聚力

在团队建设活动中，户外拓展是一个备受欢迎的项目。通过参与各种挑战性和趣味性并存的户外任务，团队成员不仅能够锻炼身体、提升体能，还能在共同面对困难、解决问题的过程中，进团队成员之间的沟通交流，增进彼此之间的默契和信任。在户外拓展中，团队成员需要相互协作、共同思考，这种互动的过程能让他们更好地认识到自己的优点和不足，从而进一步提升个人和团队的综合素质。

除了户外拓展，图书馆还可以组织各种形式的团队竞赛活动。这些竞赛可以是知识竞赛、技能竞赛等，旨在让团队成员在轻松愉快的氛围中展示自己的才华和实力。在竞赛中，团队成员需要充分发挥自己的特长和优势，同时还需要注重团队协作和整体利益。这种竞争与合作并存的方式，不仅能够激发团队成员的积极性和创造力，还能让他们更好地认识到团队力量的重要性。

1. 庆祝活动

（1）新书入库

新书入库是图书馆发展进程中的一个重要里程碑，它代表着图书馆对于知识的持续追求和更新。当这些新书被整齐地摆放在书架上，它们不仅为图书馆的知识库增添了新的血液，更为用户提供了更广阔的阅读视野和更丰富的选择。这些新书所涵盖的领域之广泛，内容之丰富，足以满足各类用户的需求。从科技前沿的尖端技术，到文学经典的深邃思想；从历史长河的波澜壮阔，到现代社会的纷繁复杂，每一本书都是一座知识的宝库，等待着用户去发掘和领悟。

为了庆祝新书入库这一盛事，图书馆可以策划一场别开生面的新书发布活动。活动不仅可以吸引知名作家、学者和用户的关注，更可以通过一系列精心设计的环节，让参与者们深入了解这些新书，感受它们所带来的知识和智慧。在活动中，可以设立新书展示区，将新书按照不同的主题和类别进行摆放，让读者们一目了然地看到这些新书的全貌。同时，可以邀请知名作家和学者来到现场，与读者们分享他们的创作心得和研究成果，让读者更加深入地了解这些新书的内涵和价值。此外，还可以设立阅读心得分享区，鼓励读者们分享自己阅读这些新书的心得和感受。通过交流，读者们可以相互启发，共同提升阅读水平和思考能力。

为了增加活动的趣味性和互动性，图书馆还可以策划一些有趣的游戏和抽奖环节，具体如下。

第一，图书馆可以组织一场别开生面的"猜书名"游戏。这一游戏形式不仅考验参与者的阅读量和知识储备，还能在轻松愉快的氛围中加深他们对图书内容的理解和记忆。游戏可以设定多个轮次，每轮提供一段关于某本书的简短描述或线索，参与者需要根据这些信息猜出正确的书名。为了增加游戏的趣味性，图书馆还可以设置一些难度不等的题目，如初级题目针对普通读者，而高级题目则专为资深书迷设计。

第二，图书馆还可以举办一场"答书迷"知识竞赛。这一活动可以围绕图书馆藏书中的经典作品、作者生平、文学流派等主题展开，通过一系列问题考查参与者的阅读深度和广度。竞赛可以采用分组对抗的形式，各小组之间展开激烈角逐，最终评选出优胜者。这种竞赛形式不仅能激发参与者的阅读热情，还能让他们在团队合作中感受到阅读的乐趣。

第三，设置抽奖环节作为活动的压轴大戏。参与者可以通过参加游戏、回答问题等方式获得抽奖券，凭券参与抽奖。奖品可以包括图书馆精心挑选的图书、文创产品等，让参与者在享受阅读乐趣的同时，也能收获一份意外的惊喜。

（2）服务升级

随着科技的发展，图书馆的服务也在不断升级和完善。如今，许多图书馆已经实现数字化、智能化管理，为用户提供了更加便捷、高效的服务。例如，通过引进先进的自助借还书系统、开展在线阅读服务等举措，图书馆不仅提升了服务效率，也满足了用户多样化的阅读需求。为了庆祝服务升级的成果，图书馆可以举办一场主题鲜明的庆祝活动。在活动中，可以展示图书馆的新服务、新功能，邀请用户亲身体验并提出宝贵意见，同时也可以通过举办讲座、研讨会等形式，向公众宣传图书馆的新形象和新成果。

庆祝活动不仅能够增强团队成员的自豪感和归属感，还能够提升图书馆在公众心目中的形象和地位。通过举办丰富多彩的活动，图书馆能够吸引更多的用户前来参观和借阅书籍，从而推动图书馆事业的不断发展。同时，庆祝活动也能够激发团队成员的工作热情和创造力，促使他们为图书馆的发展贡献更多的智慧和力量。

2. 社交活动

（1）聚餐

聚餐，作为一种源远流长的社交活动，其不仅具有深厚的文化底蕴，更以其独特的魅力和优势，在现代社会中发挥着不可替代的作用。在快节奏的现代生活中，聚餐为人们提供了一个难得的放松和交流的机会，让人们在繁忙的工作之余，能够暂时放下压力，享受与亲朋好友共度时光的美好。

美食作为聚餐的核心元素，总是能够迅速拉近人与人之间的距离。在餐桌上，团队成员们可以共同品尝各种美味佳肴，从口感丰富的中式菜肴到精致细腻的西式料理，每一种美食都能让人们沉浸在味蕾的盛宴中，感受美食带来的愉悦和满足。在品尝美食的过程中，人们往往会不自觉地放下心中的防备和隔阂，更加自然地与他人进行交流和互动，从而加深彼此之间的了解和友谊。

除了美食的诱惑，聚餐还是一个分享生活点滴、交流心得的绝佳平台。在餐桌上，大家可以畅所欲言，分享自己最近的工作进展、生活趣事以及遇到的挑战。通过倾听和表达，团队成员们能够更深入地了解彼此的生活状态、工作情况和个人经历，从而增进彼此之间的了解和信任。这种信任和理解不仅能够促进团队成员之间的合作和默契，还能够提高整个团队的凝聚力和向心力。

另外，聚餐还是一个促进团队合作和共同进步的重要场合。在轻松愉快的氛围中，团队成员们可以交流彼此的工作经验和心得，分享成功和失败的经验。通过倾听他人的经验和教训，可以让团队成员们更好地吸取别人的长处，避免重蹈他人的覆辙。同时，我们还可以激发团队成员的创新思维和解决问题的能力，共同面对挑战，共同寻求解决方案。这种交流和合作不仅能够促进团队成员之间的互相学习和借鉴，还能够推动整个团队的进步和发展。

聚餐形式和内容可谓丰富多样。在众多的聚餐形式中，选择一家餐厅聚餐无疑是最为常见的一种方式。团队成员们可以在餐厅品尝到各种美味的佳肴，享受专业的服务，感受餐厅的独特魅力。在聚餐的过程中，大家可以畅所欲言，交流工作中的心得体会，分享生活中的点滴趣事，让彼此之间的距离更加拉近。除了餐厅聚餐，团队成员们还可以选择自己动手做饭，通过共同制作美食来增进彼此的感情。这种方式不仅可以让大家更加了解彼此的饮食习惯和口味偏好，还可以锻炼大家的团队协作能力和动手能力。在准备食材、烹饪美食的过程中，大家互相协作，分工合作，共同为一道道美味佳肴的诞生付出努力。在品尝自己亲手制作的美食时，大家更是能够感受到满满的成就感和幸福感。

当然，聚餐的形式和内容并不是一成不变的。团队成员们还可以根据自己的兴趣和喜好，创造出更多有趣且富有创意的聚餐方式。比如，可以组织一次户外烧烤聚餐，让大家享受美食和自然风光的双重恩赐；或者可以举办一次主题聚餐，根据特定的主题来安排菜品和装饰，让聚餐更加有趣和难忘。

无论是哪种形式的聚餐，都能够为团队成员们带来愉悦和收获。在聚餐的过程中，大家不仅能够放松身心、享受美食，更能够增进彼此之间的了解和信任，促进团队的凝聚力和向心力。因此，作为团队建设的重要环节之一，聚餐应该得到足够的重视和关注。

（2）运动会

在现代社会，由于长时间的久坐和缺乏运动，许多人都面临着身体素质下降的问题。而运动会则为团队成员提供了一个展示自己运动能力的舞台，无论是跑步、跳远还是拔河，都需要参与者付出汗水和努力。通过参与这些项目，团队成员不仅能够锻炼身体，增强体质，还能培养毅力和坚持不懈的精神。

运动会还能有效增强团队的凝聚力和协作能力。在比赛中，团队成员需要相互支持、鼓励，共同为团队争取荣誉。这种团结一心、共同奋斗的氛围有助于加深彼此之间的友谊和感情。此外，运动会中的各种比赛项目往往需要团队成员之间的密切配合和协作才能完成。在共同努力的过程中，团队成员不仅能够更加了解彼此的优点和不足，还能学会如何更好地与他人合作，提高团队协作的效率和效果。

3. 文化沙龙

文化沙龙作为一种特别受欢迎的文艺活动形式，为团队成员提供了一个交流思想、拓展视野的绝佳平台。

文化沙龙通常以某一文化主题为核心，邀请该领域的专家学者或文化名人作为主讲嘉宾。这些嘉宾们通过讲座、分享会等形式，向团队成员们传递他们的学术观点、文化见解和人生经验。在这样的活动中，团队成员们能够近距离地接触到前沿的文化思潮，拓展知识面，提升文化素养。

更重要的是，文化沙龙为团队成员们提供了一个开放、自由的交流空间。在这里，大家可以畅所欲言，分享自己的阅读心得、文化体验和生活感悟。通过共同探讨文化话题，团队成员们不仅能够增进彼此的了解，还能够激发彼此的创造力和想象力。这种思想的碰撞和升华，不仅有助于团队成员们的个人成长，也有助于提升整个团队的文化氛围和凝聚力。

此外，文化沙龙还为团队成员们提供了结交志同道合的朋友的机会。在这里，大家可以发现与自己有共同兴趣爱好和追求的伙伴，并与其建立深厚的友谊。这种友谊不仅能够让团队成员们在工作中更加默契和配合，还能够在生活中相互支持、相互帮助，共同渡过难关。

第四节　财务管理

一、财务规划与目标设定

（一）长期财务规划

长期财务规划是数字图书馆未来发展的关键，它涵盖了多个关键领域，以确保图书馆在未来几年甚至几十年内能够适应不断变化的环境，并持续为用户提供优质的服务。

1. 基础设施建设

随着数字技术的不断进步，数字图书馆需要定期评估其基础设施的更新和扩展需求。这包括服务器、存储设备、网络设施等硬件设备的升级，以及数据中心、办公环境等物理设施的改善。长期财务规划应充分考虑这些基础设施建设的资金需求，以确保数字图书馆能够拥有稳定、高效、安全的运行环境。

2. 技术升级

数字图书馆作为技术密集型组织，需要紧跟技术发展的步伐，进行技术升级和创新。长期财务规划应包括对新技术的研发、引进和应用所需的资金，以及与之相关的培训和支持费用。通过技术升级，数字图书馆可以提高服务效率、提升用户体验、增强数据安全性等。

3. 内容采购

内容是数字图书馆的核心资源之一。长期财务规划是确保内容采购稳定进行的基石。在规划过程中，必须充分考虑内容采购的资金需求，并根据数字图书馆的定位、规模和发展目标，科学制定预算。预算中应包括购买、租赁或合作开发数字资源所需的费用，以确保资金使用的合理性和有效性。需要注意的是内容采购的多样性、质量和可持续性也是数字图书馆发展的关键要素。在采购过程中，应注重内容的多样性，以满足不同用户群体的需求。同时，还要关注内容的质量，选择权威、准确、有价值的数字资源。此外，可持续性是内容采购不可忽视的一方面，数字图书馆应积极寻求与供应商建立长期稳定的合作关系，确保资源的持续更新和补充。

4. 人才培养与引进

人才是数字图书馆持续发展的重要保障。长期财务规划应包括人才培养和引进的费用，如员工培训、招聘费用、薪酬福利等。通过培养和引进优秀的人才，数字图书馆可以提高其核心竞争力，为未来的发展奠定坚实的基础。

（二）短期财务规划

短期财务规划是数字图书馆日常运营和当前项目实施的指南，它关注于解决当前面临的具体财务问题，并确保资金的合理使用和高效管理。

1. 日常运营

短期财务规划对于数字图书馆而言至关重要，它涉及图书馆日常运营的方方面面，包括人员工资、水电费、办公用品等必要费用。为了确保这些费用得到合理的安排和使用，相关人员必须充分考虑到数字图书馆在短期内的运营需求，对运营成本进行全面分析，并据此制定详细的预算和费用控制计划。

首先，需要对数字图书馆的运营成本进行全面分析。

其一，人员工资是数字图书馆运营成本中的重要组成部分。图书馆需要聘请专业的技术人员、管理人员和服务人员，以确保图书馆的正常运营和高效服务。这些人员的工资支出不仅占据了一定的成本比例，还直接影响图书馆的人力资源配置和服务质量。因此，对人员工资进行合理规划和管理，是控制运营成本、提升图书馆效益的关键环节。

其二，电费也是数字图书馆不可忽视的一项成本。图书馆需要为各类设备和设施提供充足的电力供应，以确保其正常运行。同时，为了营造良好的阅读环境，图书馆还需要投入一定的费用用于照明、空调等设备的运行和维护。因此，在控制电费方面，图书馆需要注重节能减排，提高能源利用效率，以降低运营成本。

其三，办公用品等杂项费用也是数字图书馆运营成本中不可忽视的一部分。这些费用虽然看似微不足道，但长期累积下来也会成为一笔不小的开支。因此，图书馆需要建立严格的采购和管理制度，对办公用品等杂项费用进行精细化管理，以避免不必要的浪费。

其次，制订详细的预算计划。在制订数字图书馆预算计划时，首先要根据数字图书馆的实际需求和规模，合理预估各项费用。这包括硬件设备的购置和维护费用、软件系统的开发和升级费用、网络带宽的租赁费用以及人力资源的支出等。每一项费用都需要根据实际情况进行详细的估算，确保预算的准确性和合理性。

在制订预算时还要考虑到一些不可预见的风险因素，如突发事件、设备故障等。这些因素可能导致额外的费用支出，因此需要为这些可能产生的费用预留一定的预算空间。这样，当风险发生时，我们可以迅速应对，确保数字图书馆的正常运营不受影响。

除考虑费用和风险因素外，相关人员还需要对预算计划进行深入的论述和分析。这包括对各项费用的合理性进行评估，比较不同方案的成本效益，以及分析预算计划的可行性和可持续性。通过这些分析，可以更全面地了解预算计划的优劣，为决策提供更有力的支持。

最后，费用控制是短期财务规划中的关键一环。对于图书馆而言，运营成本的降低不仅能够提高经济效益，还能够优化资源配置，进一步提升数字图书馆的管理水平和运营效率。因此，相关人员应当积极采取一系列措施，以实现对图书馆运营成本的精准控制。

其一，优化人员配置是降低图书馆运营成本的有效途径之一。图书馆可以根据实际需求，通过引入先进的自动化管理系统和智能化设备，合理调整员工数量和工作岗位，减少对人力资源的依赖，避免人力资源的浪费。同时，通过加强员工培训，提高员工的专业素养和业务能力，也能够进一步提升工作效率，降低人工成本。

其二，提高能源利用效率是降低图书馆运营成本的重要手段。图书馆可以通过采用节能设备、优化照明系统、合理利用自然光等方式，降低能源消耗。此外，图书馆还可以建立能源使用监管机制，定期检查和评估能源利用情况，及时发现并解决能源浪费问题。

其三，采用环保型办公用品也是降低图书馆运营成本的重要措施之一。图书馆可以选择使用可循环、可降解的环保材料制成的办公用品，减少对环境的影响。同时，通过推广电子化办公、减少纸质文件的使用等方式，能够进一步降低办公成本。

在实施短期财务规划的过程中，还需要加强监督和评估。通过定期检查各项费用的使用情况，可以及时发现并解决存在的问题，确保预算和费用控制计划得到有效执行。同时，相关人员还可以根据实际情况对预算和费用控制计划进行调整和优化，以适应数字图书馆运营过程中的变化。

2. 当前项目

首先，明确项目的资金需求是短期财务规划的首要任务。在项目的不同阶段，资金需求会有所不同。因此，相关人员需要对项目的整体需求进行深入分析，了解各个阶段所需的资金量。这包括对原材料采购、设备购置、人工成本、市场推广等方面的预算进行细化。同时，还需要考虑项目的风险因素，为可能出现的意外情况预留一定的资金。

其次，预算分配是短期财务规划的核心环节，需做好以下几点。第一，预算分配需要根据项目的实际情况和需求，将资金合理分配到各个部门和环节。这需要对每个部门的职责、工作量以及资源需求有深入的了解，从而设定合理的预算额度。通过科学的预算分配，可以确保各部门在项目实施过程中能够有足够的资金支持，从而顺利开展工作。第二，预算分配需要考虑项目的优先级和紧急性。对于紧急且重要的项目，应优先分配足够的预算，以确保项目的顺利进行。而对于一些非紧急或非核心的项目，则可以适当压缩预算，以平衡整体预算的使用。第三，预算分配需要关注预算的灵活性和可持续性。在设定预算额度时，应留有一定的余地，以应对项目实施过程中可能出现的意外情况。同时，还需要考虑预算的可持续性，避免过度消耗资金导致项目无法持续进行。第四，在预算分配的过程中，还需要对预算的使用情况进行监督和管理。这包括对预算的使用进度、使用效果以及预算的合规性进行定期检查和评估。通过监督和管理，可以及时发现并解决预算使用过程中存在的问题，防止预算超支或挪用。

最后，资金使用计划是短期财务规划的重要组成部分，不仅关系到图书馆的运营效益，还直接影响着后续稳健发展。一份科学合理的资金使用计划，能够确保资金得到充分利用，进而实现可持续发展目标。第一，在制订资金使用计划时，要对项目的进度进行充分考量。项目进度决定了资金需求的紧迫性和阶段性，因此，资金使用计划应紧密结合项目进展，合理安排资金的投入时间和额度。比如，在项目开发初期，需要投入一定的启动资金以支持研发、市场调研等工作；随着项目的推进，资金的投入也会逐渐加大，以满足生产、推广等后续需求。第二，现金流状况是制订资金使用计划时不可忽视的因素。现金流是图书馆运营的血液，良好的现金流状况能够保证图书馆正常运转。因此，在资金使用计划中，我们要密切关注图书馆的现金流情况，确保资金在需要时能够及时到位。此外，还要关注资金的回流情况，以便在资金紧张时能够及时调整资金使用计划，避免资金链断裂的风险。第三，资金的回报也是制订资金使用计划时需要重点考虑的因素。资金回报是经营活动的最终目标，也是衡量资金使用效率的重要指标。在制订资金使用计划时，要根据项目的盈利预期和资金成本，合理设定资金的回报目标。同时，还要关注资金使用的风险，通过风险评估和预警机制，及时发现和解决潜在问题，确保资金安全高效地使用。第四，为了应对项目实施过程中可能出现的各种变化，还需要定期对资金使用情况进行评估和调整。通过定期评估，可以了解资金使用的实际效果和存在的问题，从而及时调整资金使用计划，确保资金能够更好地满足项目的实际需求。同时，这也能够帮助工作人员不断优化资金使用计划，提高资金的使用效率和竞争力。

在实际操作中，加强短期财务规划的实施效果，对于确保项目的顺利进行和资金的有效利用至关重要。为了实现这一目标，相关人员可以采取多种手段来加强其效果。

第一，建立严格的预算管理制度是加强短期财务规划实施效果的关键一步。预算管理制度应该包括预算的制定、审批、执行和评估等各个环节，确保预算的合理性和科学性。同时，对预算的使用情况进行实时监控和反馈，能够及时发现预算执行中的问题，从而采取相应的措施进行调整和优化。此外，建立预算执行的奖惩机制，对于预算执行情况良好的团队或个人给予奖励，对于预算超支或浪费的行为进行惩罚，可以进一步激励团队成员更好地执行预算。

第二，加强项目团队成员的财务培训也是提高短期财务规划实施效果的重要途径。通过财务培训，团队成员可以更加深入地了解财务管理的知识和技能，提高财务意识和成本控制能力。具体来说，可以组织定期的财务培训课程，邀请专业的财务讲师或机构进行授课，让团队成员了解财务管理的最新理念和方法。此外，还可以结合项目实际情况，开展案例分析、角色扮演等互动式的培训活动，使团队成员更好地掌握财务管理的实践技能。

第三，引入专业的财务顾问或机构也是加强短期财务规划实施效果的有效方式。专业的财务顾问或机构具备丰富的财务管理经验和专业知识，能够为项目提供全面的财务规划和咨询服务。他们可以协助项目团队制订科学合理的预算方案，提供成本控制和资金管理的建议，并在项目实施过程中提供持续的财务支持和指导。通过与专业的财务顾问或机构合作，项目团队可以更加有效地管理资金，提高财务规划的准确性和可行性。

3. 风险管理

资金短缺是数字图书馆面临的一种常见风险。由于数字图书馆通常依赖于政府拨款、捐赠或自筹资金来支持其运营，因此资金来源的不稳定性可能导致资金短缺。为了避免这种情况，数字图书馆可以制定多元化的资金筹措策略，积极争取政府支持、企业赞助和社会捐赠。同时，还可以通过开展收费服务、销售数字资源等方式增加自筹资金，以应对可能出现的资金短缺问题。

成本超支是数字图书馆在短期财务规划中不容忽视的一个风险点。在数字图书馆的运营过程中，为了确保服务质量和用户体验，往往需要投入大量的人力、物力和财力。这其中涵盖了多个方面，如购买和维护数字资源、更新技术设备、支付员工薪酬等。这些成本项目不仅种类繁多，而且随着图书馆规模的不断扩大和服务内容的日益丰富，其投入金额也呈现出持续增长的趋势。

然而，在实际操作中，由于各种因素的影响，如市场价格的波动、技术更新的速度、人员成本的增长等，数字图书馆的成本很容易超出预算范围。一旦成本超支，不仅会给图书馆的财务状况带来压力，还可能导致运营困难，甚至影响图书馆的长远发展。

为了更有效地降低数字图书馆在运营过程中可能遇到的各种风险，除精心制定全面的风险应对策略，确保在风险发生时能够迅速响应和妥善处理外，建立一个健全的风险准备金制度显得尤为关键。风险准备金，简言之，就是数字图书馆为应对未来可能出现的不可预见性风险而提前预留的一部分专项资金。

风险准备金制度在数字图书馆运营中扮演着重要的角色。在数字图书馆的日常运营中，由于技术更新、版权费用、维护成本以及用户需求的不断变化，常常面临着资金短缺或成本超支的风险。这些风险如果不加以妥善处理，很可能会对数字图书馆的长期运营产生负面影响，甚至可能导致运营中断。因此，通过建立风险准备金制度，数字图书馆能够在风险真正发生时迅速调用这部分预留资金，从而确保运营的持续性和稳定性。风险准备金的设立不仅能够为数字图书馆提供资金上的支持，更能够增强其在面对风险时的应变能力和抵御能力，减少运营中断的可能性。

同时，风险准备金制度还能够帮助数字图书馆更好地规划和管理其财务资源。通过设立风险准备金，数字图书馆可以更加准确地预测和评估其未来的资金需求，从而制订更为合理的预算和财务计划。这不仅有助于提高数字图书馆的财务管理水平，更能够为其长期发展提供有力的保障。

4. 明确财务目标

首先，设定明确的财务目标有助于降低图书馆的运营成本。图书馆作为非营利性机构，其资金来源主要依赖于政府拨款和捐赠等。因此，在保障服务质量的前提下，降低运营成本是图书馆财务管理的重要目标之一。通过优化采购计划、降低能耗、提高资源利用效率等方式，图书馆可以实现成本的有效控制，为图书馆的可持续发展奠定基础。

其次，提高收入也是图书馆财务目标的重要组成部分。除传统的借阅服务外，图书馆还可以开展各种文化活动和知识服务，如讲座、展览、培训等，以吸引更多的用户，增加图书馆的知名度和影响力。同时，图书馆还可以通过开发数字资源、提供信息咨询等方式，拓展服务领域，提高收入水平。

再次，优化资金结构也是图书馆财务管理的关键目标之一。资金结构是指图书馆资金来源的构成和比例。合理的资金结构能够为图书馆提供稳定的资金来源，保障图书馆的正常运行和发展。因此，图书馆需要积极争取政府支持，加强与企业的合作，同时鼓励社会各界捐赠，以形成多元化的资金来源，提高图书馆的抗风险能力。

最后，在设定财务目标的过程中，图书馆还需要充分考虑自身的实际情况和发展需求。不同规模和类型的图书馆，其财务目标也会有所不同。因此，图书馆需要根据自身的特点和定位，制定符合自身发展需要的财务目标，并在实践中不断进行调整和优化。

二、预算管理

（一）预算编制

预算编制应充分考虑市场需求。数字图书馆作为信息时代的产物，其服务内容和方式必须紧跟市场需求的变化，具有需做好以下几点。

第一，对市场需求进行深入分析是预算编制不可或缺的一环。数字图书馆作为信息资源的汇聚地，其服务内容和方式必须紧密围绕用户需求展开。通过市场调研等方式，可以了解用户对于数字资源的偏好、使用习惯以及潜在需求。同时，分析竞争对手的优劣势，有助于数字图书馆发现自身的不足，并制定相应的改进策略。

第二，基于市场需求分析，预算编制人员需要预测未来一段时间内的市场需求趋势。首先，预算编制人员需要关注各类数字资源的需求量。这包括但不限于在线课程、电子书、音乐、影视等内容。通过收集和分析历史数据，结合行业发展趋势、技术进步等因素，可以预测出各类资源在未来一段时间内的需求增长或下降趋势。其次，使用频率也是预算编制人员需要重点关注的指标之一。使用频率反映了用户对数字资源的依赖程度和活跃程度。通过对比不同时间段、不同用户群体的使用数据，预算编制人员可以洞察用户需求的细微变化，为预算编制提供更为精细的数据支撑。最后，用户付费意愿也是预算编制过程中不可忽视的因素。用户付费意愿受到多种因素的影响，如资源质量、价格、用户体验等。预算编制人员需要深入分析这些因素，结合市场调研和用户反馈，预测用户付费意愿的变化趋势，从而制订出更为合理的预算方案。

在预测市场需求趋势的过程中，数据分析、趋势分析等方法发挥着重要作用。预算编制人员可以利用先进的数据分析工具，对海量数据进行挖掘和分析，发现隐藏在数据背后的规律和趋势。同时，还可以结合行业专家的意见和观点，对预测结果进行验证和修正，提高预测的准确性。

第三，预算编制还需要考虑数字图书馆的运营成本、收益预期以及长期发展战略。在保障服务质量的前提下，通过优化资源配置、提高运营效率等方式，降低运营成本，提升收益水平。同时，预算编制还应体现数字图书馆的长期发展战略，如扩大资源规模、提升服务质量、拓展服务领域等，为图书馆的可持续发展奠定坚实基础。

人员成本也是预算编制中需要重点考虑的因素之一。数字图书馆作为知识密集型产业，对于人才的需求尤为迫切。

第一，在规划人员编制时，相关人员需要紧密结合数字图书馆的业务规模和发展目标，进行科学合理的布局。这包括根据图书馆的藏书量、用户规模、服务范围等因素，确定所需岗位及人员数量，确保各项业务能够得到有效支撑。同时，还要根据图书馆的发展战略，对人员进行合理的分工和配置，以实现资源的最大化利用。

第二，薪酬结构的规划也是人员成本预算中的重要一环。合理的薪酬结构既能激发馆员的工作积极性，又能保证图书馆的运营成本控制在合理范围内。在规划薪酬结构时，需要考虑馆员的岗位、职责、能力等因素，制定具有竞争力的薪酬水平。同时，还可以通过设置绩效奖金、福利待遇等方式，激励馆员为图书馆的发展贡献更多力量。

（二）预算执行与监控

首先，预算执行机制是确保预算目标得以实现的基础。管理人员应制定详细的预算执行计划和操作流程，明确各项预算项目的使用范围、标准以及审批程序。同时，还需要加强预算执行过程中的内部控制，防止预算超支或滥用现象的发生。例如，可以设立专门的预算管理部门，负责预算执行的日常管理和监督工作，确保预算资金按照既定计划使用。

其次，预算监控机制是预算执行的有力保障。管理人员应对预算执行情况进行定期分析和评估，及时发现潜在问题并采取相应措施加以解决。这包括对比实际执行结果与预算目标之间的差异，分析差异产生的原因，以及提出有针对性的改进措施。此外，还可以利用现代信息技术手段，如大数据、人工智能等，对预算执行情况进行实时监控和预警，提高预算管理的效率和准确性。

最后，在预算执行和监控的过程中，图书馆还应注重预算的灵活调整。由于市场环境等因素的不断变化，预算目标可能需要根据实际情况进行调整。因此，管理人员应建立一套灵活的预算调整机制，根据实际需要适时调整预算目标和计划。这既有利于应对外部环境的变化，也有助于提高预算管理的针对性和有效性。

三、收入管理

数字图书馆应积极探索多元化的收入来源，如用户付费、广告收入、赞助捐赠等。通过拓展收入来源，降低对单一来源的依赖，提高财务稳定性。

（一）用户付费

用户付费是数字图书馆一种常见的收入来源。随着用户对高质量阅读资源的需求日益增长，数字图书馆可以通过提供付费订阅、会员制度等方式，吸引用户付费使用其服务。

1. 付费订阅模式

（1）订阅选项的多样性

a. 月度、季度、年度订阅

在选择订阅周期时，用户应当充分考虑自己的阅读频率以及经济状况，以便选择最适合自己的订阅方式。一般来说，月度订阅和年度订阅是两种常见的选择，它们各自具有独特的优势和适用场景。

对于阶段性阅读频率较高的用户而言，月度订阅无疑是一个更为灵活且经济的选择。这类用户可能一段时期内每天都会阅读大量内容，因此需要频繁地获取新的文章或资讯。月度订阅允许他们按月付费，避免了一次性支付大笔费用的压力。同时，月度订阅也提供了更大的灵活性，用户可以根据自己的需求随时调整订阅计划，如暂时取消订阅以节省开支或在需要时重新订阅。

相比之下，年度订阅则更适合那些有长期阅读规划或希望享受更多优惠的用户。年度订阅通常会在价格上给予一定的优惠，使用户能够以更低的价格获取一整年的内容。此外，年度订阅还能够让用户更好地规划自己的阅读时间和内容，避免因频繁更换订阅方式而带来的不便。

除了月度订阅和年度订阅之外，还有一些其他类型的订阅周期可供选择，如季度订阅、半年订阅等。这些订阅方式在价格和灵活性上介于月度订阅和年度订阅之间，可以根据用户的具体需求进行灵活调整。

在选择订阅周期时，用户还需要考虑一些其他因素。例如，某些订阅服务可能会提供额外的福利或特权给长期订阅的用户，如专属内容、优先参加线下活动等。这些福利可能会成为用户选择年度订阅的额外动力。

此外，用户还需要注意订阅服务的质量和内容是否符合自己的期望。在选择订阅服务时，可以先尝试一些免费的内容或体验版，以了解该服务的风格和特点。如果满意，再考虑选择合适的订阅周期。

b. 专业文献、期刊论文订阅

专业文献与期刊论文订阅服务是图书馆针对学术研究者与专业人士推出的一项特色服务。这项服务不仅满足了学者们对专业知识的渴求，也为学术研究的深入发展提供了坚实的支撑。

图书馆提供的专业文献和期刊论文订阅服务涵盖了众多领域，包括自然科学、社会科学、人文科学等。这些资源来自世界各地的权威机构、知名学者和专业出版社，因此具有很高的学术价值和实践意义。通过订阅这些资源，用户可以及时获取最新的研究成果、理论观点和实践案例，为自己的研究或工作提供有力的支撑。

为了更好地服务用户，图书馆还需要对订阅内容进行了详细的分类和整理。用户可以根据自己的研究领域或兴趣点，选择订阅相应的文献或期刊。同时，图书馆还提供便捷的检索和下载功能，使用户能够轻松获取所需资源。

（2）费用与优惠

a. 费用设置

首先，所选服务内容是影响订阅费用的关键因素之一。不同的服务内容，其价值也各不相同，因此订阅费用也会有所差异。例如，专业文献和期刊论文等学术资源，由于其内容的专业性，通常具有较高的订阅费用。这些资源往往经过严格的筛选和审核，保证了其高质量和可靠性，因此用户需要支付较高的费用来获取这些资源的使用权。相比之下，普通读物的订阅费用则更为亲民。这些读物包括各类畅销书、杂志、报纸等，内容相对广泛，受众群体也较为庞大。因此，在订阅费用上，为了吸引更多的用户，通常会采用更为亲民的定价策略，让用户能够以较低的成本享受到阅读带来的乐趣。

其次，订阅周期也是影响订阅费用的重要因素之一。一般来说，订阅周期越长，用户需要支付的总费用就越高。这是因为长期订阅意味着用户对于服务的长期承诺，服务商也会因此给予用户一定的优惠和折扣。然而，对于一些短期需求或者尝试性的订阅，用户可能更倾向于选择短期订阅，以降低初始投入和风险。

最后，资源稀缺性也会对订阅费用产生影响。在一些特殊情况下，某些资源可能由于供不应求而具有较高的稀缺性，这会导致订阅费用的上涨。例如，一些独家内容、限量版资源或者热门 IP 的订阅费用可能会相对较高，因为这些资源的稀缺性使得其更具价值。

b. 优惠策略

首先，图书馆针对长期订阅的读者提供折扣优惠。这种优惠方式通常针对那些长期关注图书馆、定期借阅书籍的用户。通过给予一定的折扣，图书馆能够激发用户的阅读热情，促使他们更加频繁地借阅书籍，从而形成良好的阅读习惯。此外，长期订阅的折扣还能让用户感受到图书馆对他们的重视和关怀，增强他们对图书馆的忠诚度和归属感。

其次，图书馆还采用推荐新用户注册的奖励策略。这种策略鼓励现有用户向身边的朋友、家人或同事推荐图书馆，并邀请他们注册成为新用户。一旦新用户成功注册并借阅书籍，推荐人便能获得一定的奖励，如积分、优惠券或免费借阅次数等。这些奖励不仅具有实用价值，还能让推荐人感受到自己的价值，从而激发他们参与图书馆活动的积极性。

这种奖励机制的实施，需要先对现有用户进行充分的宣传和教育。图书馆可以通过官方网站、社交媒体、宣传册等多种渠道，向用户介绍推荐新用户注册的具体流程和奖励政策。

此外，图书馆还需要对新用户注册流程进行优化，确保新用户能够方便快捷地完成注册和借阅操作。例如，图书馆可以提供在线注册服务，让新用户通过官方网站或移动应用即可完成注册；同时，图书馆还可以提供详细的借阅指南和客服支持，帮助新用户更好地了解和使用图书馆的资源和服务。

在实施推荐新用户注册奖励策略的过程中，图书馆还需要注意一些问题。第一，要确保奖励政策的公平性和透明度，避免出现不公正或误导性的情况。第二，图书馆需要关注新用户的需求和反馈，及时调整服务内容和方式，以满足他们的期望和需求。

最后，图书馆还会根据节假日、纪念日等特殊时段，推出有针对性的优惠活动。例如，在寒暑假期间，图书馆往往会针对学生和教师推出专门的借阅优惠。图书馆通过降低借阅费用、延长借阅期限等方式，鼓励学生和教师充分利用这段时间，借阅更多自己感兴趣的书籍，从而丰富自己的知识储备和拓展视野。在世界读书日等重要纪念日，图书馆也会举办各种优惠购书活动。这些活动通常会吸引众多用户前来参与，他们可以在享受优惠价格的同时，购买到心仪已久的图书。这不仅为用户提供了购买图书的便利，还进一步激发了他们的阅读热情。

除寒暑假和特殊纪念日的优惠活动外，图书馆还会根据时事热点和用户需求，不定期地推出其他形式的优惠活动。例如，在全民阅读活动月期间，图书馆可能会推出"阅读打卡"活动，鼓励用户每天阅读一定时长的书籍，并分享自己的阅读心得。完成打卡任务的用户可以获得图书馆提供的精美礼品或优惠券等奖励。

2.会员制度

会员可以通过支付一定的费用，享受图书馆提供的各种借阅服务，具体表现在以下几个方面。

第一，会员制度的推出，使得借阅数量得到了显著的提升。相较于普通用户，会员可以享受更多的借阅权限。首先，会员制度在借阅权限方面给予了会员更多的优惠。在一些图书馆中，普通用户每次借阅的图书数量往往受到严格限制，这在一定程度上限制了他们的阅读需求。然而，会员则可以享受到更高的借阅额度，这意味着他们可以一次性借阅更多的图书，满足自己的阅读欲望。这种政策对于那些热爱阅读、经常借阅图书的用户来说，无疑是一种极大的便利。他们无须频繁往返图书馆，就能借阅到心仪的书籍，大大节省了时间和精力。

第二，会员制度还延长了借阅期限。对于普通用户而言，借阅图书时通常需要遵守严格的归还时间限制，这种限制确保了图书的流通率和公平性，但也可能给用户带来一定的压力。相比之下，会员制度在借阅期限上的延长，为会员带来了诸多便利和优势。

（1）借阅期限的延长

会员可以享受比普通用户更长的借阅期限，这为他们提供了更充裕的时间来阅读书籍。无论是深入研究某个主题，还是休闲阅读以放松心情，更长的借阅期限都能让会员更加从容地安排自己的阅读计划。

（2）更好的阅读体验

借阅期限的延长有助于会员获得更好的阅读体验。他们不再需要担心因为时间紧迫而匆忙阅读，或者因为无法按时归还而面临罚款或信用受损的风险。这种无压力的阅读环境使会员能够更加专注于书籍内容，更好地吸收知识、提升自己的素养。

（3）灵活的时间安排

对于忙碌的会员来说，借阅期限的延长意味着他们可以更加灵活地安排自己的时间。即使因为工作、学习或其他原因暂时无法阅读，也不必担心图书过期的问题。这种灵活性让会员能够更加自由地管理自己的阅读进度，确保在合适的时间阅读到心仪的书籍。

（4）鼓励深度阅读

更长的借阅期限也鼓励会员进行深度阅读。他们有更多的时间来反复阅读、思考、做笔记或与他人讨论书籍内容。这种深度阅读有助于会员更好地理解书籍中的思想、观点或信息，并将所学应用到实际生活中。

（5）图书馆资源的充分利用

从图书馆的角度来看，会员制度的借阅期限延长也有助于资源的充分利用。通过给予会员更长的借阅期限，图书馆可以确保书籍在会员手中得到充分的利用和阅读，而不是频繁地在不同用户之间流转而未能得到充分的阅读。这有助于提升图书馆的服务质量和用户满意度。

第三，图书馆还为会员提供了一系列增值服务。比如，图书馆为会员提供了优先参加线下活动的特权。这些活动包括各种类型的讲座、展览以及读书会等，旨在满足会员多样化的文化需求。讲座通常邀请业内专家或学者，就某一主题进行深入浅出的讲解，帮助会员拓宽视野，增长见识。展览则展示了各种珍贵的文物、艺术品和图书，让会员能够近距离感受文化的魅力。读书会则为会员提供了一个分享阅读心得、交流思想观点的平台，促进了会员之间的深入互动。

此外，图书馆还非常注重会员的个性化服务。在会员生日时，图书馆会送上温馨的祝福和优惠，让会员感受到家的温暖与关怀。这种个性化的服务不仅增强了会员对图书馆的归属感和忠诚度，还提高了图书馆的服务质量和口碑。

第四，会员制度还为会员提供了优先客服支持。当会员在借阅书籍、使用图书馆设施或参与相关活动时遇到问题或需要帮助时，图书馆会优先处理会员的咨询和投诉。这意味着会员的问题会得到更加及时、专业的解答和处理，从而确保会员的借阅体验不受任何影响。此外，优先客服支持还体现了图书馆对会员的尊重和重视。图书馆通过提供优先服务，让会员感受到自己在图书馆中的重要地位和价值。这种尊重和重视不仅增强了会员的自信心和归属感，也激发了他们更加积极地参与图书馆的活动和服务。图书馆在提供优先客服支持时，还会根据会员的需求和反馈，不断完善和优化服务内容。通过收集和分析会员的咨询和投诉数据，图书馆能够更准确地了解会员的需求和痛点，从而有针对性地改进服务流程、提升服务质量。这种持续改进的态度和行动，让会员感受到图书馆对服务质量的重视和追求。

（二）广告收入

首先，广告为数字图书馆带来的经济效益是显著的，尤其是在数字时代的背景下，广告已经成为数字图书馆重要的收入来源之一。随着广告投放在数字图书馆平台上的不断增加，图书馆能够吸引更多的广告商，进而获得可观的广告费用，为图书馆的运营和发展提供了强有力的支持。

1.广告能够显著提升数字图书馆的知名度与影响力

（1）广告的针对性

在数字图书馆平台上投放的广告通常具有高度的针对性。通过市场研究和用户数据分析，图书馆能够了解目标用户的需求、兴趣和行为模式，从而制定出更符合他们需求的广告内容。这种针对性不仅提高了广告的转化率，也使得图书馆能够更好地满足用户的个性化需求。

（2）广告的传播效果

广告的广泛传播能够显著提升数字图书馆的知名度和影响力。随着广告的投放，图书馆的品牌形象逐渐深入人心，吸引了更多潜在用户的关注。这些用户可能原本对图书馆并不了解，但通过广告的传播，他们开始认识到图书馆的价值和优势，进而产生访问和使用图书馆资源的兴趣。

a.品牌形象的塑造

广告不仅是传递信息的工具，更是塑造品牌形象的重要手段。通过精心设计的广告，数字图书馆能够向用户展示自己的专业、权威和独特之处。这种品牌形象的塑造有助于增强用户对图书馆的信任感和归属感，使他们更愿意长期使用图书馆的资源和服务。

b.吸引潜在用户

随着广告的传播和品牌形象的塑造，数字图书馆吸引了越来越多的潜在用户。这些用户可能来自不同的领域、年龄层和地域背景，但他们都对图书馆的资源和服务产生了浓厚的兴趣。通过提供高质量的资源和服务，图书馆能够满足这些用户的需求，并赢得他们的信任和忠诚。

c.提升竞争力

随着知名度和影响力的提升，数字图书馆的竞争力也得到了增强。在竞争激烈的市场中，图书馆能够通过广告宣传自己的独特优势和价值，吸引更多的用户选择自己而非竞争对手。这种竞争力的提升有助于图书馆在市场中保持领先地位，并持续吸引更多的用户。

d. 促进用户互动和社区建设

广告不仅有助于吸引新用户，还能促进现有用户之间的互动和社区建设。通过广告宣传图书馆的活动、论坛或社交功能，可以鼓励用户积极参与其中，分享阅读心得、交流学术观点或结识志同道合的朋友。这种互动和社区建设有助于增强用户的归属感和忠诚度，进一步巩固图书馆在用户心中的地位。

2. 广告费用为图书馆的运营维护提供了重要的资金支持

（1）运营成本的多样性

数字图书馆的运营成本包括但不限于服务器维护、数据备份、安全防护等方面。服务器是图书馆稳定运行的基础，需要定期更新和维护以保证其高效、稳定地运行。数据备份则是为了防止数据丢失或损坏，确保用户信息的安全性和可用性。安全防护更是重中之重，需要不断升级和完善，以防范黑客攻击、数据泄露等安全风险。

（2）提高运营效率

通过投放广告获得的收入，图书馆可以更加高效地利用资源，提高运营效率。例如，图书馆可以购买更先进的服务器设备，提高数据处理能力和响应速度；可以雇用更多的技术人员，加强系统的安全性和稳定性；还可以增加对用户需求的调研和分析，提供更加精准和个性化的服务。

（3）平衡用户体验与商业利益

在投放广告时，图书馆需要平衡用户体验与商业利益之间的关系。一方面，图书馆要确保广告内容的质量和相关性，避免对用户造成干扰和困扰；另一方面，图书馆也要通过合理的定价和广告策略，实现广告收入的最大化。这种平衡的实现需要图书馆在运营过程中不断摸索和实践，以确保用户的满意度和图书馆的可持续发展。

3. 广告收入还可以为图书馆的技术更新和内容采购提供资金支持

随着科技的不断发展，数字图书馆需要不断更新和优化技术，以满足用户的需求和提高服务质量。同时，图书馆也需要不断采购新的数字资源，以丰富馆藏内容，提高用户的满意度。广告收入可以为这些方面的投入提供资金支持，推动图书馆不断向前发展。

　　另外，广告合作也为数字图书馆带来了品牌效应的提升。

　　第一，与知名品牌和企业的合作意味着图书馆与这些品牌共同拥有了一定的用户基础和市场份额。这些品牌往往具有强大的市场号召力和广泛的用户群体，通过合作，图书馆能够借助这些品牌的优势，迅速扩大自身的用户群体。这种合作方式不仅能够有效提高图书馆的知名度，还能够让更多的人了解和使用数字图书馆的服务。

　　第二，与知名品牌和企业的合作能够增强图书馆在用户心中的信任度和好感度。这些品牌往往代表着高质量、可靠性和信誉，与这些品牌合作意味着图书馆也具备了一定的品质保障。用户在选择使用数字图书馆服务时，会更倾向于选择那些与知名品牌合作、具有良好口碑的图书馆。这种信任感和好感度的提升，将有助于图书馆吸引更多的用户，并进一步提升其品牌效应。

　　第三，广告合作还能够为数字图书馆带来更多的商业机会和合作空间。通过与知名品牌和企业的合作，图书馆可以获取更多的资源支持，包括资金、技术、人才等方面。这些资源支持将有助于图书馆进一步提升服务质量，完善服务体系，进而吸引更多的用户。同时，图书馆还可以利用这些商业机会，开展更多的合作项目，拓展业务领域，实现更广泛的资源共享与利用。

4. 数字图书馆应注意广告的数量和质量问题

　　然而，在追求广告收入的同时，数字图书馆也必须注意广告的数量和质量问题。过多的广告会干扰用户的阅读体验，降低用户对图书馆的满意度和忠诚度。对此，图书馆需采取相关措施，具体包括以下几点。

　　（1）制定严格的广告政策

　　制定严格的广告政策对于数字图书馆来说至关重要，这不仅能够维护用户的阅读体验，还能确保图书馆的品牌形象得到保护。

　　（2）广告数量控制

　　a. 设定合理的广告密度

　　不同的图书馆平台可能拥有不同的用户群体、功能设置和交互方式。例如，一些图书馆平台可能更侧重于学术资源的提供，而另一些则可能更偏向于娱乐和休闲内容的推送。因此，在设置广告密度时，需要充分考虑平台特性，确保广告与平台内容相契合，避免给用户带来不必要的干扰。

了解用户习惯也是制定广告密度的重要参考依据。不同用户对广告的接受度和容忍度各不相同。一些用户可能更倾向于在浏览过程中偶尔看到广告，而另一些则可能更加反感频繁的广告推送。因此，图书馆需要通过对用户行为数据的分析，了解用户的阅读习惯和偏好，从而制定更加精准的广告密度策略。

在具体操作上，图书馆可以采用多种方式来设定合理的广告密度。例如，可以根据用户浏览页面的数量或阅读文字的数量来设定广告展示的频率。每当用户浏览一定数量的页面或阅读一定数量的文字后，图书馆平台可以适当地展示一次广告。这种方式既保证了广告的曝光率，又避免了过度打扰用户。

此外，图书馆还可以根据广告的类型和内容来设定不同的展示策略。例如，对于与图书馆内容紧密相关的广告，可以适当增加展示频率，以便更好地吸引用户的关注和兴趣；而对于一些与图书馆内容关联度不高的广告，则可以减少展示次数，以避免给用户带来不必要的困扰。

b. 避免广告堆积

在搜索框、导航栏等关键区域展示广告，往往会对用户的操作造成干扰。这些区域是用户获取信息和执行操作的重要入口，若被广告占据，用户可能会感到困扰和不满。此外，广告堆积还可能降低用户对网站或应用的信任度，进而影响其品牌形象和口碑。

为了避免广告堆积带来的问题，需要采取一系列措施。一方面，对于搜索框、导航栏等关键区域，应严格限制或禁止广告的展示。这些区域应主要展示与用户需求高度相关的内容和功能，以便用户能够迅速找到所需信息或执行相关操作。另一方面，相关人员可以考虑在其他非关键区域进行广告的合理展示。例如，在页面的侧边栏、底部或中间部分，可以适当地展示一些与页面内容相关的广告。这样既能满足广告商的宣传需求，又不会对用户造成太大的干扰。

（3）布局优化

广告的布局应与平台内容自然融合。这意味着广告的设计需要与平台的整体风格、色彩搭配以及内容调性保持一致，避免过于突兀的展示方式。例如，在一个以简洁、清新为主打的新闻资讯平台上，广告的设计也应遵循这一风格，采用简洁明了的文字、色彩和排版，以便与平台内容形成和谐的视觉效果。

广告的位置、大小和颜色等应与平台整体风格相协调。位置的选择尤为关键，直接影响着用户的注意力和点击率。一般来说，广告应放置在用户视线较为集中的区域，如页面的顶部、中部或底部。同时，广告的大小也应适中，既不过于显眼影响用户体验，也不过于隐蔽导致用户忽略。此外，颜色的搭配同样重要，既要符合平台整体色调，又要能够突出广告的主题和内容，吸引用户的注意力。

为了更好地实现布局优化，相关人员还可以借鉴一些成功的广告案例和实证研究。例如，有些研究表明，动态广告在某些平台上更具吸引力，因为它们能够吸引用户的注意力并引导他们深入了解广告内容。因此，在设计广告时，可以考虑加入一些动态元素，如动画、视频等，以增强广告的吸引力。

（4）广告内容审核

a. 主题相关性

为了确保广告内容的主题相关性，图书馆应优先选择与文化、教育、学术等相关的产品或服务作为广告的主要内容。

图书馆作为文化知识的聚集地，其主题和风格往往与学术、教育和文化传播紧密相连。因此，图书馆在筛选广告内容时，应优先考虑那些与文化、教育、学术领域密切相关的产品或服务。这样的广告不仅能够与图书馆的整体氛围相融合，还能为用户提供更加丰富的知识资源和学习体验。

例如，图书馆可以选择推广一些与文化传承相关的书籍、艺术品或文化活动。这些广告内容不仅符合图书馆的主题，还能激发用户的阅读兴趣和文化热情。同时，图书馆也可以与教育机构或学术机构合作，推广一些优质的在线教育课程或学术研究成果。这样的广告不仅能够满足用户的学习需求，还能提升图书馆的学术形象和影响力。

b. 内容合法性

内容合法性是广告行业的重要基石，它不仅关乎图书馆的声誉和形象，更直接涉及法律的遵循和消费者的权益保护。

①法律法规的遵守

广告法：广告内容必须严格遵守国家广告法及相关法律法规，不得发布任何违法、违规的广告信息。

其他法律：广告内容还需遵循包括消费者权益保护法、反不正当竞争法、著作权法等在内的其他相关法律法规。

②违法、违规信息的禁止

禁止内容：广告中不得包含任何涉及淫秽、色情、暴力、赌博、毒品等违法违规内容。

误导性信息：广告不得发布虚假、夸大或误导性的信息，不得利用虚假数据或案例来误导消费者。

不正当竞争：广告不得进行诋毁、贬低竞争对手的不正当竞争行为。

③欺诈性信息的杜绝

真实性：广告内容必须真实可靠，不得发布任何欺诈性的信息，如虚假承诺、虚假优惠等。

明确性：广告中的信息应明确、清晰，不得使用模糊、含糊的表述来误导消费者。

④图书馆的广告审查责任

定期审查：图书馆作为广告发布的平台之一，应定期对广告进行审查，确保其内容的合法性。

严格标准：图书馆在审查广告时，应严格按照法律法规和相关标准进行，对不符合要求的广告进行及时下架或修改。

⑤消费者权益保护

投诉渠道：图书馆应设立消费者投诉渠道，对消费者的投诉进行及时处理和反馈。

权益保障：图书馆应积极维护消费者的合法权益，对违法违规的广告进行及时处置，保障消费者的知情权和选择权。

c.品质把控

图书馆形象应当是高雅、严肃和专业的。因此，图书馆对广告的品质进行严格把控，是维护其品牌形象和文化氛围的必然要求。通过筛选和过滤低俗、恶俗或过于商业化的广告内容，图书馆能够确保所展示的广告与自身的定位和风格相契合，从而营造出一种良好的阅读和学习环境。

品质把控的标准具体有以下几点。

① 内容健康

广告内容必须健康向上，不得包含任何低俗、恶俗或色情暴力的元素。这有助于维护图书馆的正面形象，避免对用户产生不良影响。

② 风格高雅

广告的风格应当与图书馆的文化氛围相协调，不得过于商业化或夸张。高雅、简洁、明了的广告风格更符合图书馆的定位，能够更好地融入图书馆的整体环境。

③ 信息准确

广告中的信息必须真实准确，不得夸大其词或误导消费者。图书馆应要求广告商提供真实有效的证明材料，确保广告内容的真实性。

（5）精准的广告投放

图书馆通过大数据技术，可以深入挖掘和分析用户的阅读记录、搜索历史、评论反馈等信息，从而洞察用户的兴趣和需求。这些数据不仅能够揭示用户的阅读偏好，还能反映出用户对某些特定领域或话题的关注程度。基于这些精准的用户画像，图书馆可以制定更加符合用户需求的广告投放策略。

在广告投放过程中，图书馆可以根据用户的兴趣和行为数据，进行个性化的广告推送。例如，对于经常借阅历史类书籍的用户，图书馆可以推送与历史文化相关的广告；对于喜欢阅读科幻小说的用户，则可以推送科幻电影或相关产品的广告。这种精准投放的方式不仅可以提高广告的点击率和转化率，还能让用户感受到图书馆服务的贴心和人性化。

精准广告投放还有助于增强用户对图书馆的好感度和信任感。当用户在浏览图书馆时，看到自己感兴趣的广告内容会更容易产生好感，并认为图书馆是一个能够理解和满足自己需求的场所。这种信任感的建立有助于促进用户与图书馆之间的长期互动和合作。

（6）与广告商合作

图书馆还可以通过与广告商合作，推出一些创新性的广告形式，具体有以下几点。

a.图书馆可以引入互动式广告

互动式广告通过结合先进的技术手段，为图书馆的广告展示带来了革命性的变革。这种广告形式不仅丰富了图书馆的展示方式，还极大地提升了广告内容的吸引力和互动性。

首先，图书馆可以在某些书架或阅读区域设置互动广告屏。互动广告屏的硬件条件十分优越。它们采用高清显示屏，画质细腻，色彩饱满，能够呈现出令人叹为观止的广告画面。这些画面可以是动态的，也可以是静态的，但无论如何，它们都能以生动逼真的形式吸引用户的目光。更为重要的是，这些广告屏具备智能感应功能。当用户走近时，广告屏会自动感应到用户的存在，并立即开始播放与当前书架上的书籍相关的广告内容。这种智能化的推送方式，使得广告能够更精准地触达目标用户，提高广告效果。

其次，互动广告屏还能够根据用户的兴趣和需求进行个性化推送。例如，如果用户正在浏览文学类书籍，广告屏便可能推送与该领域相关的作家签名会、新书发布会等活动信息；如果用户对科技类书籍感兴趣，广告屏则可能展示最新的科技产品发布会或科技论坛等资讯。这种个性化的推送方式不仅能够满足用户的阅读需求，还能够拓宽他们的视野，增加阅读的乐趣。

再次，互动广告屏支持触摸操作。在互动广告屏上，读者只需轻轻触摸屏幕，便可轻松获取更多关于广告内容的详细信息。屏幕上的文字、图片和视频等多媒体元素，通过触摸操作，能够呈现出更加生动的展示效果。例如，在推广一款新手机时，广告屏可以通过触摸操作展示手机的外观、功能和使用体验，让用户更加直观地了解产品的特点。

最后，互动广告屏还提供了丰富的互动游戏和抽奖活动，让用户在了解广告内容的同时，也能享受到娱乐的乐趣。这种互动方式不仅增加了广告的趣味性，还能让用户更加深入地了解广告背后的品牌和产品。例如，一些广告屏会设置小游戏，让用户通过参与游戏来赢取优惠券、礼品等奖励，从而吸引更多人的关注和参与。

b.图书馆还可以尝试场景式广告

场景式广告是一种注重将广告内容巧妙融入特定环境或场景中的广告形式。它旨在通过营造一种更自然、更真实的氛围，使广告与周围环境相得益彰，从而达到吸引观众注意、提升品牌形象的效果。对于图书馆而言，场景式广告无疑是一种既符合其文化氛围，又能实现商业价值的理想选择。

在图书馆中实施场景式广告，首要的任务是深入了解并明确各个阅读区域或书架的主题特点。图书馆作为知识的殿堂，每个区域都承载着特定的文化和知识内涵，因此，广告的策划与布置需紧密结合这些阅读区域或书架的特点，以便为用户带来更加精准、丰富的信息体验。

文学类书架是众多文学爱好者的聚集地。这里汇聚了古今中外的经典名著、现代小说等丰富多样的文学作品，为用户提供了一个沉浸在文字世界中的空间。在这样的区域旁，图书馆可以巧妙设置与文学作品相关的电影、电视剧或音乐会的广告。这些广告不仅能为用户提供更多了解文学作品的途径，还能为他们带来视觉和听觉上的享受。例如，一部改编自经典名著的电影预告片，或者一场以文学作品为主题的音乐会海报，都能吸引用户的目光，进一步激发他们的阅读兴趣和好奇心。同时，图书馆还可以根据文学作品的特点，设计一些具有创意的广告形式。比如，在文学类书架旁设置一个小型剧场，定期上演一些由文学作品改编的短剧或朗诵会，让用户在欣赏表演的同时，更加深入地了解作品的内容和背景。这样的广告形式不仅能增强用户的阅读体验，还能为图书馆营造更加浓厚的文化氛围。

同样地，科普类书架是探索科学奥秘的乐园。这里陈列着各种科普读物、科技杂志等，涵盖了从物理、化学到生物、天文等多个领域的知识。这些书籍和杂志不仅为用户提供了了解科学知识的途径，还激发了他们对未知世界的探索欲望。因此，在科普类书架旁，图书馆可以展示科技产品或科学展览的广告。这些广告可以包括最新的科技产品介绍、科学研究成果的展示以及即将举办的科技展览信息。通过展示这些广告，图书馆能够让用户及时了解最新的科技动态，拓宽他们的知识视野。此外，图书馆还可以邀请科学家或

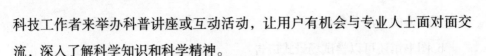
科技工作者来举办科普讲座或互动活动，让用户有机会与专业人士面对面交流，深入了解科学知识和科学精神。

在实施场景式广告的过程中，图书馆还需要注意广告的布置方式和视觉效果。广告的摆放位置应醒目且不影响用户的正常阅读，同时广告的设计应简洁明了、色彩搭配得当，以吸引用户的注意力。此外，图书馆还可以利用数字化技术来提升广告的效果，比如通过触摸屏或二维码等方式，为用户提供更加便捷的信息获取途径。

通过推出这些创新性的广告形式，图书馆不仅能够为用户提供更丰富的阅读体验，还能够与广告商实现互利共赢。对于广告商而言，他们可以通过图书馆这一具有影响力的平台，将广告内容传递给更多的目标受众，同时还可以提升品牌形象和知名度。而对于图书馆而言，这些广告形式可以为其带来一定的经济收益，有助于改善图书馆的服务质量和设施条件。

（三）赞助捐赠

赞助捐赠对于数字图书馆来说，是一种至关重要的收入来源，它们不仅为图书馆提供了必要的经济支持，还体现了社会各界对文化事业发展的深度参与和积极支持。

从赞助捐赠的动机来看，很多社会组织和爱心人士选择为数字图书馆提供赞助或捐赠，主要是出于他们对文化事业的热爱和关注。他们认识到，数字图书馆作为现代文化传播和交流的重要平台，对于提升公众的文化素养、促进知识普及和传承具有不可替代的作用。因此，他们愿意通过自己的行动，为数字图书馆的发展贡献力量。

在资金的使用上，这些赞助和捐赠可以为数字图书馆带来多方面的好处。首先，它们可以用于改善图书馆的硬件设施，如升级服务器、购买更先进的存储设备、优化网络环境等，从而提高数字图书馆的运行效率和稳定性。其次，这些资金还可以用于扩大资源储备，包括购买更多的电子书、期刊、论文等数字资源，以及维护和更新现有的资源库，确保用户能够获取到最新、最全面的信息。最后，这些资金还可以用于提升服务质量，如加强用户培训、优化用户界面、提供个性化的推荐服务等，使用户能够更好地利用数字图书馆的资源。

为了更好地吸引和利用这些赞助和捐赠，数字图书馆可以采取以下措施。

第一，数字图书馆可以积极与各类社会组织和爱心人士建立联系。首先，与公益组织的合作可以使得数字图书馆在获取资金支持的同时，参与到更多的公益活动中去，如为偏远地区的学校提供数字教育资源，为残障人士提供无障碍阅读环境等。这种合作既提升了数字图书馆的社会影响力，也为其带来了更多的社会责任感和使命感。其次，企业合作能够为数字图书馆带来技术、资金和市场等多方面的支持。通过与科技企业的合作，数字图书馆可以获得最新的技术解决方案，如大数据、人工智能等，以提升其服务质量和效率。企业的资金支持也能够帮助数字图书馆扩大其数字资源库的规模，提高其服务能力和水平。通过与企业的合作，数字图书馆还可以将其服务推广到更广泛的市场中去，吸引更多的用户。再次，教育机构是数字图书馆的重要合作伙伴之一。通过与各级教育机构的合作，数字图书馆可以为用户提供丰富的教学资源和个性化服务，如为高校提供学科专业数据库、为中小学提供在线教学平台等。这种合作不仅能够促进教育资源的共享和优化配置，还能够提高教育质量和效率。最后，数字图书馆还可以积极寻求与具有共同兴趣爱好的个人捐赠者的联系。这些个人捐赠者可能来自不同的行业和领域，但他们共同的特点是对文化和教育的热爱和支持。通过与这些个人捐赠者的深入沟通和交流，数字图书馆可以了解他们的需求和期望，并为其提供更加精准和个性化的服务。例如，为喜欢历史的捐赠者提供历史文献数据库、为热爱艺术的捐赠者提供艺术作品数据库等。

第二，为了增强与这些组织和人士的联系和互动，数字图书馆可以通过举办各种公益活动和文化交流活动来拉近彼此的距离。这些活动可以包括线上线下的讲座、研讨会、展览等，旨在展示数字图书馆的独特魅力和社会价值，同时吸引更多人关注和参与。通过这些活动，数字图书馆不仅可以提高自身的知名度和影响力，还可以增强与赞助者和捐赠者的互动和沟通，提高他们的参与感和归属感。

第三，建立透明的资金使用和监管机制也是至关重要的。数字图书馆应当公开每一笔赞助和捐赠的收支情况。无论是来自企业、机构还是个人的捐赠或赞助，数字图书馆都应当详细记录并在适当渠道上进行公示。通过这种方式，社会公众可以清晰地了解到资金的来源、去向以及使用方式，从而确保每一分钱都能得到合理的使用和管理。同时，公开透明的资金使用和监管机制还可以为数字图书馆树立良好的社会形象。在信息时代，公众对于信息透明度和公正性的要求越来越高。如果一个数字图书馆能够公开、公正地处理每一笔资金，那么它必然会赢得更多人的信任和支持。这种信任和支持不仅可以为数字图书馆带来更多的捐赠和赞助，还可以吸引更多的用户来使用其提供的服务和资源。

为了确保资金使用的透明度和合规性，数字图书馆还可以邀请第三方机构对资金使用情况进行审计和监督。这些机构通常具有专业的审计和监督能力，能够对数字图书馆的资金使用情况进行全面、客观的分析和评估。通过他们的审计和监督，数字图书馆可以及时发现并解决资金使用中存在的问题和不足，确保资金得到更加有效的利用。

四、成本管理

（一）精细化成本管理

首先，精细化管理涉及对数字图书馆各项成本的深入剖析和精准控制。其中，人力成本作为重要的组成部分，需要进行合理的配置和优化。例如，通过优化工作流程、提高工作效率，可以减少不必要的人员投入，降低人力成本。同时，对于技术成本，需要不断跟进新技术的发展，采用高效、稳定的技术解决方案，以减少技术故障和维护成本。此外，内容成本也是数字图书馆不可忽视的一部分，包括数字资源的采购、加工、存储等费用。通过合理规划采购策略，可以有效控制内容成本。

其次，精细化管理强调提高资源利用效率。在数字图书馆中，无论是人力资源、技术资源还是内容资源，都需要得到充分利用，以实现价值最大化。

例如，通过对用户行为数据的分析和挖掘，可以了解用户需求和偏好，从而精准推送相关内容，提高资源利用效率。同时，加强与其他机构的合作与交流，共享资源和技术，也是提高资源利用效率的有效途径。

再次，精细化管理还需要注重数据分析和监控。通过对图书馆各项成本数据的深入统计和细致分析，相关人员能够及时发现潜在的成本异常和浪费现象，从而迅速采取有针对性的措施进行调整和优化。在数据分析方面，图书馆可以建立一套完善的成本数据收集系统，将各项成本数据实时录入，形成详细的成本数据库。这些数据涵盖图书馆的各个方面，如图书采购、设备维修、员工薪资等。通过对这些数据进行统计分析，相关人员能够清晰地了解到各项成本的构成和变化趋势，为管理决策提供有力的数据支持。例如，通过对比不同时间段或不同部门的成本数据，可以发现某些成本项目的增长过快或异常波动等问题，针对这些问题，可以进一步深入分析，找出问题的根源，并采取相应的措施进行解决。

最后，建立成本监控机制也是精细化管理中的重要一环。通过实时跟踪和评估各项成本，能够确保成本控制在合理范围内，避免出现成本超支或浪费的情况。这要求图书馆建立完善的成本监控体系，包括定期的成本审查、预算执行情况分析等环节。在成本监控过程中，可以利用现代信息技术手段，如建立成本监控平台，将各项成本数据实时显示在平台上，方便管理人员随时查看和分析。同时，还可以设置成本预警机制，当某项成本超过预设的阈值时，系统会自动发出预警，提醒管理人员及时采取措施进行调整。

（二）成本效益分析

首先，相关人员需要对数字图书馆的各项成本进行详细的梳理和分类。这些成本包括建设成本、运营成本、维护成本等多个方面。

其一，建设成本是数字图书馆成本的重要组成部分。这主要包括硬件设备购置、软件开发、系统集成等方面的投入。在硬件设备购置方面，需要考虑服务器、存储设备、网络设备等各种设备的采购和配置，以确保数字图书馆能够稳定、高效地运行。在软件开发方面，需要投入大量的人力、物力进行数字图书馆系统的设计和开发，以满足用户多样化的需求。在系统集成方面，涉及各种设备和系统的协调与配合，以确保整个数字图书馆的顺畅运行。

其二，运营成本是数字图书馆不可忽视的一部分。这主要包括人员工资、水电费、网络通信费等一系列日常开支。人员工资是运营成本中最大的开销之一，因为数字图书馆需要专业的技术人员、管理人员和服务人员来保障其正常运行。同时，水电费和网络通信费也是日常运营中必不可少的支出，这些费用虽然相对较少，但也会给数字图书馆带来一定的经济压力。

其三，维护成本也是数字图书馆成本中不可忽视的一部分。这主要是对数字资源进行定期更新、备份、修复等工作的费用。随着数字资源的不断增加和更新，需要投入大量的人力、物力进行资源的整理和维护，以确保资源的准确性和可用性。同时，为了防止数据丢失和损坏，相关人员还需要对数字资源进行定期备份和修复，这也是一项重要的维护工作。

接下来，需要对各项成本进行效益分析。效益分析可以从多个角度进行，如用户满意度、资源利用率、社会效益等。

其一，从用户满意度的角度来看，效益分析是评估数字图书馆服务质量的关键指标。用户满意度直接反映了用户对服务的认可程度，也间接决定了用户对图书馆的忠诚度和再次使用的意愿。因此，为了准确了解用户对数字图书馆服务的满意度，工作人员可以通过多种方式进行调研。例如，设计并发放问卷调查，收集用户对数字图书馆的整体评价、对各项服务的具体看法以及对改进的建议。此外，还可以通过在线平台收集用户的实时反馈，如评论区、留言板等，以便及时了解用户在使用过程中遇到的问题和需求。

通过用户满意度的调研，可以对数字图书馆的服务进行全面的评估。一方面，可以了解用户对数字图书馆的整体满意度水平，从而判断当前服务的优势和不足；另一方面，还可以根据用户的反馈，对各项服务进行有针对性的改进和优化，以提升用户满意度和忠诚度。

其二，从资源利用率的角度来看，效益分析有助于相关人员评估数字图书馆的资源投入是否合理。数字图书馆的资源利用率主要体现在数字资源的下载量、浏览量、引用量等指标上。通过对这些指标进行统计分析，可以了解用户对各类资源的偏好和使用情况，从而判断资源的投入是否得到了有效的利用。具体来说，如果某类资源的下载量和浏览量较高，说明用户对该类资源的需求较大，应该加大对该类资源的投入和更新；反之，如果某类资源的利用率较低，可能需要对资源进行优化或调整，以提高其吸引力和利用率。同时，还可以通过对不同时间段、不同用户群体的资源使用情况进行对比分析，进一步了解资源利用率的变化趋势和影响因素。

其三，社会效益也是效益分析不可忽视的方面。数字图书馆作为公共文化服务体系的重要组成部分，其社会效益主要体现在提高公众信息素养、促进文化传播和交流等方面。因此，在效益分析过程中，还应该关注数字图书馆在推动社会进步和文化发展方面的贡献。

在进行效益分析时，相关人员还应注意对成本项目进行区分和排序。对于那些效益较高的成本项目，可以继续加大投入，以进一步提升数字图书馆的服务质量和资源利用率。而对于那些效益较低的成本项目，则需要深入剖析原因，并采取措施加以优化或削减。例如，对于某些使用频率较低、维护成本较高的数字资源，可以考虑采用云计算等先进技术进行存储和管理，以降低维护成本。

最后，还应关注数字图书馆成本效益分析的长远性和动态性。随着技术的不断进步和用户需求的变化，数字图书馆的成本结构和效益情况也会发生相应的变化。因此，相关人员需要定期对数字图书馆进行成本效益分析，并根据分析结果及时调整资源配置和投入策略，以确保数字图书馆能够持续、稳定地为用户提供高质量的服务。

五、财务信息化建设

（一）建立财务信息系统

首先，财务信息系统的建立有助于实现财务数据的自动化处理。传统的财务管理方式往往需要人工录入、核对和计算财务数据，不仅效率低下，而且容易出错。而通过建立财务信息系统，可以将各类财务数据整合到统一的平台上，通过预设的规则和算法，自动完成数据的录入、分类、计算和分析。这不仅大大提高了工作效率，还降低了人为错误的风险。

其次，财务信息系统的建立还可以实现财务数据的深入分析。通过利用大数据和人工智能等技术，财务信息系统可以对各类财务数据进行深入挖掘和分析，帮助图书馆管理者更好地了解财务状况和运营情况。例如，系统可以自动生成财务报表、预算执行情况报告等，为管理者提供决策支持；同时，系统还可以通过对历史数据的分析，预测未来的财务趋势，为图书馆的长期发展提供有力保障。

最后，财务信息系统的建立还有助于加强财务风险的防控。在财务管理过程中，常常会遇到各种风险和挑战，如资金流失、财务违规等。通过建立财务信息系统，可以实时监控各类财务指标和异常行为，及时发现并处理潜在的风险问题。同时，系统还可以设置权限和审批流程，确保财务管理的规范性和安全性。

（二）财务数据分析

首先，财务信息系统为数字图书馆提供了丰富的财务数据资源。这些数据资源包括但不限于收入、支出、成本、利润等各方面的财务数据，以及用户访问量、借阅量、满意度等运营数据。通过对这些数据进行收集、整理和分析，数字图书馆能够更全面地了解自身的运营状况和发展趋势。

其次，财务数据分析有助于数字图书馆深入理解运营状况。

其一，财务数据分析能够帮助数字图书馆发现收入与支出的变化趋势。通过对比不同时间段的财务数据，可以清晰地看到各项收入与支出的增减情况。例如，可以分析出图书馆在某一时间段的收入主要来源于哪些方面，支出主要用在哪些方面，以及各项费用在总支出中的占比情况。这样的分析有助于数字图书馆及时发现潜在的盈利增长点或成本压缩空间，从而调整经营策略，实现更好的经济效益。

其二，财务数据分析可以结合运营数据，进一步分析用户行为、市场需求等因素对财务绩效的影响。例如，通过分析用户借阅记录、访问量等数据，可以了解用户的阅读习惯和偏好，进而优化图书采购、推荐策略等，提高用户满意度和忠诚度。同时，还可以结合市场需求分析，预测未来一段时间内的用户需求和市场趋势，从而提前调整资源配置，满足市场需求，提升财务绩效。

其三，财务数据分析还可以帮助数字图书馆发现潜在的风险和问题。通过对财务数据的深入挖掘和分析，可以发现一些异常数据或潜在问题，如收入下滑、成本激增等。这些异常数据和问题可能预示着一些潜在的风险和挑战，需要数字图书馆及时关注和解决。通过有针对性的措施和策略，可以有效地避免或减轻这些风险对数字图书馆运营带来的负面影响。

再次，财务数据分析为数字图书馆制定财务决策提供了有力支持，具体表现在以下几个方面。

一是，在制定预算方面，财务数据分析发挥着至关重要的作用。通过对历史财务数据的深入挖掘和分析，决策者能够了解过去几年的收入与支出情况，包括各个项目的资金来源和用途，以及各个部门的经费使用情况等。这些详实的数据为制订预算计划提供了有力的支撑。决策者还可以根据历史数据的趋势，预测未来的收入与支出情况，从而制订出既符合实际需求又切实可行的预算计划。

二是，在投资决策方面，财务数据分析同样具有不可替代的作用。数字图书馆在进行投资决策时，需要综合考虑多个因素，包括投资项目的风险、收益、周期等。通过对不同投资项目的风险评估和收益预测，财务数据分析可以帮助决策者选择出风险较低、收益稳定的投资项目。此外，财务数据分析还可以对投资项目的可行性进行评估，为决策者提供全面的投资建议。

最后，财务数据分析还可以帮助数字图书馆优化资源配置。通过对各项成本的分析，可以发现哪些方面的成本较高且存在优化空间，从而制定相应的成本控制措施。同时，根据用户需求和满意度等运营数据，可以调整服务内容和方式，提高服务质量，进一步提升用户满意度和忠诚度。

第三章 数字图书馆服务

第一节 信息检索服务

一、信息检索服务的重要性

（一）提升用户体验

1. 提升检索速度与效率

在传统图书馆中，用户需要花费大量时间翻阅书籍、查找资料，而数字图书馆则打破了这一限制。通过信息检索服务，用户只需在检索工具中输入关键词，即可迅速找到所需信息。这不仅大大节省了时间成本，还提高了信息获取的准确性和效率。

2. 优化操作流程

在操作流程方面，现代数字图书馆已经实现显著的优化，从而为用户提供了更为便捷、高效的信息获取体验。

针对检索步骤的简化，数字图书馆采用了智能化的搜索技术。数字图书馆智能化的搜索技术主要依赖于强大的算法和机器学习技术。当用户输入关键词或选择相应的分类时，系统能够迅速对这些信息进行分析和处理，从而找到与用户需求最为匹配的资源。这种智能化的搜索方式不仅减少了用户的操作时间，还提高了检索的准确性和效率。

这种简化检索步骤的方式还降低了因操作不当而导致的检索失误率。在传统图书馆中，用户可能需要花费大量时间翻阅目录、卡片等检索工具，稍有不慎就可能错过重要的信息或者误选错误的资源。而数字图书馆则通过智能化的搜索技术，避免了这些潜在的问题，使用户能够更加放心地进行检索。

为了满足不同用户的检索需求，数字图书馆提供了多种检索方式。这些方式包括但不限于精确检索、模糊检索、高级检索等。

（1）精确检索

精确检索作为数字图书馆中最为基础和常用的检索方式之一，为广大用户提供了高效、准确的资源查找服务。这种检索方式的核心在于用户能够输入精确的关键词或短语，而系统则会在庞大的数据库中进行精确匹配，从而为用户呈现出完全符合其需求的资源。

在数字图书馆中，精确检索的应用场景十分广泛。对于专业性强、需求明确的用户来说，精确检索显得尤为实用。例如，科研人员在进行某项研究时，需要查找特定的文献资料或实验数据，通过精确检索可以迅速定位到所需的资源，大大节省了查找时间。同时，精确检索还适用于学习者和教师，他们可以利用这种方式快速找到相关的教材、教案或学习资料，从而提高学习效率。

精确检索之所以如此高效，离不开数字图书馆强大的技术支持。现代数字图书馆通常采用先进的数据库技术和信息检索算法，确保在海量数据中能够快速、准确地找到用户所需的资源。此外，数字图书馆还会对资源进行详细的分类和标签化，以便更好地满足用户的个性化需求。

当然，精确检索并不是万能的。在实际应用中，用户可能会遇到一些特殊情况，如关键词不准确、同义词干扰等，导致检索结果不尽如人意。这就需要用户尝试使用其他检索方式，如模糊检索、高级检索等，以获取更全面的资源。

（2）模糊检索

与精确检索相比，模糊检索在信息检索领域有着独特的优势和应用场景。精确检索要求用户输入的关键词或短语非常明确，系统才能精确地定位到相关资源。然而，在实际应用中，很多时候用户的需求并不十分明确或具体，此时模糊检索就显得尤为重要。

模糊检索允许用户输入较为宽泛的关键词或短语，系统会在数据库中寻找与这些关键词或短语相关的资源。这种检索方式并不要求关键词的完全匹配，而是根据关键词的语义、词性、拼写等方面的相似性进行匹配。例如，当用户想要了解某个领域的最新研究进展时，他们可能无法准确描述自己的需求，此时通过模糊检索输入相关的关键词，系统就能够返回与该领域相关的各种资源，包括学术论文、新闻报道、专家观点等，从而帮助用户快速了解该领域的最新动态和趋势。因此，模糊检索能够在更广泛的范围内查找相关信息，为用户提供更多的选择空间。

此外，模糊检索还可以用于跨语言检索。在全球化的背景下，人们往往需要获取不同语言的信息资源。通过模糊检索，用户可以用自己的语言输入关键词，系统能够自动匹配到不同语言的相关资源，实现跨语言的检索需求。

模糊检索虽然具有广泛的应用场景和优势，但也存在一些挑战和限制。由于模糊检索是基于关键词的相似性进行匹配的，因此可能会返回一些与用户实际需求不太相关的结果。此外，模糊检索也需要对数据库进行更加复杂的处理和运算，因此在性能上可能会受到一定的限制。

（3）高级检索

高级检索是数字图书馆中一个备受推崇的功能，以其强大的功能和灵活性著称，为广大用户提供了精准且高效的资源定位方式。高级检索在检索条件上更为丰富多样，能够结合多种因素进行筛选，从而满足用户更为复杂和精细化的需求。

在高级检索中，用户可以根据关键词、作者、出版日期、主题分类等多种条件进行检索。这些条件不仅涵盖了资源的基本属性，还涉及资源的内在特征和外部关联。例如，用户可以通过输入特定的关键词，快速找到包含这些关键词的文献资源；同时，用户还可以根据作者的姓名或机构名称，筛选出特定作者或机构发表的作品；此外，出版日期和主题分类等条件也能帮助用户进一步缩小检索范围，找到更为符合需求的资源。

高级检索的灵活性体现在用户可以根据自己的需求，自由组合和设置这些检索条件。用户可以根据不同的需求，选择不同的检索策略。例如，当用户需要找到关于某一主题的近期研究成果时，可以将主题分类和出版日期作为主要的检索条件；而当用户需要了解某一领域的经典著作时，则可以将作者和出版日期作为主要的筛选依据。这种灵活的组合方式使得高级检索能够适应不同用户的需求和场景。通过高级检索，用户可以轻松地设置多个检索条件，从而快速定位到所需的资源。这不仅提高了检索的准确性，还大大提高了检索的效率，节省了用户的时间和精力。

此外，高级检索还具备一些其他的功能和特点。例如，一些高级检索系统还支持模糊检索和同义词检索等功能，能够进一步提高检索的准确性和全面性。同时，一些系统还提供了可视化的检索结果展示方式，使用户能够更直观地了解检索结果的数量和分布情况。

3. 满足不同用户的个性化需求

数字图书馆的信息检索服务能够满足用户的个性化需求。不同用户对于信息的需求和兴趣点往往存在差异，有的用户可能关注某一特定领域的研究动态，而有的用户则可能对多种领域的知识都感兴趣。因此，数字图书馆的信息检索服务需要提供个性化的检索选项，让用户能够根据自己的需求进行定制化的查询。例如，可以通过设置关键词、筛选条件等方式，精确定位用户所需的信息资源，提高检索的效率和准确性。

数字图书馆的信息检索服务还能够满足用户的多样化需求。除基本的文本检索外，现代数字图书馆还支持图片、音频、视频等多种类型的信息检索。这种多样化的检索方式不仅丰富了用户的检索体验，还能够帮助用户更加全面地获取所需信息。例如，在进行历史研究时，用户可以通过图片检索功能查找相关历史时期的图片资料，从而更加直观地了解历史背景和文化内涵。

4. 提供多渠道的服务与支持

首先，传统图书馆受到物理空间和开放时间的严格限制。这意味着，用户需要在图书馆开放的时间段内亲自前往图书馆，才能借阅书籍或进行信息检索。然而，数字图书馆则彻底打破了这些限制。借助互联网和移动设备，用户可以随时随地访问数字图书馆，进行信息检索和知识获取。无论是在家中、办公室，还是在旅途中，只要有网络连接，用户就能通过数字图书馆轻松获取所需的知识和信息。

其次，数字图书馆在信息检索方面表现出了更高的效率和准确性。传统图书馆的图书检索需要耗费大量时间和人力，而且可能会受到书架摆放、分类不当等因素的影响，导致检索效率低下。而数字图书馆则采用先进的检索算法和技术，能够迅速、准确地定位到相关文献和资料。同时，数字图书馆还提供了丰富的元数据信息和多种检索方式，用户可以根据自己的需求进行个性化检索，进一步提高了检索的效率和准确性。

再次，数字图书馆还提供了丰富的知识资源和学习工具，使用户能够更加深入地学习和掌握知识。除传统的图书、期刊等文献资源外，数字图书馆还涵盖了视频、音频、图像等多种形式的资源，使得学习变得更加生动有趣。同时，数字图书馆还提供了在线学习平台、互动讨论区等功能，使用户可以与他人分享学习心得、交流学术观点，从而加深对知识的理解和应用。

最后，数字图书馆信息检索服务的多渠道特点为人们提供了更多的选择。随着信息技术的不断发展，数字图书馆的检索方式也在不断创新和完善，具体表现在以下几个方面。

（1）关键词检索方式

用户可以通过输入关键词或短语，快速定位到相关的文献、书籍或资料。然而，这种检索方式并非完美无缺。在实际应用中，用户有时会因为关键词的歧义或表达不准确而导致检索结果不够精准。例如，当用户在检索工具中输入"人工智能"这个关键词时，可能会得到大量与人工智能相关的结果，但其中可能包含许多与用户需求不符的内容，如人工智能的定义、历史发展、应用领域等。这不仅会浪费用户的时间，还可能让用户错过真正有价值的信息。

（2）基于语义的检索技术

基于语义的检索技术通过分析文本内容，理解用户的查询意图，从而返回更符合用户需求的检索结果。具体来说，当用户在检索工具中输入一个关键词时，基于语义的检索技术会首先对这个关键词进行语义分析，理解其所代表的概念和含义。然后，它会进一步分析文本内容，找出与这个关键词相关的其他词汇和概念。这些相关词汇和概念可能是同义词、近义词，也可能是与这个关键词在语义上紧密相关的其他概念。通过这种方式，基于语义的检索技术能够构建出一个庞大的语义网络，从而更全面地理解用户的查询意图。

以"人工智能"为例，当用户输入这个关键词时，基于语义的检索技术不仅能够识别出与人工智能直接相关的其他词汇和概念，还能够深入挖掘这些概念之间的关联和区别。这样，当用户想要了解人工智能的最新进展、应用场景或发展趋势时，基于语义的检索技术就能够返回更加全面、准确的检索结果。

（3）可视化检索

可视化检索，顾名思义，就是利用图形、图像等直观的表现形式，将检索结果以可视化的方式展示给用户。相较于传统的文本检索结果，可视化检索结果更为直观、生动，有助于用户更快地获取所需信息。在数字图书馆中，可视化检索技术已广泛应用于各类资源检索中，为用户提供了便捷、高效的检索服务。

在数字图书馆中，可视化检索通常与各种信息可视化技术相结合，如柱状图、饼图、网络图等。这些图形能够直观地展示检索结果的分布情况、关系网络以及关键词之间的关联度等。通过可视化检索，用户可以更加清晰地了解检索结果的整体情况，从而更好地进行筛选和选择。

例如，当用户在数字图书馆中搜索某个主题时，可视化检索可以将相关的文献、书籍等资源以网络图的形式展示给用户。这个网络图中的节点代表不同的资源，而节点之间的连线则代表它们之间的关联度。通过这种方式，用户可以直观地看到哪些资源是相互关联的，从而更容易找到与自己需求最为匹配的资源。

此外，可视化检索还可以根据用户的个性化需求进行定制。用户可以根据自己的兴趣、研究领域等，设置不同的检索参数和可视化方式，以便更好地获取所需信息。这种个性化的检索方式不仅提高了检索的针对性，还增强了用户的使用体验。

（4）支持跨平台访问

数字图书馆以其跨平台访问的特性，为用户带来了前所未有的便捷体验。

这一特点使用户不再受限于特定的设备或环境，可以随时随地享受数字图书馆的信息检索服务。

在现代社会，随着科技的发展，人们使用的设备日益多样化。从传统的电脑到便携的手机，再到功能强大的平板，每种设备都有其独特的使用场景和优势。数字图书馆通过提供跨平台访问的功能，满足了用户在不同设备上进行信息检索的需求。

无论是在家中、办公室还是外出旅行，用户都可以通过电脑上的应用程序或浏览器轻松访问数字图书馆。数字图书馆丰富的资源、高效的检索系统和友好的用户界面，使用户能够迅速找到所需的信息，提高了工作效率和学习体验。同时，手机和平板设备的普及也为数字图书馆带来了更广阔的应用空间。这些设备便携性强，用户可以随时随地利用碎片时间进行信息检索和学习。无论是等待公交、排队购物还是休息放松，只需轻轻一点，便可进入数字图书馆的世界，享受知识的乐趣。

跨平台访问的特点不仅提高了服务的灵活性，也进一步推动了数字图书馆在广大用户中的普及和应用。随着越来越多的人开始使用数字图书馆，它的影响力也逐渐扩大。许多图书馆、学校和机构都纷纷加入数字图书馆的行列，共同推动知识的传播和文化的传承。

此外，跨平台访问还为数字图书馆的发展带来了更多的可能性。随着物联网、人工智能等技术的不断发展，数字图书馆有望与更多设备进行连接和整合，为用户提供更加智能化、个性化的服务。

（二）助力学术研究

1.学术研究资源的全面覆盖与整合

数字图书馆信息检索服务的全面覆盖特性为学术研究者提供了丰富的资源基础。无论是古籍善本、珍稀文献，还是现代科研成果、学术论文，数字图书馆都能通过其强大的信息检索系统，将这些资源一一呈现在研究者面前。这种全面覆盖的特性极大地拓宽了学术研究的视野，使得研究者能够更加深入地挖掘学术领域的各个角落，推动学术研究的不断进步。

数字图书馆信息检索服务的整合能力也为学术研究者带来了极大的便利。在传统的图书馆中，研究者往往需要花费大量的时间和精力去翻阅各种书籍、期刊，以获取所需的资料。而数字图书馆则能够通过先进的信息技术手段，将这些资源进行整合和分类，使研究者能过简单的检索操作，便可迅速找到所需的资料。这种整合能力不仅提高了研究效率，也使得学术研究更加系统化、规范化。

2. 高效检索工具在学术研究中的应用

首先，高效检索工具为学术研究者提供了便捷的检索途径。传统的学术研究方法往往需要研究者耗费大量时间翻阅纸质文献，不仅效率低下，而且容易错过关键信息。而高效检索工具通过智能算法和大数据分析，实现了对海量文献的快速检索和筛选。研究者只需输入关键词或主题，即可获得大量相关文献的摘要、关键词、作者等详细信息，大大提高了研究效率。

其次，高效检索工具具备强大的数据挖掘和可视化功能。通过运用先进的信息技术，这些工具能够深入挖掘文献中的潜在信息和关联，帮助研究者发现新的研究热点和方向。同时，可视化功能将复杂的数据关系以直观的图表形式展示出来，有助于研究者更好地理解和分析数据，提升研究的深度和广度。

最后，高效检索工具还为学术研究者提供了丰富的引用和参考文献管理功能。对于学术研究者而言，引用和参考文献的准确性和完整性无疑是论文写作过程中的重中之重。完整且规范的参考文献列表，不仅体现了研究者的学术素养和严谨态度，更是对学术成果的有力支撑。高效检索工具不仅能够帮助研究者快速找到所需的参考文献，而且能够通过智能算法对检索结果进行筛选和排序，使研究者能够更加便捷地获取到最相关、最权威的文献资源。此外，这些工具还提供了自动整理、格式化和生成引用列表的功能，使研究者无须再手动整理参考文献，大大减轻了工作负担。具体来说，当研究者在使用高效检索工具进行文献检索时，只需输入关键词或主题，工具便会迅速返回相关的文献列表。研究者可以根据自己的需求对结果进行筛选和排序，以便快速找到最符合自己研究主题的文献。同时，工具还会自动提取文献中的关键信息，如作者、出版年份、期刊名称等，并按照规定的格式进行整理。这样，研究者只需在撰写论文时，将整理好的引用信息插入相应位置，便可轻松完成参考文献的撰写工作。高效检索工具还具备智能识别功能，能够自动检测并纠正引用信息的错误。例如，当研究者误将某位作者的姓名或出版年份写错时，工具会立即进行提示并给出正确的信息。这无疑为研究者提供了极大的便利，使他们在撰写论文时能够更加专注于研究内容本身，而无须过分担心引用信息的准确性问题。

相关统计数据显示，使用高效检索工具的学术研究者在文献检索和整理方面的时间成本降低了约50%，同时研究的质量和深度也得到了显著提升。这一趋势不仅体现在学术研究领域，也逐渐渗透到其他领域，如企业竞争情报分析、政策制定等，显示出高效检索工具在信息时代的重要价值。

3. 精准信息定位对学术研究的促进作用

首先，精准信息定位能够极大地提高学术研究的效率。在传统学术研究的时代，研究者常常需要耗费大量的时间和精力在图书馆或互联网上搜寻相关资料。他们可能需要翻阅一本又一本厚重的书籍，或者浏览一个又一个的网页，才能找到与自己研究主题相关的有价值信息。然而，由于信息资源的分散和庞杂，这一过程往往显得尤为艰难，耗时耗力且效果不尽如人意。随着数字技术的飞速发展，数字图书馆应运而生，为学术研究者提供了全新的信息检索方式。数字图书馆的信息检索服务利用先进的检索算法和技术，能够实现对学术资源的精准定位。通过输入关键词或短语，研究者可以迅速获得与之相关的学术文献、论文、书籍等资源。这大大简化了查找资料的过程，使得研究者可以更加专注于对资料的分析和研究。

其次，精准信息定位有助于学术研究者发现新的研究视角和思路。在学术研究过程中，研究者通常需要面对海量的信息资源，而由于信息资源的庞大和复杂，研究者往往难以直接从海量的数据中洞察出新的研究视角和思路。这时，数字图书馆的信息检索服务就显得尤为重要。通过利用数据挖掘和关联分析等技术手段，数字图书馆能够在海量的信息中挖掘出有价值的数据，并建立起不同领域之间的内在联系和潜在规律。

具体来说，数字图书馆的信息检索服务能够运用先进的算法和模型，对大量的信息进行深度分析和处理。通过对文本、图像、视频等多种类型的数据进行挖掘，研究者可以发现不同领域之间的共性和差异，以及隐藏在数据背后的深层信息。这些信息不仅能够启发研究者产生新的研究视角和思路，还能够为他们提供更为准确和全面的数据支持，从而提高研究的可信度和有效性。

最后，精准信息定位还能够促进学术研究的创新和发展。在学术研究中，创新是推动学科进步和发展的重要动力。然而，创新往往需要建立在充分了解和掌握现有知识的基础上。数字图书馆的信息检索服务通过提供全面、准确、及时的学术资源，为研究者提供了丰富的知识背景和理论支撑，有助于他们在现有知识的基础上进行创新和发展。

4. 学术研究成果的推广与分享平台构建

数字图书馆信息检索服务作为学术研究成果的推广平台，极大地拓宽了学术交流的渠道。传统的学术交流方式受限于地域、时间等因素，而数字图书馆则打破了这些限制，使学术研究者能够随时随地获取、浏览和分享最新的研究成果。这种便捷性极大地提高了学术研究的传播速度和影响力，有助于推动学术研究的不断进步。

数字图书馆信息检索服务也是学术研究成果的分享平台。它汇集了来自世界各地的学术资源，包括期刊论文、会议论文、学位论文等，为学术研究者提供了丰富的学术素材。同时，通过关键词检索、主题分类等方式，学术研究者可以快速地找到与自己研究方向相关的资料，提高研究效率。此外，数字图书馆还提供了多种交互功能，如评论、点赞、分享等，使学术研究者能够与其他研究者进行深入的交流和讨论，共同推动学术研究的深入发展。

二、信息检索技术的发展

（一）传统检索技术的局限

1. 传统检索技术准确度低的困境

传统的检索技术，在大多数情况下，是基于关键词匹配的原理来进行的。

然而，这种简单的匹配方式在实际应用中却面临着诸多挑战，难以准确捕捉用户的真实意图。

一方面，关键词的多样性和同义词的存在给传统的检索技术带来了不小的困扰。由于每个人对于同一主题的理解可能存在差异，因此他们在查询时可能会使用不同的关键词或同义词来表达相同的意图。这种多样性的存在，使得传统的检索方法很难完全满足用户的需求。传统的检索技术往往只能根据用户输入的关键词进行精确的匹配，而无法充分考虑到这些关键词之间的语义联系。换句话说，即使存在大量与查询主题高度相关的结果，但由于它们没有使用与用户输入的关键词完全一致的词汇，这些结果也可能被传统检索技术忽略。

这种局限性不仅会导致信息遗漏，还可能引发误导。因为用户可能误以为搜索结果中不包含他们所需的信息，而实际上这些信息可能就在某个角落静静地等待着被发现。此外，由于关键词的不匹配，用户还可能被误导到一些与查询主题不相关或相关性较低的结果上，从而浪费时间和精力。

另一方面，文本内容的复杂性和多样性也给传统的检索技术带来了不小的挑战，具体如下。

（1）歧义处理不足

文本中常常存在一词多义或一词多用的现象。传统的检索技术无法准确区分这些不同的含义，因此在进行匹配时可能产生误解。例如，查询"苹果"时，可能指水果，也可能指苹果公司，但传统检索技术无法区分这两种不同的含义。

（2）模糊性处理不足

文本中的某些概念或实体可能具有模糊性，即其边界或定义不是十分明确。传统检索技术无法很好地处理这种模糊性，可能会导致一些相关但并非完全匹配的结果被忽略。

（3）上下文关系忽视

文本中的词汇或句子往往依赖于其上下文来获得准确的意义。传统的检索技术往往忽略了这种上下文关系，只是简单地将文本视为一个词汇的集合。

这会导致一些在特定上下文中具有特定含义的词汇或句子被错误地解释或忽略。

（4）领域知识缺失

不同领域的文本往往具有其特定的术语、概念和表达方式。传统的检索技术往往缺乏对这些领域知识的理解和应用，因此在处理特定领域的文本时可能会产生偏差。

2. 传统检索技术难以应对信息增长的挑战

随着数字化技术的日新月异和信息资源的迅猛增长，数字图书馆正面临着前所未有的挑战与机遇。在数字化浪潮的推动下，数字图书馆中的信息量呈现爆炸式的增长态势，为广大用户提供了丰富多样的信息资源。然而，与此同时，传统的信息检索技术却逐渐暴露出种种不足，难以满足用户对高效、精准检索的迫切需求。

传统的检索技术，如关键词检索、布尔逻辑检索等，虽然在一定程度上能够实现对信息资源的快速定位，但在处理大量数据时，其效率和准确性却大打折扣。由于数字图书馆中的信息量庞大且复杂，传统的检索技术往往无法有效地处理这些数据，导致检索速度变慢，甚至无法返回用户期望的结果。这不仅给用户带来了极大的不便，也限制了数字图书馆信息检索服务的发展和应用。

3. 传统检索技术用户体验不佳的问题

首先，传统的检索界面设计往往过于简单，缺乏吸引力和创新性。在如今信息爆炸的时代，用户对于界面的审美和体验要求越来越高。传统的检索界面通常只包含一个基本的搜索框和一些简单的列表展示，缺乏独特的视觉元素和吸引人的布局。这样的界面设计很难在第一时间抓住用户的眼球，也难以激发用户进行深入检索的兴趣。缺乏多样化的布局和视觉效果可能导致用户在使用过程中产生视觉疲劳。传统的检索界面往往采用单一的布局方式，缺乏变化和层次感。长时间面对这样的界面，用户很容易感到疲劳和厌倦，进而降低检索的效率和体验。简单的界面设计还可能限制检索功能的扩展和个性化。随着用户需求的多样化，用户期望检索界面能够更多样化、个性化。

然而，传统的检索界面往往缺乏足够的灵活性和可扩展性，难以满足用户的这些需求。

其次，传统的交互方式相对单一，缺乏个性化和智能化的支持，具体表现在以下两点。其一，传统的检索系统通常只提供简单的关键词搜索功能，用户需要自行输入关键词来触发检索。然而，这种方式并没有考虑到用户的个性化需求。不同的用户可能有不同的检索习惯、偏好和背景知识，他们可能需要不同的检索策略或方式来满足自己的需求。但是，传统的检索系统往往无法提供这样的个性化支持，导致用户在使用过程中可能感到不便或无法满足需求。

其二，缺乏智能化的支持是传统交互方式的显著问题。现代用户期望检索系统能够更加智能地理解他们的需求，提供更为精准和个性化的检索结果。然而，传统的检索系统往往只能进行简单的关键词匹配，无法深入理解用户的查询意图和上下文信息。这导致检索结果可能不够准确，甚至包含大量与用户需求无关的信息，从而降低了用户的满意度和检索效率。

最后，传统的检索技术缺乏对用户行为和偏好的深入了解和分析，无法根据用户的搜索历史和喜好进行智能推荐，这使得用户需要花费更多的时间和精力来筛选和过滤结果。

4. 传统检索技术在语义理解上的短板

语义理解作为信息检索的核心组成部分，对于提升检索结果的精准度和用户体验至关重要。它涉及对文本内容的深入剖析与理解，旨在捕捉文本中蕴含的丰富信息，从而更准确地满足用户的查询需求。

传统的信息检索技术往往侧重于关键词的匹配和统计，这种机械式的处理方式虽然在一定程度上能够满足简单查询的需求，但在面对具有复杂语义关系的查询时，却显得力不从心。因为传统的检索技术缺乏对文本语义的深入分析和理解，难以准确捕捉文本中的隐含信息和上下文关系。

例如，当用户查询"人工智能的发展前景"时，传统的检索技术可能只会简单地匹配包含"人工智能"和"发展前景"这两个关键词的文档，而忽略了这两个词之间的语义关系。然而，实际上，用户可能更关心的是人工智能领域的最新研究动态、未来发展趋势以及可能面临的挑战等方面。这就需要检索系统能够深入理解查询的语义，从而返回更加相关和有用的结果。

（二）现代检索技术的突破

1. 基于深度学习的检索模型构建

深度学习是一种模拟人脑神经网络的机器学习技术，它能够通过学习大量数据中的特征和规律，自动提取出有用的信息。在数字图书馆信息检索服务中，深度学习模型可以通过对大量文献资源的学习，构建出能够准确匹配用户查询的检索模型。

在构建基于深度学习的检索模型时，需要遵循一系列精心设计的步骤，以确保模型的准确性和高效性。

（1）预处理

预处理阶段是构建检索模型的关键步骤之一。数字图书馆中的文献资源涵盖了海量的文本数据，这些数据通常以各种形式存在，如书籍、期刊、论文等。为了确保这些资源能够被检索模型有效地利用，预处理工作尤为关键。

在预处理阶段，首先需要对文本数据进行清洗和格式化。这一步骤的主要目的是去除数据中的噪声和无关信息，使文本更加规范、易于处理。清洗工作可能包括去除特殊字符、标点符号、数字等，以及将文本转换为统一的编码格式。

接下来是分词操作，这是预处理中的关键一环。分词是将连续的文本切分为单个的词或短语的过程。对于中文文本来说，由于词语之间没有明确的分隔符，因此分词工作尤为重要。有效的分词工具能够准确地将文本切分为具有实际意义的词汇单元，为后续的文本处理和分析提供基础。

去除停用词也是预处理中不可或缺的一步。停用词是指那些出现频率极高但对检索结果无实际贡献的常用词，如"的""是""在"等。这些词在文本中大量出现，但并不能为检索提供有价值的信息。因此，通过去除停用词，可以减少数据的冗余性，提高检索效率。

此外，词性标注和命名实体识别也是预处理中的重要环节。词性标注是对文本中的每个词进行词性标注的过程，如名词、动词、形容词等。通过词性标注，可以进一步了解文本中词汇的语法功能和语义信息。命名实体识别则是识别文本中具有特定意义的实体，如人名、地名、组织机构名等。这些实体往往承载着重要的信息，对于后续的文本分析和检索具有重要意义。

通过以上一系列的预处理操作，可以将原始文本数据转化为结构化的、易于理解的格式，为后续的检索模型提供高质量的数据支持。这些预处理工作不仅有助于提升检索模型的性能，还能够提高检索结果的准确性和相关性，为用户提供更好的检索体验。

（2）利用深度学习算法，提取关键特征和信息

利用深度学习算法对预处理后的文献资源进行学习，提取出关键特征和信息。在深度学习算法的选择上，可以根据具体的任务和数据特点来选择不同的算法。卷积神经网络（CNN）在图像识别领域取得了巨大的成功，近年来也被广泛应用于文本处理中。CNN通过卷积核在文本上进行滑动，提取出局部的特征信息，进而捕捉到文本的全局结构。循环神经网络（RNN）则更擅长处理序列数据，它能够捕捉到文本中的时序关系和上下文信息。而近年来兴起的Transformer模型则通过自注意力机制，实现了对文本中任意位置信息的捕捉，进一步提高了文本处理的准确性。

这些深度学习算法能够对文本进行编码，将其转化为高维空间的向量表示。这种向量表示方式不仅保留了文本中的语义信息，还能够在一定程度上捕捉到文本之间的相似性。通过这种编码方式，可以将文本数据转化为计算机能够理解和处理的形式，为后续的分析和挖掘提供了便利。

在利用深度学习算法对文献资源进行学习时，相关人员还需要注意一些关键问题。第一，模型的泛化能力是一个重要的考量因素。好的模型应该能够在不同的数据集和任务上表现出良好的性能。第二，算法的计算复杂度也是需要考虑的因素。对于大规模的文献资源，相关人员需要选择计算效率较高的算法，以保证学习的速度和效果。

通过深度学习算法的学习，可以从文献资源中提取出关键特征和信息，这些特征和信息将作为检索模型的基础。具体来说，这些特征可能包括关键

词、短语、主题、实体等，相关人员能够代表文献资源的主要内容和核心思想。在提取特征的过程中，我们还可以利用一些技术来增强特征的表达能力，如词嵌入技术、注意力机制等。

（3）构建检索模型

基于提取出的特征和信息，可以构建检索模型，实现文献资源的匹配和检索。

查询模块的主要职责是将用户的查询请求转化为向量表示，这一过程涉及对查询请求的深入理解和分析，确保能够准确捕捉到用户的真实意图。为了实现这一目标，查询模块会利用自然语言处理技术，对查询请求进行分词、词性标注、语义理解等步骤，从而生成能够准确反映用户意图的向量表示。

匹配模块则负责将查询向量与文献资源向量进行相似度计算，以找出与查询请求最匹配的文献资源。在这一过程中，相似度计算方法的选择至关重要。常见的相似度计算方法包括余弦相似度、欧几里得距离等，这些算法能够根据不同维度的特征，计算出查询向量与文献资源向量之间的相似程度。

为了提高检索的准确性和效率，还可以引入一些优化算法和技巧。例如，排序算法可以对检索结果进行排序，将最匹配的文献资源排在前面，提高用户的满意度。负采样技术则可以用于优化匹配模块的训练过程，通过引入一些与查询请求不相关的负样本，使得模型能够更好地学习到正样本与负样本之间的区别，从而提高匹配的准确性。

与传统的基于关键词匹配的检索方法相比，基于深度学习的检索模型具有以下优势。

第一，深度学习模型能够更好地理解用户的查询意图，从而更准确地匹配到相关的文献资源。这是因为深度学习模型通过训练大量数据，可以学习到文献资源中的语义信息和上下文关系，进而更准确地理解用户的查询需求。这种理解不仅限于表面的关键词匹配，更能捕捉到用户的潜在意图和深层需求，从而提供更精准的检索结果。

第二，深度学习模型能够处理复杂的查询需求，进一步提高检索的准确性和效率。在实际应用中，用户的查询需求往往具有多样性和复杂性。例如，当用户查询一个具有多个含义的词汇时，传统的关键词匹配方法可能无法准确区分不同的含义，导致检索结果不准确。而深度学习模型通过学习和理解词汇的语义信息和上下文关系，能够区分不同含义，并提供准确的检索结果。此外，深度学习模型还能处理同义词、近义词等复杂情况，进一步提高了检索的准确性和效率。

为了更好地说明深度学习检索模型的优势，可以举一个具体的例子。假设用户想要查询关于"深度学习在图像识别领域的应用"的相关文献。在传统的关键词匹配方法中，系统可能只会根据关键词"深度学习""图像识别"等进行简单的匹配，而无法理解用户的查询意图和具体需求。而基于深度学习的检索模型则能够学习到这些词汇的语义信息和上下文关系，理解用户想要查询的是深度学习在图像识别领域的应用情况，从而提供更精准的检索结果。

2. 多模态信息融合在检索中的优势与应用

多模态信息融合是指将来自不同模态（如文本、图像、音频等）的信息进行有效整合，以提高信息检索的准确性和效率。在数字图书馆中，多模态信息融合的优势与应用主要体现在以下几个方面。

第一，多模态信息融合能够充分利用数字图书馆中丰富的资源。在数字图书馆中，多模态信息融合技术可以将文本、图像、音频和视频等多种类型的资源进行有效整合。这意味着，当用户搜索某本书籍时，除了可以获取到相关的文本信息，还可以检索到与该书籍相关的图片、音频片段或视频介绍。这些多模态信息的结合，为用户提供了更加直观、生动的了解书籍内容和特点的方式。例如，在搜索一本关于历史的书籍时，多模态信息融合技术可以为用户提供书籍的封面图片、作者的照片以及相关的历史场景图片，使用户能够直观地感受到书籍所描述的历史氛围。同时，还可以提供相关的音频片段，如作者的演讲、历史事件的录音等，让用户通过听觉进一步了解书籍内容。此外，视频介绍也是一个重要的多模态信息来源，它可以展示书籍的精华部分、作者的创作过程或相关的历史事件，为用户带来更加深入的了解和体验。

第二，多模态信息融合有助于解决传统信息检索中的语义鸿沟问题。在传统文本检索过程中，由于计算机对人类语言的复杂性和多样性缺乏深入的理解，往往难以准确捕捉用户的真实意图和需求，从而导致检索结果与用户的期望存在较大的差距。然而，多模态信息融合技术的出现，为我们提供了一个全新的解决方案。以图像检索为例，传统的图像检索主要依赖于图像的视觉特征，如颜色、纹理、形状等。然而，这些特征往往无法完全表达图像的内容和意义。而多模态信息融合技术则可以结合图像的视觉特征和文本描述，对图像进行更加全面和深入的分析。通过提取图像的视觉特征，并结合相关的文本描述，可以更加精确地定位用户所需的图像资源，提高检索的准确性和用户体验。

第三，多模态信息融合还有助于提高信息检索的智能化水平。随着人工智能技术的不断发展，越来越多的智能算法被应用于信息检索领域。多模态信息融合技术可以与这些智能算法相结合，实现更加精准、个性化的检索服务。例如，通过分析用户的搜索历史和行为习惯，可以为用户提供更加符合其需求的个性化推荐服务，从而提高用户的使用满意度。

3. 分布式存储与检索性能的提升

传统的数字图书馆往往依赖于集中式的存储方式，这种方式在数据量较小的阶段尚能满足基本需求。然而，随着数字化技术的快速发展和各类资源的不断积累，传统的存储方式已经逐渐暴露出存储容量有限、数据备份与恢复困难等问题。

针对这些挑战，分布式存储技术应运而生，为数字图书馆的发展注入了新的活力。

第一，分布式存储技术通过将数据分散存储在多个节点上，有效地解决了存储容量的问题。这种存储方式不仅提高了存储空间的利用率，还使得数据更加安全可靠。在分布式存储系统中，数据被分割成多个小块，并分散存储在不同的节点上，这样即使某个节点发生故障，也不会导致整个系统的崩溃。同时，分布式存储还具备高可扩展性，可以根据实际需求随时增加节点，从而满足数字图书馆不断增长的数据存储需求。

第二，分布式存储技术能够显著提高数据的访问速度。在分布式存储系统中，数据不再集中存储于单一的服务器或存储设备中，而是被拆分成多个部分，并分别存储在多个不同的节点上。由于数据分散存储在多个节点上，用户在进行数据访问时，可以根据自身需求和网络状况，选择最近的节点进行访问。这种就近访问的策略有效减少了网络传输的延迟，避免了数据在传输过程中的"瓶颈"和拥堵现象。

第三，分布式存储技术能够显著降低数据丢失的风险。通过将数据备份到不同的节点上，该技术实现了数据的冗余存储。即使某个节点发生故障或遭受攻击，其他节点上的数据备份仍然能够保持完整。这种多副本的存储方式有效地防止了数据丢失或损坏，确保了数据的安全性和可靠性。

第四，分布式存储技术还具有更好的数据一致性保障。分布式存储技术采用了一系列复杂的算法和协议。这些算法和协议不仅确保了数据的同步更新，还能够在节点之间实现高效的协作和通信。具体来说，分布式存储系统通常会使用如一致性哈希、Raft 或 Paxos 等算法，来实现数据的复制、同步和容错。这些算法通过确保在每次更新数据时所有相关节点都能收到并应用相同的更新，保证了数据的一致性。

第五，分布式存储技术还会利用网络通信协议（如 TCP/IP 等）来实现节点之间的数据传输和通信。这些协议不仅保证了数据传输的可靠性，还提供了流量控制、拥塞控制等机制，以确保节点之间的通信高效且稳定。

第六，分布式存储技术能够应对大量的并发访问和修改操作。通过合理的算法设计和网络优化，分布式存储系统能够在保持数据一致性的同时，实现高并发、低延迟的性能表现。这使得分布式存储技术成为处理大规模数据、支持高并发访问场景的理想选择。

第七，分布式存储技术还具备容错能力。由于数据分散存储在多个节点上，当某个节点出现故障或失效时，其他节点可以接管其任务，继续提供数据服务。这种容错能力不仅提高了系统的可用性，还进一步保障了数据的一致性。

第二节　用户支持服务

一、在线咨询与帮助

（一）实时咨询服务

为了帮助用户更高效地利用数字图书馆的资源，咨询馆员的角色变得尤为重要。他们不仅是信息的导航者，更是用户学习过程中的指导者和支持者。

首先，当用户在利用图书馆查找、获取资源遇到问题时，咨询馆员会及时伸出援手。他们了解各种检索工具和数据库的特点和使用方法，能够为用户提供个性化的检索策略和建议。通过他们的指导，用户能够更加准确地表达自己的需求，提高检索效率，迅速找到所需的信息。

其次，咨询馆员还会针对用户在使用数字资源过程中遇到的问题提供专业解答。例如，当用户遇到无法下载或保存电子文献的困难时，他们会详细解释下载和保存的步骤和注意事项，确保用户能够顺利获取所需的文献。此外，对于如何设置阅读器的参数以获得更好的阅读体验等问题，咨询馆员也会给予耐心细致的指导，帮助用户更好地利用数字资源。

最后，咨询馆员还会关注用户的阅读体验。他们深知阅读体验对于用户利用资源的重要性，因此会积极推荐适合用户需求的阅读工具和资源。通过他们的推荐，用户能够更加便捷地获取和阅读资源，提高阅读效率和质量。

（二）异步咨询服务

1. 电子邮件

电子邮件作为一种高效、私密且灵活的沟通方式，在现代社会发挥着日益重要的作用。特别是在图书馆服务领域，电子邮件已经成为用户与图书馆之间沟通交流的重要桥梁，使用户能够随时随地向图书馆提出咨询请求，获取所需的信息和帮助。

对于用户而言，使用电子邮件进行咨询具有诸多优势。

（1）时间和空间的灵活性

节省时间：用户无须亲自前往图书馆或等待咨询电话的接通，只需在空闲时登录电子邮箱，发送咨询邮件即可。这种非即时的沟通方式为用户提供了更多的自由度，使得咨询过程更加灵活。

跨地域性：无论用户身处何地，只要有互联网连接，都可以随时随地发送咨询邮件。这为远离图书馆或无法亲自到场的用户提供了极大的便利。

（2）清晰度和准确性

避免口头误解：电子邮件允许用户以文字形式清晰地阐述问题或需求，减少了口头沟通中可能出现的误解或遗漏。用户可以反复检查邮件内容，确保信息准确传达。

支持附件：如果问题涉及特定的文件、图片或其他资料，用户可以通过电子邮件附件的形式一并发送，使咨询更加全面和具体。

（3）咨询记录的保留和查阅

保留咨询历史：电子邮件咨询记录可以长期保存在用户的电子邮箱中，方便用户日后查阅。这有助于用户跟踪问题的解决情况，了解咨询进度。

便于整理和归档：用户可以根据需要对咨询邮件进行整理、归类和存档，形成自己的知识库或参考资料库。

图书馆方面同样重视电子邮件咨询服务的建设。为了确保用户的邮件能够得到及时处理，图书馆通常会设立专门的咨询邮箱，这一举措充分展示了图书馆对用户需求的深入了解和高度关注。用户只需通过电子邮件将自己的问题或需求发送给图书馆，即可获得专业的解答和帮助。这种服务方式不仅节省了用户的时间和精力，还提高了图书馆的服务效率。

为了保障电子邮件咨询服务的专业性和质量，图书馆会安排专业的咨询馆员负责回复邮件。这些咨询馆员通常具备丰富的图书馆学知识，熟悉各种图书资源和服务流程，能够为用户提供详尽的解答和帮助。同时，他们还具备良好的沟通技巧，能够与用户进行有效的沟通和交流，确保用户的需求得到充分的满足。

除了设立专门的咨询邮箱和安排专业的咨询馆员，图书馆还会对咨询邮件进行分类和归档。通过对邮件内容的分析，图书馆能够了解用户的咨询热点和需求趋势，进而优化服务流程和提高服务质量。同时，归档的邮件也可以作为宝贵的资料库，为未来的服务工作提供有力的支持和参考。

在实践中，许多图书馆已经成功地将电子邮件咨询服务应用于实际工作中。例如，一些大型图书馆会设立多个咨询邮箱，分别负责不同领域的咨询问题，以便更好地满足用户的多样化需求。此外，一些图书馆还会将电子邮件咨询服务与其他数字化服务相结合，如在线讲座、数字资源推荐等，为用户提供更加全面、丰富的服务体验。

电子邮件咨询服务的优点在于其不受时间和空间的限制，这种灵活性极大地提高了沟通的效率和便捷性，使用户能够更加方便地获取所需的信息和服务。此外，电子邮件咨询服务还具有保密性强的特点。用户可以在邮件中表达一些较为敏感或私密的问题，而不必担心被他人听到或泄露。图书馆方面也会严格遵守保密规定，确保用户的隐私得到保护。

2. 留言板

留言板作为用户与图书馆之间沟通的重要桥梁，是用户提出咨询请求的另一种不可或缺的途径。在现代社会，图书馆已经不仅仅是一个静态的藏书之所，而是逐渐演变成了一个集学习、研究、交流于一体的多功能文化空间。为了满足广大用户日益增长的需求，图书馆通常会在其官方网站或社交媒体平台上设置留言板功能，旨在为用户提供一个便捷、高效的咨询平台。

当用户浏览图书馆网站或社交媒体页面时，留言板成了一个极为便利的沟通工具。通过留言板，用户能够即时地表达他们的疑问、建议或反馈，而无须经历传统的邮件或电话沟通的烦琐流程。这种新型的沟通方式为用户带来了诸多便利，具体优势如下。

（1）实时性与即时性

留言板允许用户随时随地提出问题或建议，而图书馆员也能即时查看并回复。这种即时性使得问题能够迅速得到解决，提高了用户满意度。

（2）简洁明了

相比邮件或电话沟通，留言板上的信息更加简洁明了。用户可以直接在留言板上写下自己的问题或建议，无须经过复杂的撰写和发送过程。同时，管理员也能通过简单的回复来解决用户的问题，减少了沟通的复杂性。

（3）节省时间

对于用户来说，使用留言板进行沟通可以节省大量时间。他们无须拨打电话等待接通，也无须撰写冗长的邮件。只需在留言板上留下简短的信息，即可等待图书馆员的回复。这种高效的沟通方式使用户能够更快地解决问题或提出建议。

（4）公开透明

留言板上的信息对所有用户都是公开可见的。这意味着其他用户也可以看到问题的提出和解决方案，从而增加了沟通的透明度和可信度。同时，其他用户也可以通过留言板了解到图书馆或社交媒体页面的最新动态和变化。

（5）便于追踪与记录

留言板上的信息可以被长期保存和追踪。用户可以随时查看自己提出的问题或建议的回复情况，以及图书馆员的解决进度。这种记录功能有助于用户更好地了解自己的问题和建议的解决情况，也便于图书馆员对问题进行追踪和管理。

留言板作为一个开放的平台，鼓励用户积极参与图书馆或社交媒体页面的建设和管理。用户可以通过留言板提出自己的建议和意见，帮助图书馆或社交媒体页面更好地满足用户需求。图书馆方面则会定期查看留言板上的内容，对用户的留言进行逐一回复。这种回复往往具有针对性，能够精准地解决用户的问题，满足用户的需求。同时，图书馆方面也会根据用户的反馈和建议，不断优化服务质量，提升用户体验。

3. 在线聊天

在图书馆的运营过程中，开放时间、借阅规则等基本信息是用户最为关心的内容之一。通过在线聊天功能，用户可以随时随地向咨询馆员询问这些问题，而无须亲自前往图书馆或拨打咨询电话。咨询馆员可以迅速给出准确的答复，帮助用户了解图书馆的运营情况，避免因为信息不准确或过时而造成的不便。

在线聊天功能具有以下几个优势。

（1）在线聊天功能显著节省用户的时间和精力

在传统方式下，当用户需要查询资料、了解规则或解决疑难问题时，他们可能需要亲自前往图书馆，耗费大量时间在查找和筛选资料上。此外，由于图书馆的用户人数较多，他们还需要排队等待咨询馆员的服务，这无疑进一步加大了时间和精力的消耗。然而，在线聊天功能的出现彻底改变了这一局面。用户只需通过电脑或手机轻轻一点，便能与咨询馆员实时沟通，无须亲自前往图书馆。这种即时沟通的方式大大提升了咨询的效率，使用户能够更快速地获取所需的信息和解答。

具体来说，在线聊天功能在多个方面为用户带来了便利。首先，在查询图书信息方面，用户可以通过在线聊天功能直接询问咨询馆员，了解所需图书的馆藏情况、借阅状态以及借阅方式等详细信息。这避免了用户在图书馆内盲目寻找或频繁询问其他用户的尴尬和不便。其次，在线聊天功能还能帮助用户了解借阅规则。对于初次使用图书馆的用户来说，借阅规则可能是一个相对陌生的领域。而通过在线聊天功能，用户可以随时向咨询馆员咨询借阅规则，包括借阅期限、续借方式、罚款规定等，从而避免因不了解规则而产生不必要的麻烦。最后，在线聊天功能还能解决用户在使用图书馆过程中的疑难问题。无论是对于图书馆的使用方式、设施设备的操作还是对于特定资源的查找和利用，用户都可以通过在线聊天功能向咨询馆员寻求帮助。咨询馆员会根据用户的问题提供详细的解答和指导，确保用户能够顺利地使用图书馆的各项资源和服务。

（2）在线聊天功能在提供个性化服务方面表现出色

首先，在线聊天功能通过实时的对话交流，使咨询馆员能够深入了解用户的研究兴趣、学术背景以及所面临的问题。传统的咨询方式，如电话咨询或邮件咨询，往往受时间和表达方式的限制，难以全面把握用户的需求。而在线聊天则能够打破这些限制，让双方能够更加自由地进行交流，从而更加准确地理解用户的需求和问题。其次，在线聊天功能可以根据用户的需求和背景，提供更加个性化的服务。咨询馆员可以针对用户的特定问题，提供专业的解答和建议。他们可以根据用户的学术背景和研究兴趣，为其推荐相关的学术资源、研究方法和论文写作技巧等。这种个性化的服务不仅增强了用户的使用体验，还使用户能够更好地解决问题，从而提高学习效果和满意度。最后，在线聊天功能还具有高效性和便捷性的优势。用户可以随时随地进行在线聊天，无须等待或预约。同时，聊天记录也可以被保存下来，方便用户随时回顾和参考。这种高效性和便捷性不仅提高了用户的使用效率，还使用户能够更加方便地获取所需的帮助和指导。

4.社交媒体咨询

（1）社交媒体咨询服务的优势

社交媒体平台允许用户随时随地发起咨询，无须等待特定的工作时间或访问特定的网站。图书馆员可以即时查看并回复用户的咨询，提供高效的服务体验。通过在社交媒体上与用户互动，图书馆能够增强用户对图书馆的关注和兴趣。用户可以通过社交媒体了解到图书馆的最新动态、活动信息，以及与其他用户进行交流和分享，从而增强用户对图书馆的黏性。社交媒体平台是图书馆展示自身形象的重要窗口。通过积极回应用户的咨询和反馈，图书馆能够树立良好的服务形象，提升品牌知名度和美誉度。

（2）社交媒体咨询服务的实施

图书馆需要在社交媒体平台上建立官方账号，如微博、微信公众号、抖音等，以便用户能够通过这些平台找到图书馆并进行咨询。

a.微博

微博作为当今国内最具影响力的社交媒体平台之一，凭借其独特的传播方式和庞大的用户群体，已然成了人们获取信息、分享生活、表达观点的重要渠道。图书馆开设微博官方账号，无疑是一种与时俱进的创新举措，既能够拓宽信息传播的渠道，又能够增强与用户的互动，提升服务质量。

首先，微博官方账号的开设使得图书馆能够迅速而广泛地发布最新的图书馆资讯。每当有新的图书上架，或者有重要的文化活动举办时，图书馆都可以通过微博这一平台，迅速地将信息传递给广大的用户。这样的做法不仅提高了信息的传播效率，还使得更多的用户能够第一时间了解到图书馆的最新动态，从而增加他们对图书馆的关注度。

其次，微博官方账号也是图书馆与用户进行直接交流的重要平台。在微博上，用户可以自由地发表自己的观点和看法，提出对图书馆的建议和意见。而图书馆则可以通过回复评论、私信等方式，及时地收集并处理这些反馈，为改进服务质量提供有力的支持。这种双向的互动不仅增强了用户对图书馆的归属感和满意度，还使得图书馆能够更好地了解用户的需求和期望，从而提供更加贴心、个性化的服务。

最后，微博官方账号还可以作为图书馆进行品牌推广和形象塑造的重要工具。通过精心策划和发布有趣、有启发性的内容，图书馆可以吸引更多的用户关注和转发，提升品牌的知名度和美誉度。同时，微博上的互动和讨论也能够增强用户对图书馆的认同感和忠诚度，为图书馆的长远发展奠定坚实的基础。

b. 微信公众号

微信公众号作为现代社交媒体的重要一环，其在深度内容传播和用户关系维护方面发挥着不可忽视的作用。特别是在图书馆这一领域，微信公众号更是展现出了其独特的价值和潜力。

微信公众号作为图书馆与用户之间沟通的桥梁，不仅能够帮助图书馆传播知识，还能够加深与用户之间的情感联系。通过微信公众号，图书馆可以定期发布专题文章、阅读指南等深度内容，这些内容不仅包含了丰富的知识信息，还融入了图书馆的文化底蕴和人文关怀。这样的内容不仅能够满足用户的阅读需求，还能够提升他们的阅读体验和知识素养。

除了深度内容的传播，微信公众号还具备强大的用户管理能力。图书馆可以通过微信公众号收集和分析用户数据，了解用户的阅读习惯、兴趣偏好以及需求变化。基于这些数据，图书馆可以制定更加精准的服务策略，为用户提供更加个性化的阅读推荐和定制化的服务。例如，根据用户的阅读历史和喜好，图书馆可以推送相关的图书信息、活动通知等，让用户在第一时间获取到感兴趣的内容。

此外，微信公众号还能够帮助图书馆拓展服务范围，提升品牌影响力。通过微信公众号，图书馆可以开展线上活动、互动问答等，吸引更多用户的关注和参与。同时，图书馆还可以利用微信公众号进行品牌宣传和推广，提升其在社会上的知名度和美誉度。

c. 抖音

抖音，这款近年来备受瞩目的短视频平台，凭借其直观、生动且富有创意的表现形式，成功吸引了大量用户的目光。它不仅是人们记录生活、分享乐趣的重要工具，更成为各类机构、企业乃至公共服务部门宣传自身、推广活动的有力平台。在这样的背景下，图书馆作为传承文化、推广阅读的重要机构，有必要在抖音上开设官方账号，以短视频的形式与用户进行互动。

图书馆在抖音上开设官方账号，不仅可以制作一些与图书、阅读相关的短视频，还能通过这些视频展示图书馆的特色资源和文化氛围。例如，可以拍摄图书馆内的藏书陈列、阅读环境以及特色活动，让用户通过屏幕感受到图书馆的独特魅力。同时，还可以邀请专家学者进行阅读推广，分享阅读心得和推荐书目，以此吸引更多用户走进图书馆。

抖音的短视频形式具有传播速度快、覆盖面广的特点，这也使得图书馆在抖音上的宣传更具优势。通过短视频，用户可以快速了解图书馆的信息和活动，包括开放时间、借阅规则、最新上架的图书等。这种快速传播的方式有助于提高图书馆的知名度和影响力，吸引更多用户关注和参与。

此外，抖音平台上的用户互动性强，图书馆可以充分利用这一特点与用户进行互动。例如，可以发起话题讨论、举办线上活动等，引导用户参与讨论和分享，进一步增强用户对图书馆的归属感和认同感。

（3）制定服务规范

首先，图书馆需要明确社交媒体咨询服务的回复时间。社交媒体以其实时性强、互动性高的特点，受到了广大用户的青睐。用户通过社交媒体平台向图书馆咨询各种问题，包括图书借阅、活动信息、资源查询等。这些问题往往具有一定的时效性和重要性，因此他们希望得到及时、准确的回复。为了满足用户的这一需求，图书馆需要明确社交媒体咨询服务的回复时间。具体而言，图书馆应设定合理的回复时间标准，并在平台上进行公示。例如，在工作时间内，图书馆应尽量做到即时回复，确保用户的咨询能够迅速得到回应。这不仅可以提高用户的满意度，也有助于增强图书馆的服务形象。在非工作时间，图书馆可以设定明确的回复时间范围，如 24 小时内回复或在工作日上班后第一时间回复等。这样的设定可以让用户对回复时间有一个明确的预期，避免产生不必要的误解和抱怨。同时，图书馆也可以利用自动回复功能，提前设置一些常见问题的回答，以便在工作人员无法及时回复时，为用户提供初步的解答和帮助。

其次，图书馆需要确定社交媒体咨询服务的回复方式，具体如下。

a. 多平台服务

图书馆应认识到，不同的用户可能习惯使用不同的社交媒体平台。因此，图书馆应在多个主流平台上开设官方账号，并提供咨询服务。这包括但不限于微博、微信、抖音等。通过在多个平台上开展服务，图书馆可以覆盖更广泛的用户群体，提高服务的可及性。

b. 统一回复方式

虽然图书馆需要在多个平台上提供服务，但回复方式应保持统一。这有助于建立图书馆的专业形象，并让用户在不同平台上都能获得一致的服务体验。

① 标准的问候语和感谢语

问候语：当用户首次咨询或发起对话时，使用标准化的问候语能够迅速拉近图书馆与用户之间的距离，并传递出专业、友善的服务态度。例如，"您好，欢迎咨询图书馆服务，请问有什么可以帮助您的吗？"

感谢语：在回复用户咨询或解决问题后，使用统一的感谢语能够表达对用户提问的尊重和对服务工作的重视。例如，"感谢您的提问，希望我们的回复能够帮助到您。"

② 一致的回复风格和语气

专业且亲切：图书馆的回复应体现出专业性，同时保持亲切友好的语气。

避免使用过于生硬或复杂的语言，确保用户能够轻松理解。

清晰明了：回复内容应直接回应用户的问题，避免模糊或含混不清的表达。对于复杂问题，可以采用分段或列表的形式进行回答，以便用户快速找到所需信息。

礼貌：在回复中始终保持礼貌和尊重，即使面对无理或重复的咨询，也应保持冷静和礼貌的态度。

③统一的视觉识别元素

头像和封面：图书馆在各个社交媒体平台上的头像和封面应保持统一，以加强品牌识别度。

字体和颜色：在文本回复中，使用统一的字体和颜色能够增强视觉一致性，提升品牌形象。

c.灵活调整回复方式

虽然回复方式需要统一，但图书馆也应根据咨询内容的性质进行灵活调整。对于简单的信息查询，如图书馆开放时间、书籍借阅规则等，图书馆可以采用自动回复或预设回复的方式。这种方式能够迅速、准确地回应用户的咨询，提高回复效率。然而，对于复杂的学术问题或需要个性化解答的咨询，图书馆应安排专业人员进行详细解答。这些专业人员应具备相应的学科背景和咨询技巧，能够深入理解用户的问题并提供有针对性的解答。同时，他们还应具备良好的沟通能力和服务意识，确保用户能够有效解决问题，提高用户的满意度。

最后，图书馆还需要关注社交媒体咨询服务的回复内容。图书馆在社交媒体平台上的回复内容必须确保准确无误。这要求图书馆工作人员具备扎实的专业知识，能够迅速准确地解答用户提出的问题。同时，为了避免误导用户，回复内容还需经过仔细核实和审查，确保信息的真实性和可靠性。除准确性外，回复内容还应力求简洁明了。图书馆应避免使用过于专业的术语或复杂的句子结构，以免给用户带来阅读障碍。简洁明了的回复内容不仅能让用户快速理解问题的答案，还能提升图书馆的服务效率和用户的满意度。

（4）安排专人负责

为了有效管理社交媒体上的咨询与互动，图书馆需要安排专门的工作人员负责查看并回复用户在社交媒体上的咨询。

这些负责社交媒体咨询的工作人员需要具备专业的图书馆相关知识，包括但不限于图书馆的分类体系、藏书情况、借阅规则等。他们不仅要了解图书馆的基本运作原理，还要对各类图书资源有深入的了解，以便能够准确回答用户关于图书资源的问题。同时，他们还需具备良好的沟通技巧，包括文字表达能力和语言组织能力，以便能够清晰、简洁地向用户传达信息。

在回复用户咨询时，这些工作人员需要保持耐心和热情，对用户的每一个问题都要认真对待，及时给予答复。他们还需要善于倾听用户的意见和建议，积极收集用户反馈，以便图书馆能够更好地改进服务质量和提升用户体验。

（三）常见问题解答（FAQ）

首先，图书馆在网站上设置常见问题解答页面，有助于减轻图书馆员的工作负担。以往，用户在遇到问题时，往往需要通过电话、邮件或亲自前往图书馆咨询，这不仅浪费了用户的时间，也给图书馆员带来了不小的压力。而现在，通过常见问题解答页面，用户可以随时随地在线查找答案，无须等待或排队，大大提高了解决问题的效率。

其次，常见问题解答页面还能够帮助用户更好地了解图书馆的服务和资源。在这个页面上，图书馆会列出一些常见的问题，如借阅规则、开放时间、预约方式等，并对这些问题进行详细的解答。这些解答不仅可以帮助用户解决当前的问题，还能让用户对图书馆的服务有更深入的了解，从而更加充分地利用图书馆的资源。

此外，常见问题解答页面还会定期更新和扩充，以适应读者需求的变化。图书馆会根据用户的反馈和咨询情况，对页面内容进行不断优化和调整，确保所列举的问题和解答都是用户真正关心和需要的。同时，图书馆还会关注行业动态和新技术的发展，将最新的信息和服务方式纳入常见问题解答页面，为用户提供更加全面、前沿的服务。

常见问题解答页面是许多网站和应用中不可或缺的一部分，它为用户提供了便捷的查询和解决疑问的途径。为了提高用户的阅读体验和理解度，这些页面采用了多种丰富多彩的表现形式，如文字、图片、视频等，使得问题解答更加生动、直观。

文字作为最基本的展现形式，能够清晰地传达问题解答的核心内容。然而，仅仅依靠文字往往无法完全满足用户的需求。因此，在常见问题解答页面中，还加入了图片这种直观性更强的展现方式。通过插入与之相关的图片，用户能够更直观地理解，甚至在一些复杂的操作步骤中，图片还能起到辅助说明的作用。

此外，视频作为一种动态的表现形式，在常见问题解答页面中也得到了广泛的应用。视频可以通过演示、讲解等方式，将相关内容以更加生动、有趣的方式呈现给用户。这种方式不仅提高了用户的阅读体验，还使得相关内容更易于被理解和接受。尤其是在一些需要展示操作过程或技术细节的问题上，视频展现方式的优势更加明显。

多样化的展现方式不仅增强了用户的阅读体验，还使得这些问题解答更易于被理解和接受。通过结合文字、图片和视频等多种形式，常见问题解答页面能够为用户提供更加全面、详细和生动的解答，帮助他们更好地解决问题。

二、用户教育与培训

（一）用户教育与培训的目的

增强用户意识：让用户了解数字图书馆的基本概念、特点和优势，提高用户对数字图书馆的认知度和使用意愿。

提升用户技能：教授用户如何高效地使用数字图书馆的各项功能和服务，包括检索、浏览、下载等，提高用户的信息获取能力。

促进信息素养：培养用户的信息意识、信息处理能力和信息道德，使用户能够健康、安全地使用数字图书馆资源。

（二）用户教育与培训的方法

1. 理论讲授

为了让广大用户更好地了解和使用数字图书馆，理论讲授成了一种至关重要的方式。通过举办讲座、开设课程等形式，可以系统地向用户传授数字图书馆的理论知识，帮助他们建立对数字图书馆的基本认识和理解。

在讲座方面，可以邀请数字图书馆领域的专家学者，就数字图书馆的起源、发展、功能及应用等方面进行深入浅出的讲解。通过专家的精彩演讲，用户可以了解到数字图书馆的历史脉络、技术革新以及未来发展趋势。同时，讲座还可以结合具体的案例和实践，让用户更加直观地感受到数字图书馆在实际应用中的价值和意义。

在课程设置方面，可以针对不同层次、不同需求的用户，开设一系列关于数字图书馆的课程。这些课程可以包括数字图书馆的基本操作、资源检索技巧、信息组织与分类、版权保护与知识产权等内容。通过系统的课程，用户可以逐步掌握数字图书馆的使用方法，提高信息获取和处理的能力。

2. 实践操作

实践操作是用户掌握数字图书馆使用技能的关键环节。在这一环节中，需要安排用户进行一系列的实际操作，包括检索、浏览、下载等，以便他们能够通过亲身体验，深入了解数字图书馆的各项功能，并逐渐形成熟练的操作习惯。

首先，在检索方面，需要指导用户如何快速、准确地找到所需的信息。这包括教授用户如何使用关键词进行检索，如何设置检索条件以缩小范围，以及如何利用图书馆的分类目录进行浏览。通过实践操作，用户将逐渐掌握检索技巧，提高信息获取的效率。

其次，在浏览方面，需要引导用户了解数字图书馆的布局和结构，以及各类资源的分布情况。通过实际操作，用户可以熟悉图书馆的界面设计、导航菜单以及资源展示方式，从而更加方便地浏览和筛选所需的信息。

此外，下载功能也是数字图书馆的重要组成部分。需要指导用户如何下载所需的文献、图片或其他资源，并解释下载过程中的注意事项和限制。通过实践操作，用户可以熟练掌握下载技巧，为日后的学习和研究提供便利。

在实践操作的过程中，相关人员还可以适当添加一些具体的例子和引用，以帮助用户更好地理解数字图书馆的使用方法和技巧。例如，可以分享一些成功的检索案例，展示如何运用关键词和检索条件找到有价值的资源；还可以引用一些专业的研究报告或文献，说明数字图书馆在学术研究和知识普及方面的重要作用。

最后，在深入分析和论述方面，可以进一步探讨数字图书馆的使用技巧、优化策略以及未来发展趋势。例如，可以讨论如何结合个人的学习或工作需求，制定个性化的检索策略；还可以探讨如何利用数字图书馆的个性化推荐功能，提高信息获取的精准度。

3. 网络学习

图书馆通过引入在线课程，打破了传统学习的时空限制。用户不再需要亲自前往图书馆，只需通过电脑或手机等终端设备，即可随时随地进行学习。这种灵活的学习方式使得用户可以根据自己的时间安排和兴趣偏好，自由选择学习的内容和进度。同时，在线课程通常具有丰富的教学资源和多样的学习方式，如视频讲解、在线测试、互动讨论等，能够为用户提供更加全面、深入的学习体验。

除了在线课程，图书馆还利用网络教学平台，为用户提供更加个性化的学习服务。这些平台通常具有强大的学习管理功能，可以根据用户的学习需求和水平，推荐合适的学习资源和课程。同时，平台还提供了丰富的学习工具和资源，如电子图书、期刊论文、研究报告等，方便用户进行深入研究和学习。

四、特殊用户群体服务

（一）老年用户群体

1. 老年用户的生理与心理特征

老年用户群体作为社会的重要组成部分，其对于数字图书馆服务的需求和接受程度逐渐受到关注。为了更好地满足老年用户的需求，图书馆需要深入了解老年用户的生理与心理特征，以便为他们提供更加贴心、个性化的服务。

（1）生理特征

老年用户的生理特征主要体现在身体机能逐渐下降、视力听力减退等方面。这些特征使得老年人在使用数字图书馆服务时面临一定的挑战。因此，在设计数字图书馆服务时，需要特别关注老年用户的生理特征，确保服务能够满足他们的需求。

（2）心理特征

在心理特征方面，老年用户群体往往展现出了强烈的怀旧情感。这种怀旧情感不仅体现在对过去的回忆和怀念上，更体现在对传统文化的传承和弘扬上。他们对传统文化和经典作品怀有深厚的感情和浓厚的兴趣。因此，在数字图书馆服务的设计与实施过程中，应充分考虑到老年用户的这一心理特征，注重收录和推荐传统文化、历史文献、经典名著等优质资源，以满足老年用户的阅读需求。

此外，老年用户还可能因为孤独感、缺乏社交等原因而产生心理问题。随着年龄的增长，许多老年人可能会面临子女离家、亲友离世等生活变故，导致他们感到孤独和无助。因此，在数字图书馆服务中，除提供丰富的阅读资源外，还应注重搭建线上交流平台，为老年用户提供一个互动、分享的空间。通过线上交流平台，老年用户可以相互分享阅读心得、交流生活感悟，甚至组织线上读书会、文化讲座等活动，增进彼此之间的了解和友谊。这种互动交流不仅有助于缓解老年用户的孤独感，还能提升他们的生活质量，使他们感受到社会的关爱和温暖。

2. 老年用户对数字图书馆服务的需求与期望

（1）在信息检索方面

一方面，老年用户对于生活信息的获取有着强烈的需求。随着年龄的增长，他们可能不再像年轻时那样频繁地外出社交或参与各种活动。而数字图书馆则成为他们获取生活资讯的重要渠道。无论是了解社区活动、节日庆典，还是寻找休闲娱乐的方式，老年用户都可以通过数字图书馆轻松获取相关信息，丰富自己的晚年生活。

另一方面，健康信息对于老年用户来说同样至关重要。随着年龄的增长，老年用户的身体状况可能逐渐发生变化，需要更加关注健康问题。数字图书馆提供了大量有关疾病预防、养生保健、康复锻炼等方面的资源，以满足老年用户的健康需求。

在疾病预防方面，数字图书馆提供了大量的专业文章和资料，介绍了各种常见疾病的预防方法。老年用户可以通过查阅这些资料，了解如何预防高血压、糖尿病、心脏病等老年常见疾病，掌握正确的饮食、运动、生活习惯等方面的知识，从而有效地降低患病风险。

在养生保健方面，数字图书馆同样提供了丰富的资源。老年用户可以通过阅读养生文章、观看养生视频等方式，了解如何调节饮食、运动、睡眠等方面，以达到养生的目的。此外，数字图书馆还提供了很多关于心理健康的资讯，帮助老年用户缓解压力、调整心态，保持积极健康的生活态度。

在康复锻炼方面，数字图书馆也提供了很多有用的信息。老年用户可以通过查阅康复锻炼的资料，了解如何根据自己的身体状况进行适当的锻炼，促进身体的康复和健康。数字图书馆还提供了很多专业的健身视频和教程，让老年用户能够在家中进行有效的锻炼，提高身体素质。

（2）在知识学习方面

首先，老年用户对于科技动态的关注与日俱增。随着科技的飞速发展，老年用户的生活也发生了翻天覆地的变化。从最初的电视、电话，到现在的智能手机、智能家居，科技产品不断推陈出新，让老年用户的生活变得更加便捷、丰富。数字图书馆为老年用户提供了丰富的科技资源。这些资源不仅包括最新的科技成果、研究论文，还涵盖了行业报告、科普知识等各个领域。老年用户可以通过数字图书馆随时随地了解科技发展的最新动态，学习新知识，拓宽视野。以智能手机为例，老年用户可以通过数字图书馆学习如何更好地使用智能手机。他们可以了解智能手机的最新功能、操作方法，以及如何利用智能手机进行购物、社交、娱乐等活动。这些知识的获取不仅可以帮助他们更好地融入现代社会，还能提高他们的生活质量。

其次，老年用户也关注社会热点，尤其是与自身生活密切相关的议题。社会在不断向前发展，各种社会问题也随之涌现，如医疗保障、养老政策对生活的影响等。这些问题直接关系老年用户的切身利益，他们需要通过了解这些社会热点来更好地应对生活中的挑战。数字图书馆为老年用户提供了一个便捷、高效的获取社会热点资源的平台。它涵盖了新闻报道、分析评论、专家解读等多种类型的信息资源，能够满足老年用户对于不同角度、不同深度的社会热点信息的需求，还能够提升他们的社会认知能力和应对能力。具体来说，老年用户通过了解社会热点可以更好地理解社会现象和趋势，从而做出更明智的决策。例如，在了解养老政策后，他们可以根据自身情况选择合适的养老方式；通过阅读分析评论和专家解读，老年用户还可以培养批判性思维，学会从多个角度思考问题，提高应对复杂社会问题的能力。

最后，老年用户还希望通过数字图书馆学习各类实用技能。在数字化时代，随着信息技术的迅猛发展，掌握计算机操作、网络应用等技能已经变得至关重要。

对于老年用户而言，他们同样渴望通过不断学习，更好地融入现代社会，享受数字化带来的便利。在数字化时代，老年用户面临着各种挑战，如与亲友的沟通方式变化、信息获取途径的更新等。因此，他们希望通过学习各种实用技能，如计算机基本操作、网络浏览、电子邮件发送等，来应对这些挑战，提高自己的生活质量。数字图书馆为老年用户提供了丰富的学习资源。这些资源包括各种在线课程、教学视频、电子书籍等，涵盖了计算机操作、网络应用、生活技能等多个领域。老年用户可以根据自己的兴趣和需求，选择适合自己的课程进行学习。这些课程通常以图文结合、视频讲解的形式呈现，使得学习过程更加生动、直观，有助于老年用户更好地理解和掌握。

（3）在娱乐休闲方面

老年用户在使用数字图书馆服务时，对于娱乐休闲的需求主要表现在对多样化娱乐资源的渴望。他们希望通过数字图书馆平台，能够轻松获取到各类音乐、电影、戏曲等娱乐内容。这些资源不仅能够满足他们欣赏艺术的需求，还能够缓解生活中的压力，提升生活质量。

针对老年用户对数字图书馆服务的迫切需求，他们对于这一服务的期望也相当明确且具体。

首先，老年用户普遍希望数字图书馆能够提供更便捷、更人性化的操作界面。由于老年人在使用电子设备方面可能存在一定的困难，因此他们更期望数字图书馆的界面设计能够简洁明了，布局合理，功能划分清晰，以便他们能够轻松上手，快速找到所需的信息。

其次，老年用户期望数字图书馆能够提供更丰富、更全面的信息资源。他们通常希望能够轻松地查找到关于健康、养生、休闲娱乐、文化历史等方面的信息，以满足他们的需求。

再次，他们还可能对数字图书馆的书籍、期刊、报纸等电子资源感兴趣，希望能够在数字图书馆中方便地获取这些资源，以丰富自己的精神文化生活。

最后，老年用户还希望数字图书馆能够加强社交功能。他们渴望与同龄人交流互动，分享彼此的生活经验和感悟。因此，他们希望数字图书馆能够为他们搭建一个社交平台，让他们能够轻松地与志同道合的朋友进行交流和互动。这样不仅能够增进他们之间的友谊，还能够让他们感受到社会的关爱和温暖。

（二）少数民族用户群体

由于历史、地理、文化等多种复杂因素的交织影响，我国少数民族地区的经济发展相对滞后，信息化程度也普遍偏低。这种现状不仅制约了当地的经济社会发展，也给少数民族用户在获取和使用数字图书馆服务时带来了诸多挑战，具体表现在以下几点。

第一，语言障碍是少数民族用户在利用数字图书馆服务时面临的一大难题。随着信息化时代的快速发展，数字图书馆以其丰富的资源、便捷的获取方式，成为广大用户获取知识和信息的重要途径。然而，对于许多少数民族用户来说，由于他们拥有独特的语言和文化传统，这使得他们在使用以汉语为主的数字图书馆资源时，往往感到力不从心，难以充分享受数图书馆的便利。在当前的数字图书馆服务中，尽管一些平台已经开始尝试提供多语言服务，但覆盖范围和服务质量仍有待提升。一方面，多语言服务的覆盖范围仍然有限，许多少数民族语言并未得到充分的支持。这导致一些少数民族用户在使用数字图书馆时，仍然需要借助翻译工具或请教他人，才能理解资源内容。另一方面，服务质量方面也存在一些问题。例如，一些多语言服务存在翻译不准确、词汇缺失等问题，导致少数民族用户难以准确理解资源内容。

第二，少数民族用户的技术水平有限也是制约使用数字图书馆服务的重要因素。在少数民族地区，由于历史、地理、经济等多方面因素的影响，教育资源相对匮乏，很多用户的计算机和网络技能水平相对较低，这使得他们在使用数字图书馆时，常常感到困惑和无助。具体来说，对于多数少数民族用户而言，一些复杂的操作、界面设计和功能使用可能会成为他们使用数字图书馆时的巨大挑战。例如，在搜索资源时，由于不熟悉关键词的选择和组合，他们可能难以找到所需的资料；在浏览和阅读数字资源时，由于对页面布局和导航方式不熟悉，他们可能会迷失在茫茫的信息海洋中；在下载和保存资源时，由于不了解文件格式和存储路径，他们可能会遇到一系列技术难题。

第三，少数民族文化具有独特性和多样性，少数民族用户对于信息的需求也呈现出多样化、个性化的特点。在数字图书馆的建设和服务中，如何充分考虑到少数民族用户的特殊需求，提供符合他们文化特点和阅读习惯的资源和服务，也是一个值得深思的问题。这不仅涉及资源的收集、整理和分类，还涉及服务方式的创新和优化。

针对这些问题，数字图书馆应采取一系列措施来改进和提升服务。

1. 加强少数民族语言资源的数字化建设

在具体建设中，相关人员要进行广泛而深入的收集与整理工作。这包括深入挖掘和整理少数民族的经典文献、历史资料、传统文化等各类资源，确保这些宝贵的文化遗产得以完整保存。同时，图书馆还应注重对这些资源进行高质量的翻译，以消除语言障碍，让更多人能够理解和欣赏少数民族文的魅力。

数字化处理是少数民族语言资源数字化建设的关键环节。通过采用先进的数字化技术，可以将收集到的各类资源转化为数字格式，进而在数字图书馆等平台上进行展示和共享。这不仅能够实现对资源的长期保存和便捷访问，还能让更多人通过网络平台了解和学习少数民族文化。

为了更好地满足少数民族用户的需求，数字图书馆还应提供多语言界面和搜索功能。多语言界面的设置能够方便用户在不同语言之间进行切换，提高使用的便捷性；而搜索功能的优化则能够帮助用户快速找到所需的信息，提高资源利用效率。

2. 提升少数民族用户的信息素养和技术能力

通过开设信息素养课程、举办培训班等方式，数字图书馆可以向少数民族用户传授数字化信息获取、筛选、评价和利用的基本技能。例如，可以教授他们如何利用搜索引擎查找所需信息，如何辨别信息的真伪和可靠性，如何有效地进行信息整合和利用等。此外，还可以根据少数民族用户的实际需求，提供有针对性的培训内容，帮助他们更好地适应数字化生活。

除了信息素养培训，数字图书馆还可以为少数民族用户提供技术支持服务。针对他们在数字化信息获取和利用过程中遇到的问题和困难，数字图书馆可以提供具体服务，帮助他们解决问题，提高使用效率。同时，还可以为少数民族用户提供一些实用的数字化工具和平台，如数字阅读器、在线学习平台等，以便他们更方便地获取和使用数字化资源。

3. 数字图书馆应关注少数民族文化的传承与创新

一方面，数字图书馆应积极挖掘少数民族文化的深厚底蕴。我国拥有众多的少数民族，每个民族都拥有其独特的语言、文字、艺术、习俗等文化元素。这些文化元素是少数民族在长期历史发展过程中形成的宝贵财富，具有极高的历史、艺术和科学价值。因此，数字图书馆应加强对这些文化元素的搜集、整理和研究，通过数字化手段将其呈现给广大用户，让更多人了解和认识少数民族文化。

另一方面，数字图书馆应充分展示少数民族文化的独特魅力。通过数字化技术，数字图书馆可以将少数民族的服饰、歌舞、建筑等文化元素以生动的形式呈现给用户，让人们感受到这些文化的独特魅力。同时，数字图书馆还应鼓励和支持少数民族用户利用平台进行文化创作和创新活动。通过举办线上文化活动、开设创作课程等方式，数字图书馆可以激发少数民族用户的创作热情，推动他们利用数字技术创作出更多具有民族特色的文化作品。这些作品不仅可以丰富数字图书馆的内容资源，还可以为少数民族文化的传承与发展注入新的活力。

4. 数字图书馆还需要加强与政府部门、社会组织的合作与联动

首先，数字图书馆应加强与政府部门的合作，争取政策支持与资金投入。政府部门在推动少数民族地区文化事业发展方面具有重要作用，可以为数字图书馆的建设提供政策保障和资金支持。通过与政府部门的紧密合作，数字图书馆可以获得更多的政策倾斜和资金支持，为少数民族地区的数字图书馆建设提供有力保障。同时，政府部门还可以协助数字图书馆在少数民族地区进行宣传推广，提高数字图书馆的知名度和影响力。

其次，数字图书馆应与社会组织、教育机构等建立广泛的合作关系。这些组织在少数民族地区具有丰富的资源和经验，可以为数字图书馆提供宝贵的帮助和支持。例如，教育机构可以协助数字图书馆开展针对少数民族用户的信息素养教育活动，帮助他们更好地利用数字图书馆的资源。而社会组织则可以协助数字图书馆开展文化推广活动，丰富当地群众的文化生活。

最后，数字图书馆还可以与少数民族地区的文化机构、研究机构等开展深度合作。这些机构对当地的文化传统、民族特色等有着深入的了解和研究，可以为数字图书馆提供丰富的资源素材。通过与这些机构的合作，数字图书馆可以深入挖掘和展示少数民族地区的文化特色，为当地群众提供更加丰富多彩的文化服务。

（三）残障群体

1. 视力障碍者

视觉障碍者可能由于视力受损或失明而无法正常阅读文字或图片。针对这一群体，数字图书馆可以推出语音阅读功能，优化界面设置选项，使其能够获取所需信息。

（1）语音阅读功能

语音阅读功能作为现代科技的一项伟大创新，为视力障碍者带来了前所未有的便利。这一功能通过先进的语音识别技术，将电子文献中的文字信息转化为语音形式，使视力障碍者能够借助听觉这一感知方式，轻松获取各种文献资料中的信息。

语音阅读功能为视力障碍者打破了阅读方面的障碍。在过去，由于视力问题，这部分群体面临着无法直接阅读书籍、论文等文献资料的困境，这无疑给他们的学习和生活带来了诸多不便。然而，随着科技的飞速发展，语音阅读功能应运而生，为视力障碍者带来了福音。语音阅读功能运用先进的语音合成技术，将文字信息转化为语音输出。用户只需轻轻一点，便可轻松聆听书籍、论文、新闻等各种文字资料。这种技术不仅方便快捷，而且极大地提高了视力障碍者获取信息的效率。他们不再需要依赖他人帮助阅读，而是可以独立地获取所需的知识和信息。

语音阅读功能还大大提高了视力障碍者的阅读效率和舒适度。相较于传统的手动阅读方式，语音阅读能够自动将文字转化为语音，无须视力障碍者花费过多的时间和精力去阅读。同时，语音阅读还可以根据个人的阅读习惯和需求，调整语速、音量等参数，使得阅读过程更加舒适和高效。

另外，语音阅读功能还具有广泛的应用场景，具体如下。

a.居家阅读

在家中，视力障碍者可以利用语音阅读功能享受阅读带来的乐趣。无论是休闲时光还是睡前故事，他们都可以选择自己喜欢的小说、散文等文学作品进行聆听。这种阅读方式不仅方便、舒适，还能让他们更好地沉浸在文字的世界中，感受不同的情感和故事。

b.教育学习

对于视力障碍的学生和学者来说，语音阅读功能是他们学习的重要工具。无论是课本、参考书籍还是专业论文，他们都可以将其转化为电子文献，通过语音阅读功能进行聆听和学习。这不仅解决了他们阅读上的障碍，还提高了他们的学习效率和质量。此外，语音阅读功能还可以配合学习软件使用，如字典、翻译软件等，帮助他们更好地理解和掌握知识。

c. 工作场景

在办公室中，视力障碍者也可以利用语音阅读功能来处理工作文件、报告等。通过语音阅读，他们可以快速地浏览和理解文件内容，提高工作效率。同时，他们还可以利用语音输入功能来撰写文件或发送邮件，实现无障碍的办公沟通。

d. 公共出行

在旅途中，语音阅读功能更成了视力障碍者的得力助手。无论是乘坐公共交通工具还是自驾出行，他们都可以利用手机、平板电脑等设备上的语音阅读功能来获取信息。例如，在需要乘坐火车或飞机时，他们可以通过语音阅读来了解车次信息、航班信息、目的地介绍等；在自驾出行时，他们可以通过语音导航来规划路线、了解路况等。

e. 生活娱乐

除学习和工作外，语音阅读功能还为视力障碍者提供了丰富的娱乐选择。他们可以通过语音阅读来聆听音乐、相声、评书等节目，享受听觉上的盛宴。此外，一些语音阅读软件还提供了社交功能，如语音聊天室、语音论坛等，让视力障碍者能够与其他人交流互动，分享彼此的生活和感受。

（2）优化界面设置选项

a. 提高屏幕对比度是优化界面设置的关键之一

视力障碍者通常对颜色的敏感度较低，这意味着在普通的屏幕设置下，文字与背景之间的色差可能并不明显，导致他们难以清晰地辨认文字内容。而通过增加屏幕对比度，可以使文字的颜色与背景色之间的差别更加明显，从而极大地提高文字的可读性。

这种优化对于视力障碍者来说具有重大的意义。首先，通过提高屏幕对比度，他们可以更加轻松地阅读屏幕上的内容，减轻阅读负担。这不仅可以让他们更舒适地使用电子设备，还有助于缓解长时间阅读可能带来的视觉疲劳。其次，提高屏幕对比度还有助于提升视力障碍者的阅读体验。当文字与背景之间的色差更加鲜明时，他们可以更加专注于阅读内容本身，而不会被模糊的视觉效果干扰。这不仅可以提高他们的阅读效率，还有助于增强他们对信息的理解和吸收能力。最后，提高屏幕对比度也是一项人性化的设计举措。它充分考虑了视力障碍者的特殊需求，通过优化界面设置，让他们能够更加平等地享受数字时代的便利。这种设计不仅体现了对视力障碍者的关爱和尊重，也展示了社会对多元化需求的包容和理解。

b.增大字体是优化界面设置的重要措施

在数字图书馆中，文字信息是传递知识的主要途径。因此，为了满足视力障碍者的阅读需求，数字图书馆应提供字体大小调整的功能。通过这一功能，用户可以根据自己的视力状况，灵活调整字体大小，以便更加舒适地阅读和浏览文献资料。

字体大小调整功能的实现方式多种多样。一种常见的实现方式是在应用程序的界面上设置专门的字体大小调整按钮或滑块。这些按钮或滑块通常位于界面上的显眼位置，用户只需点击或拖动，即可方便地实现字体的放大或缩小。这种设计简单直观，对于大多数用户来说非常容易上手。除这种基本的实现方式外，一些先进的数字图书馆还采用了更为智能的自动调整字体大小功能。这些数字图书馆通常会对用户的阅读习惯和视力状况进行监测和分析。比如，当用户长时间保持同一字体大小阅读时，系统会自动提醒用户是否需要调整字体大小以减轻视觉疲劳。同时，系统还会根据用户的视力状况，如年龄、视力矫正程度等因素，自动为用户推荐合适的字体大小。

c.优化颜色搭配也是优化界面设置的关键环节

一是，在设计颜色方案时，相关人员需要高度重视视力障碍者的视觉特点，确保所设计的颜色组合既美观又实用。视力障碍者可能对于某些颜色不够敏感，或者难以区分相近的颜色，这直接影响他们对文字信息的理解和接收。因此，为了确保文字信息的清晰可读，设计人员必须充分考虑视力障碍者的视觉需求。

首先，选择对比度高、易于辨认的颜色组合至关重要。这样的颜色组合能够使得文字信息在背景色中脱颖而出，从而降低视力障碍者在阅读时的难度。因此，在选择颜色时，我们需要充分考虑色彩的对比度以及它们对人眼视觉的影响。

其次，要避免使用过于花哨或突兀的颜色搭配。这样的颜色组合可能会给视力障碍者带来困扰，甚至引发视觉疲劳，从而降低界面的易用性。相反，应该追求简洁、明了的设计风格，使用清晰、易识别的颜色，以便视力障碍者能够迅速、准确地获取所需信息。

再次，颜色的搭配还需要与界面的整体风格相协调。一个和谐的色彩搭配能够提升界面的美观度，同时也能够增强用户的阅读体验。相关人员可以根据界面的主题、内容以及用户群体的特点来选择适合的颜色，以确保颜色与界面风格相得益彰。

最后，设计人员还需要对颜色搭配方案进行不断的测试和优化。通过收集用户的反馈和数据，了解用户对于颜色搭配的感受和需求，进而对方案进行有针对性的调整和优化。只有不断地迭代和改进，才能打造出更加优秀的界面设计作品。

2. 听力障碍者

听觉障碍者可能由于听力受损或耳聋而无法听取声音信息。针对这一群体，图书馆应做好以下几点。

首先，数字图书馆应为听力障碍者提供了详尽的文字描述。在数字图书馆的电子图书中，每一章节、每一个段落甚至每一个关键词都有相应的文字解释和描述。这些描述不仅仅是对图书内容的简单概括，更是对其中难点和疑点的深入剖析。对于听力障碍者来说，这些文字描述就像是一座座桥梁，帮助他们跨越了语言障碍，直达知识的彼岸。以一部经典文学作品为例，在数字图书馆的电子版中，除常规的章节划分和段落布局外，还针对作品中的关键情节、人物形象以及主题思想等进行了详尽的文字描述。这些描述不仅包括了作品的基本情节梗概，还详细解析了人物的性格特点、心理变化以及情感纠葛等。同时，对于作品中出现的典故、成语以及生僻字等，也都有相应的解释和注音，方便用户查阅和理解。

其次，数字图书馆还可以通过图片展示等方式，为听力障碍者提供了直观的视觉信息。在数字图书馆中，图书的电子版经过精心制作，每一页都配备了精美的插图和图片。这些图片不仅丰富了图书的视觉效果，使得图书内容更加生动形象，而且为听力障碍者提供了理解文字含义的直观途径。他们可以通过仔细观察图片，更深入地了解故事情节的发展、人物形象的塑造以及场景设置的具体细节。例如，在一本描述自然风光的图书中，听力障碍者可以通过图片欣赏到壮丽的山川、秀美的河流以及丰富的动植物群落。这些图片不仅展现了自然之美，还能够帮助他们理解文字中对于自然景色的描绘。同样，在一本讲述历史故事的图书中，图片则能够直观地展现历史事件的关键场景，帮助他们更好地理解历史事件的来龙去脉。

数字图书馆还通过运用先进的图像处理技术，使得图片的质量更加清晰、细腻。这些高质量的图片不仅能够提升阅读体验，还能够为听力障碍者提供更加准确、详细的视觉信息。同时，数字图书馆还提供了多种图片查看方式，如放大、缩小、旋转等，以满足不同用户的需求。

最后，数字图书馆还提供手语视频教程或手语翻译服务，以满足听力障碍者通过视觉渠道获取语音信息的需求。

第一，手语视频教程和手语翻译服务能够直接满足听力障碍者通过视觉渠道获取语音信息的需求。在传统图书馆中，听力障碍者往往难以直接理解和吸收语音内容，而手语视频教程和手语翻译服务则能够将语音内容转化为手语形式，使听力障碍者能够通过观看手语来理解的含义。这种转化不仅突破了听力障碍的限制，也使得这些内容更加直观、生动，有助于听力障碍者更好地理解和掌握知识。

第二，手语视频教程和手语翻译服务为听力障碍者提供了一种全新的学习体验。通过观看手语视频，听力障碍者可以更加直观地感受到语言的魅力和知识的力量。同时，手语视频教程的多样性也为听力障碍者提供了更多的学习选择，他们可以根据自己的兴趣和需求选择适合自己的学习内容。这种学习方式的创新不仅激发了听力障碍者的学习兴趣，也提高了他们的学习效率和学习质量。

第三，数字图书馆提供手语视频教程和手语翻译服务还具有积极的社会意义。一方面，这种服务有助于促进社会对听力障碍者的关注和关爱，提高社会对听力障碍问题的认识和理解。另一方面，这种服务也有助于推动手语文化的传承和发展，使更多的人了解和认识手语这一特殊的语言形式。

第四，数字图书馆在提供手语视频教程和手语翻译服务时，还需要注重服务质量和用户体验。例如，需要确保手语视频教程的准确性和清晰度，以及手语翻译服务的专业性和及时性。同时，还需要根据听力障碍者的实际需求和反馈，不断优化服务内容和方式，以提供更加贴心、个性化的服务。

3. 行动不便的残障人士

行动障碍者可能由于身体运动能力受限而无法自如地操作电脑或移动设备。对于行动不便的残障人士，数字图书馆应为他们提供更为贴心和便利的服务。

（1）引入先进的语音控制技术

这项技术的引入，极大地改变了传统图书阅读的方式。以往，用户在使用电子设备阅读图书时，需要依赖鼠标或触摸屏进行操作，这无疑增加了一定的操作难度。然而，现在通过引入先进的语音控制技术，用户只需通过简单的语音指令，就能轻松实现页面的翻页、搜索、放大缩小等功能。这种设计不仅极大地提高了操作效率，还极大地降低了用户的操作难度，使他们能够更加便捷地访问图书资源。

具体来说，用户可以通过说出"翻页"或"下一页"等指令，实现页面的自动翻页。用户还可以通过语音搜索功能，快速找到自己感兴趣的章节或内容。用户只需说出关键词或短语，系统便能迅速定位到相关页面，大大节省了他们的时间和精力。此外，语音控制技术还能实现页面的放大和缩小功能，以满足不同用户的需求。用户只需说出"放大"或"缩小"等指令，系统便能自动调整页面的显示大小，提供更加舒适的阅读体验。

（2）引入手势识别技术

手势识别技术使得用户可以通过手势来控制界面，为操作带来了全新的体验。比如，用户可以通过简单的挥手动作来实现翻页的功能，无须再依赖传统的物理按键或触摸屏操作。这种设计不仅减少了操作的复杂性，还为用户带来了更多的互动和自主性。想象一下，在阅读电子书或浏览网页时，只需轻轻一挥手，页面就能迅速翻到下一页，这种操作方式既新颖又有趣。

除翻页功能外，手势识别技术还可以实现更多的操作。比如，用户可以通过手指的滑动来浏览目录或调整字体大小。这种操作方式不仅更加直观，还能让用户更加自由地掌控界面的布局和样式。用户可以根据自己的喜好和习惯，随时调整字体大小或浏览目录，让使用过程更加个性化和舒适。

手势识别技术的引入，不仅增加了操作的趣味性，还提高了用户的操作效率。传统的界面操作往往需要用户通过点击或滑动触摸屏来完成，而手势识别技术则可以让用户通过更加自然的手势来完成这些操作。这种自然的交互方式不仅减少了用户的认知负担，还提高了操作的准确性和速度。

（3）数字图书馆还可以提供辅助设备

为了满足行动障碍者的特殊需求，数字图书馆特地为他们配备了可调节高度的电脑桌。这种电脑桌采用了人性化设计，充分考虑了行动障碍者的身体特点和阅读习惯。桌面高度可根据用户的身高和需求进行灵活调节。用户可以根据自己的身高和坐姿习惯，轻松调整桌面高度，从而找到一个最为舒适的阅读姿势。这种设计不仅方便了行动障碍者，也让他们在阅读过程中感受到了更多的尊重和关爱。这种电脑桌还具备多种实用功能。例如，桌面可以配备防滑垫，防止书籍或电子设备滑落；桌面下方还设有储物空间，方便用户存放书籍、文具等物品。这些设计不仅提升了用户的阅读体验，也让他们在阅读过程中更加便捷、高效。这种可调节高度的电脑桌不仅适用于行动障碍者，对于长时间使用电脑的普通用户来说，同样具有很好的缓解疲劳的作用。通过调整桌面高度，用户可以避免长时间保持同一姿势，从而有效减轻颈椎、腰椎等部位的负担，提高工作和学习效率。

除提供可调节高度的电脑桌外，图书馆还针对行动障碍者的手型和握力差异，精心设计了适应不同需求的鼠标或触控笔等辅助设备。这些设备不仅体现了对用户的关心和尊重，更是展现了数字图书馆的人性化设计理念。

首先，这些辅助设备充分考虑到了用户的个体差异。每个人的手型、手指长度和握力都有所不同，尤其是行动障碍者，他们的手部功能可能受到不同程度的限制。因此，数字图书馆提供的鼠标和触控笔采用了多种尺寸和形状的设计，以适应不同用户的手型和握力。这样一来，无论用户的手指灵活度如何，都能够找到最适合自己的操作方式。

其次，这些辅助设备还采用了符合人体工程学的设计。人体工程学是研究人体结构和功能、以及人体与周围环境之间相互关系的学科。在鼠标和触控笔的设计中，人体工程学的运用使得设备更加符合人体生理特点和操作习惯。例如，鼠标的形状和弧度能够贴合手掌，触控笔的笔杆粗细和材质都能够提供舒适的握感。这样的设计不仅使用户在使用时更加得心应手，还能够减轻其手部疲劳和不适感。

最后，数字图书馆还提供了详细的使用说明和教程，帮助用户更好地掌握这些辅助设备的使用方法。对于初次使用的用户，图书馆的工作人员还会进行耐心的指导和示范，确保他们能够顺利地浏览和检索数字图书馆中的资源。

为了确保行动障碍者能够顺利地使用数字图书馆，图书馆还配备了专业的工作人员，为他们提供一对一的辅助服务。这些工作人员不仅具备丰富的专业知识，还具备耐心、细致的服务态度。他们会在用户遇到问题时，及时提供指导和帮助，确保用户能够顺利地完成资源的检索、浏览和下载等操作。

（四）儿童与青少年群体

1. 儿童与青少年好奇心旺盛，对周围世界充满好奇

这一时期，孩子们渴望了解更多的知识，寻找新奇的事物，不断拓宽自己的视野。因此，为了满足他们不断求知的需求，数字图书馆应为他们提供丰富多样的资源，以帮助他们更好地成长与发展。

（1）图书资源

在数字图书馆的建设中，收录适合儿童与青少年阅读的图书资源是至关重要的。这些图书应涵盖各个领域的知识，从经典名著到科普读物，从文学作品到历史传记，无一不包。通过阅读这些图书，孩子们可以深入了解历史

的发展脉络，感受文化的独特魅力，探索科学的奥秘所在。

经典名著通常具有丰富的思想内涵和深邃的人文精神，能够引导孩子们树立正确的价值观和世界观。同时，经典名著的文学价值也是无可替代的，它们能够提升孩子们的文学素养和审美能力。

科普读物则是孩子们了解科学知识的重要途径。这些图书通常以生动的语言和有趣的案例，向孩子们介绍科学的基本原理和应用场景。通过阅读这些图书，孩子们可以拓宽视野，增长见识，激发对科学的兴趣和好奇心。

此外，文学作品也是数字图书馆中不可或缺的一部分。这些作品通过生动的情节和鲜活的人物形象，展现了人类社会的多样性和复杂性。通过阅读文学作品，孩子们可以更好地理解人性、情感和道德，培养他们的同理心和人文关怀精神。

（2）期刊

期刊作为学术研究和知识传播的重要载体，不仅记录了各个领域的最新研究成果和动态，更是培养孩子们学术素养和创新能力的宝贵资源。在数字化时代，数字图书馆应充分发挥其优势，收录各类适合儿童与青少年阅读的期刊，为他们提供一个广阔的知识天地。

首先，科普期刊作为传递科学知识的重要媒介，对于培养孩子们的科学兴趣至关重要。这类期刊通常以生动的语言和有趣的实例，向孩子们介绍最新的科学发现和技术进展，让他们能够在轻松愉快的氛围中学习科学知识。数字图书馆应广泛收录各类科普期刊，确保内容涵盖物理、化学、生物、天文、地理等多个学科领域，以满足孩子们多样化的阅读需求。

其次，文学期刊作为培养孩子们人文素养和审美能力的重要工具，同样不应被忽视。这类期刊不仅收录了优秀的文学作品，还提供了丰富的文学评论和赏析文章，有助于孩子们提高阅读理解和写作能力。数字图书馆应精选一些适合儿童与青少年阅读的文学期刊，让他们在阅读中感受文学的魅力和力量。

最后，数字图书馆在收录期刊时，还应注重内容的多样性和质量。除上述的科普期刊和文学期刊外，还应包括一些其他领域的期刊，如历史、艺术、社会科学等，以拓宽孩子们的知识视野。同时，图书馆应确保所收录的期刊内容质量上乘，能够真正为孩子们提供有价值的知识和信息。

在提供期刊资源的同时，数字图书馆还应注重用户体验和互动性。通过开发专门的阅读软件或平台，为孩子们提供个性化的阅读推荐和互动功能，如阅读笔记、讨论区等，让他们能够在阅读过程中与他人交流心得和想法，进一步激发他们的学习兴趣和创新能力。

（3）视频和音频资源

视频和音频资源在数字图书馆中扮演着举足轻重的角色，它们以直观、生动的形式传递知识，极大地激发了孩子们的学习兴趣和好奇心。在构建面向儿童与青少年的数字图书馆时，收录丰富多样的教育类视频和音频资源显得尤为重要。

首先，科普视频是数字图书馆不可或缺的一部分。这类视频通常以动画、实景拍摄等形式，向孩子们展示科学原理、自然现象以及最新的科学发现。通过科普视频，孩子们可以更加直观地理解科学知识，激发他们对科学的热爱和探索欲望。数字图书馆应收录涵盖物理、化学、生物、天文、地理等多个学科领域的科普视频，以满足孩子们多样化的学习需求。

其次，动画故事是另一种受欢迎的教育类视频资源。动画以其独特的魅力吸引着孩子们的注意力，通过生动的画面和有趣的故事情节，引导孩子们学习道德品质、社会规范以及历史文化等方面的知识。数字图书馆应收录一系列经典和创新的动画故事，为孩子们提供寓教于乐的学习体验。

最后，有声读物也是数字图书馆中重要的音频资源。这类资源通过朗读的方式将书籍内容转化为声音，让孩子们在聆听中感受阅读的乐趣。有声读物不仅可以帮助孩子们提高阅读能力和语言表达能力，还可以培养他们的想象力和创造力。数字图书馆应收录适合儿童与青少年阅读的各种类型的有声读物，如经典文学作品、童话故事、科普读物等。

在收录这些视频和音频资源时，数字图书馆应注重内容的多样性和质量。一方面，要确保资源内容的丰富性和广度，以满足不同年龄和兴趣爱好的孩子们的学习需求。另一方面，要注重资源内容的质量，选择权威、专业的制作团队和优质的内容源，确保资源的准确性和可靠性。

2. 儿童与青少年的学习能力极强，他们正处于吸收知识的黄金时期

在这个关键阶段，为他们提供丰富、高质量的学术资源，对于建立扎实的知识基础，培养终身学习的习惯至关重要。

为了确保孩子们能够接触到高质量的内容，数字图书馆需要对学术资源进行严格的筛选和整理。这包括选择权威出版社的出版物，确保内容的准确性和可靠性；同时，也要关注内容的时效性和前沿性，让孩子们能够接触到最新的研究成果和学术观点。

3. 儿童与青少年在成长过程中需要得到引导和陪伴

在数字图书馆中，可以设立家长陪伴区，让家长陪伴孩子一起阅读、学习，增进亲子关系。同时，图书馆还可以组织线上线下的亲子活动，如阅读分享会、故事会等，让孩子们在欢乐的氛围中增长知识、拓展视野。

首先，数字图书馆应充分注重内容的趣味性。儿童与青少年的好奇心旺盛，对新鲜事物充满兴趣。因此，相关人员可以通过生动的图文、精彩的动画以及富有挑战性的游戏等形式，将知识融入其中，让孩子们在愉悦的氛围中学习。例如，可以设计一些科普知识游戏，让孩子们在游戏中探索科学的奥秘，从而培养他们的科学素养和创新精神。

其次，互动性也是数字图书馆不可或缺的一部分。儿童与青少年喜欢与他人交流、分享自己的见解和体验。因此，在数字图书馆中，我们可以设置一些在线讨论区、社区论坛等互动平台，让孩子们能够自由发表自己的观点，与同伴们进行思想碰撞，从而加深对知识的理解与掌握。

最后，数字图书馆还要关注内容的健康向上。在信息时代，各种信息层出不穷，其中不乏一些不良信息。为了保障孩子们的身心健康，图书馆必须严格筛选内容，确保所呈现的信息健康、积极、向上。同时，还可以通过设置过滤系统、建立举报机制等方式，对不良信息进行及时清理和处罚，为孩子们营造一个安全、绿色的学习环境。

第三节 资源推荐服务

一、个性化推荐算法开发

（一）算法开发目标

核心目标：通过深入分析用户的行为数据、兴趣偏好等，为用户提供与其兴趣高度匹配的个性化资源推荐。

具体指标：

提高推荐准确性：确保推荐的资源与用户兴趣高度相关，满足用户需求。

优化推荐多样性：避免过度集中于某一类型或领域的资源，提供多样化的选择。

提高推荐实时性：快速响应用户需求，提供最新的资源推荐。

（二）算法设计

1. 数据收集

在数字图书馆中，用户的行为数据种类繁多，包括借阅记录、搜索记录、浏览历史、评价等。这些数据能够反映用户的兴趣偏好、阅读习惯、信息需求等多个方面的信息，是数字图书馆进行用户行为分析的重要依据。

为了充分利用这些宝贵的数据资源，数字图书馆需要对收集到的行为数据进行预处理，主要包括数据清洗、格式转换和特征提取等步骤。

（1）数据清洗

由于种种原因，收集到的用户行为数据中可能会掺杂着一些错误、重复或无关的信息，这无疑给数据分析工作带来了不小的挑战。数据清洗的目的在于去除那些冗余和无效的数据，保留对分析有价值的部分，从而提高数据的质量和准确性。这不仅仅是对原始数据的简单筛选，更是一个细致入微的过程，需要借助各种技术和方法来实现。

在数字图书馆服务的背景下，数据清洗的具体工作可以包括以下几个方面：

首先，了解数据的背景信息和常规范围对于设置合理的阈值至关重要。例如，在网站访问数据分析中，首先需要了解用户的正常访问时间和浏览时长。一般来说，用户的访问时间应该集中在白天，而浏览时长则因网站内容和用户兴趣而异。然而，如果某个用户的访问时间出现在深夜，或者浏览时长异常地长或短，那么这些数据就可能是错误的，需要进一步核实或剔除。

其次，为了更准确地识别错误数据，相关人员还可以根据数据的特点和实际需求制定一些规则。以用户访问数据为例，可以设定一个规则：如果某个用户的访问时间连续几天都在深夜，或者浏览时长远远超过了网站的平均时长，那么这些数据就可能是无效的。这些规则可以根据实际情况进行调整和优化，以确保数据的准确性和可靠性。还可以借助一些工具和技术来辅助识别错误数据。例如，利用统计学方法计算数据的平均值、标准差等统计量，然后根据这些统计量设置阈值来识别异常值。同时，机器学习算法也可以用于数据清洗和异常检测，通过训练模型来识别不符合常规模式的数据。

在剔除错误数据后，相关人员还需要对数据进行进一步的验证和清洗。这包括对剩余数据进行可视化分析，检查是否存在其他异常或不合理的地方；同时，也需要对数据进行必要的转换和处理，以便更好地满足后续分析的需求。

再次，在数据处理和分析的过程中，重复的数据是一个常见的挑战。这些重复的数据可能是由于数据录入错误、数据复制粘贴时的重复操作或者数据源的重复采集等多种原因造成的。这些重复的数据不仅增加了数据处理的复杂性和时间成本，还可能对后续的数据分析造成误导和偏差。因此，对于重复的数据，需要通过一系列的方法和技术来找出并删除它们。

找出重复的数据需要对数据进行对比和分析。这通常涉及对数据集的深入理解和分析，了解数据的结构和特点。在此基础上，我们可以使用各种算法和技术来比较数据之间的相似性，如哈希算法、余弦相似度等。这些算法和技术可以帮助我们快速准确地识别出数据集中的重复数据。

删除重复的数据是一个需要谨慎处理的过程。在删除重复数据之前，需要对数据进行备份，以防止误删或数据丢失的情况发生。同时，相关人员还需要根据实际需求和数据特点来确定删除重复数据的策略。例如，可以选择只保留一份重复数据，或者根据数据的来源、时间戳等信息来保留最合适的数据。

最后，在进行数字图书馆服务的用户行为分析时，不仅需要关注那些直接反映用户行为的数据，还需要对无关的数据进行严格的筛选和剔除。这是因为，在庞大的用户行为数据中，往往会掺杂着一些与用户行为分析无关的信息，这些信息可能会对我们的分析结果产生干扰，甚至误导工作人员的判断。

需要明确一点，那就是用户行为分析的主要目的是深入了解用户在使用数字图书馆服务时的行为特征、习惯和需求，以便为优化服务质量和提升用户体验提供有力的数据支持。因此，关注的焦点应该放在那些能够直接反映用户行为的数据上，如用户的访问频率、浏览时长、搜索关键词、点击率等。然而，在实际的数据收集中，往往会发现一些与用户行为分析无关的信息混杂其中。这些信息可能包括用户的个人信息、系统日志等。例如，用户的个人信息如姓名、年龄、性别等，虽然在一定程度上能够反映用户的某些特征，但并不是我们分析用户行为时所关注的重点；而系统日志则主要记录了系统的运行状态和操作记录，与用户行为分析无直接关联。因此需要予以剔除。

剔除无关数据并不意味着可以完全忽略这些信息。事实上，在某些情况下，这些信息可能也会为相关人员提供一些有价值的线索和启示。因此，在剔除无关数据的同时，相关人员也需要保持一种开放的心态，善于发掘和利用这些信息中可能存在的潜在价值。

（2）格式转换

相关人员首先需要对不同系统和平台提供的数据格式进行深入的分析。这些格式包括但不限于CSV（逗号分隔值）文件、JSON（JavaScript对象表示法）文件、XML（可扩展标记语言）文件以及数据库表等。每种格式都有其独特的优势和适用场景，但在跨平台、跨系统的数据整合过程中，它们往往成为阻碍。

针对这些不同的数据格式，相关人员可以采用多种方法进行转换。一种常见的方法是使用脚本语言，如 Python、R 语言或 Shell 等，编写程序来读取原始数据，并按照预设的规则将其转换为统一的格式。例如，可以使用 Python 的 pandas 库来读取 CSV 文件，并将其转换为 Parquet 格式，这是一种高效的列式存储格式，适用于大数据分析和处理。

除了脚本语言，还可以利用专业的数据转换工具来完成这项任务。例如，Talend 和 Apache NiFi 等工具提供了丰富的数据转换功能，支持多种数据格式的输入与输出，并允许用户通过可视化界面进行配置和操作。这些工具通常具有较高的性能和稳定性，能够处理大量的数据转换任务。

如果数据是文本格式的，可能还需要使用正则表达式或字符串处理方法来解析和转换数据。正则表达式是一种强大的文本处理工具，可以帮助我们匹配和提取文本中的特定模式。而字符串处理方法则可以对文本进行分割、替换、合并等操作，以满足实际需求。

在进行数据格式转换的过程中，相关人员还需要注意数据的一致性和准确性。不同的数据格式可能包含不同的字段和格式要求，需要确保在转换过程中不丢失任何重要信息，并保持数据的准确性和完整性。

（3）特征提取

特征提取主要包括用户的兴趣偏好和阅读习惯。

一方面，对用户兴趣偏好的分析可以帮助数字图书馆更好地推荐相关资源。例如，对于喜欢历史类书籍的用户，数字图书馆可以推荐更多的历史类书籍和相关的研究资料；对于喜欢科幻小说的用户，则可以推荐更多热门的科幻小说和作者。这种个性化的推荐方式不仅可以提高用户的满意度，还可以增加用户的粘性和活跃度。

另一方面，对用户阅读习惯的分析有助于数字图书馆优化服务流程和界面设计。例如，通过分析用户的浏览时间和浏览频率，可以发现用户在哪些时间段内最为活跃，从而调整服务器的运行时间，确保用户在高峰时段能够顺畅地访问数字图书馆。此外，通过对用户界面的分析，还可以发现哪些功能和操作对用户来说最为重要和常用，从而优化界面布局和功能设计，提高用户的使用效率和体验。

除上述两个方面外，用户行为数据的挖掘还可以为数字图书馆提供更多的价值。例如，通过对用户借阅记录的分析，可以发现哪些图书最受欢迎、哪些图书借阅率最高，从而为采购和编目工作提供有力支持；通过对用户搜索关键词的分析，可以发现用户关注的焦点和热点话题，为数字图书馆的内容更新和扩展提供方向。

2. 资源推荐对象建模

对数字图书馆中的图书资源进行深入的分析是资源推荐对象建模的基础。这一过程涉及对图书资源的多个维度进行考量，包括但不限于作者、主题、关键词、出版社等。例如，对于一本图书，可以分析其作者的学术背景、研究方向和作品风格，从而了解该图书的学术价值和特色；同时，还可以通过提取图书的主题和关键词，明确其涉及的学科领域和知识点；此外，出版社的信息也能反映出图书的出版质量和市场定位。

在提取了图书资源的关键特征之后，接下来便是构建资源推荐对象模型。这一模型需要详细描述资源的属性和关联关系，以便为用户提供个性化的资源推荐服务。在构建模型时，可以采用多种技术手段，对提取的特征进行进一步的处理和分析。例如，可以通过计算不同资源之间的相似度来揭示它们之间的潜在关联；同时，相关人员还可以根据用户的浏览历史和偏好，预测其可能感兴趣的资源类型。

通过构建资源推荐对象模型，不仅可以为用户提供更为精准的资源推荐服务，还能帮助图书馆更好地管理和优化其资源结构。例如，图书馆可以根据模型的分析结果，调整资源的采购和布局策略，提高资源的利用效率和用户的满意度。此外，资源推荐对象模型还可以为图书馆提供决策支持，帮助其制定更为科学合理的资源发展规划。

3. 推荐算法选择

（1）协同过滤算法

协同过滤算法是一种基于用户行为数据的个性化推荐技术，其核心思想是通过分析用户之间的相似性，进而为用户推荐那些与其兴趣相似的用户所喜欢的资源。这种算法在推荐系统中应用广泛，能够有效地根据用户的历史行为数据，预测用户的潜在兴趣，并为用户推荐符合其喜好的资源。

协同过滤算法的实现过程主要包括以下几个步骤：首先，协同过滤算法的实现起始于对用户行为数据的收集。这些数据通常包括用户的浏览记录、借阅记录等，它们为算法提供了宝贵的用户偏好信息。接下来，算法会根据收集到的用户行为数据计算用户之间的相似度。相似度的计算通常采用余弦相似度、皮尔逊相关系数等方法。余弦相似度是一种衡量两个向量之间夹角的余弦值来评估它们相似性的方法，而皮尔逊相关系数则是一种衡量两个变量之间线性相关程度的统计量。这些方法都能有效地捕捉到用户之间在兴趣点上的相似性。在计算得到用户之间的相似度后，算法会进一步根据相似度找到与目标用户兴趣相似的其他用户，即邻居用户。这些邻居用户的行为和喜好将对目标用户的推荐结果产生重要影响。例如，如果一个用户喜欢阅读科幻小说，那么算法可能会找到同样喜欢科幻小说的其他用户，并将他们的阅读记录作为推荐依据。最后，协同过滤算法会根据邻居用户的喜好，为目标用户生成推荐列表。这个推荐列表通常是基于邻居用户的浏览记录、借阅记录等数据进行排序和筛选得到的。算法会综合考虑邻居用户的偏好程度、行为频率以及与目标用户的相似度等因素，从而为目标用户提供最符合其兴趣点的推荐结果。

协同过滤算法的优点在于能够充分利用用户的行为数据，挖掘用户潜在的兴趣和需求。同时，由于该算法是基于用户群体进行推荐的，因此具有一定的社会化和群体效应，能够反映用户所在的社群或群体的喜好和趋势。然而，协同过滤算法也存在一些挑战和局限性，其中，冷启动问题和数据稀疏性问题尤为突出，这些问题在很大程度上影响了推荐算法的性能和准确性。冷启动问题是协同过滤算法面临的一个关键问题。冷启动问题通常出现在新用户或新资源缺乏足够的行为数据的情况下。对于新用户来说，由于其没有历史行为数据可供分析，算法很难准确地为其推荐合适的资源。同样，对于新资源来说，由于没有用户与其交互的记录，算法也难以判断其受欢迎程度或与其他资源的相似性。在这种情况下，推荐算法往往会陷入困境，导致推荐效果不佳，甚至可能产生误导性的推荐结果。数据稀疏性问题也是协同过滤算法面临的一个挑战。在推荐系统中，用户行为数据通常是非常稀疏的，即大多数用户只对少数资源产生了交互行为。这种稀疏性导致在计算用户相似度或资源相似度时，很难得到准确的结果。由于相似度计算不准确，算法很难准确地为用户推荐符合其兴趣的资源。

（2）基于内容的推荐算法

基于内容的推荐算法是一种根据用户兴趣模型和资源特征进行个性化推荐的算法。该算法通过提取资源的内容特征，与用户兴趣模型进行匹配，计算用户与资源之间的相似度，从而为用户推荐最相关的资源。

基于内容的推荐算法的实现过程主要包括以下几个步骤：首先，提取资源的内容特征是推荐算法的关键一步。这些特征可以来自多个维度，如文本的关键词、图像的视觉特征或视频的音频特征等。在文本领域，可以通过自然语言处理技术提取文本中的关键词、短语或句子，形成文本的向量表示。对于图像和视频资源，可以运用计算机视觉和音频处理技术提取图像的颜色、纹理、形状等视觉特征以及视频的音频频谱、节奏等音频特征。这些特征为后续的用户兴趣模型构建和相似度计算提供了基础。接下来，构建用户兴趣模型是推荐算法的核心部分。这一步骤主要通过分析用户的历史行为数据来实现，包括用户浏览、点击、收藏、评论等行为的记录。通过对这些数据的挖掘和分析，可以构建出反映用户喜好和偏好的兴趣模型。这个模型通常采用向量形式表示，每个维度对应一种特征或兴趣点，向量的值则反映了用户对该特征或兴趣点的关注程度。在计算用户兴趣模型与资源特征之间的相似度时，可以采用多种方法，其中余弦相似度和 TF-IDF 是两种常用的方法。余弦相似度通过计算两个向量之间的夹角余弦值来衡量它们的相似程度，值越接近 1 表示相似度越高。而 TF-IDF 则是一种权重计算方法，通过综合考虑词频和逆文档频率来确定每个关键词在文本中的重要性，从而构建出更加准确的文本向量表示。最后，根据相似度为用户生成推荐列表是推荐算法的最终目标。在这一步骤中，算法会根据用户兴趣模型与资源特征之间的相似度，筛选出与用户兴趣最为匹配的内容，并按照相似度高低进行排序，生成推荐列表。这个列表通常会根据用户的个性化需求进行动态调整和优化，以确保推荐的准确性和有效性。

基于内容的推荐算法的优点在于能够充分利用资源的内容信息，为用户提供与其兴趣高度相关的推荐。这种算法对于新用户也具有较好的推荐效果，因为即使缺乏足够的行为数据，也可以根据资源的内容特征进行推荐。此外，基于内容的推荐算法还具有较强的解释性，能够清晰地说明为什么推荐某个资源给用户。

然而，基于内容的推荐算法也存在一些挑战和局限性，具体表现在以下几点。

第一，对于非文本资源如图像、视频等，提取内容特征是一个极具挑战性的任务。这些资源的信息含量丰富，形式多样，往往难以用简单的文本标签或关键词来描述。为了准确提取图像或视频中的特征，通常需要借助复杂的计算机视觉和自然语言处理技术。然而，这些技术的实现往往涉及大量的计算和数据处理，使得特征提取过程变得复杂且耗时。此外，由于非文本资源的多样性，即使使用了先进的特征提取技术，也可能难以完全捕捉到资源的全部信息，从而影响推荐算法的准确性。

第二，基于内容的推荐算法在应对用户兴趣变化和资源内容更新方面存在局限性。随着时间的推移，用户的兴趣可能发生变化，而资源的内容也可能随时更新。然而，基于内容的推荐算法主要依赖于资源的特征来进行推荐，而无法实时捕捉用户兴趣的变化或资源内容的更新。这可能导致推荐结果与用户当前的兴趣或需求不匹配，从而降低用户对推荐结果的满意度。

第三，基于内容的推荐算法还可能受到资源内容质量和标注准确性的影响。如果资源的内容质量较低或者标注不准确，那么提取出的特征可能无法真实反映资源的内容。这将直接影响推荐算法的准确性，使得推荐结果偏离用户的实际需求。同时，如果标注数据不足或标注方法不合理，也可能导致算法在训练过程中出现过拟合或欠拟合的情况，进一步影响推荐效果。

（3）混合推荐算法

　　将协同过滤和基于内容的推荐算法相结合，可以充分发挥两种算法的优势、弥补各自的不足。混合推荐算法能够综合考虑用户的历史行为、兴趣偏好以及资源的内容特征，为用户提供更全面、更个性化的推荐结果。

　　在实际应用中，混合推荐算法还可以结合其他技术进一步提升推荐效果。例如，可以利用机器学习算法对推荐结果进行优化，通过训练模型来提高推荐的准确性和效率；还可以引入社交网络分析，考虑用户之间的社交关系对推荐结果的影响。

　　混合推荐算法还可以根据不同类型的用户设计不同的推荐策略。例如，对于学生用户，他们可能更关注与课程学习相关的文献资源，因此，算法可以重点推荐与该学科或课程相关的学术文章、教材教辅等。对于教师用户，他们可能更关注前沿的学术研究成果和教学方法，因此，算法可以推荐最新的研究论文、教育期刊等。而对于研究人员，他们可能更关注某一领域的深度研究和专业文献，因此，算法可以重点推荐该领域的权威期刊、学术会议论文等。

　　另外，混合推荐算法还可以根据不同领域的资源进行推荐策略的设计。

　　在文学领域，混合推荐算法可以根据用户的阅读喜好和习惯，精准地推荐经典文学作品和文学评论。通过对用户的阅读历史和偏好进行分析，算法能够识别出用户的文学品味和兴趣点，从而为其推荐相应的经典著作、小说、诗歌等。同时，算法还可以推荐一些专业的文学评论和解析，帮助用户更深入地理解作品内涵和艺术价值。这种个性化的推荐方式不仅能够满足用户对文学艺术的欣赏需求，还能够激发其创作灵感，促进文学创作的繁荣。

　　在科技领域，混合推荐算法同样发挥着重要作用。随着科技的快速发展，每天都有大量的科研成果和技术进展涌现出来。混合推荐算法可以根据用户的浏览历史、搜索记录以及兴趣标签等信息，为其推荐最新的科研成果、技术论文以及行业趋势分析等内容。这些推荐内容不仅能够帮助用户了解科技前沿动态，还能够为其在工作中提供有益的参考和借鉴。

　　在历史领域，混合推荐算法同样能够发挥出色的作用。历史是一个充满智慧和启示的领域，通过深入了解历史事件和背景，人们可以更好地认识过去、把握现在并展望未来。混合推荐算法可以根据用户的历史学习需求和兴趣点，为其推荐相关的历史资料、研究论文以及历史纪录片等内容。这些推荐内容不仅能够帮助用户丰富历史知识，还能够激发其对于历史问题的思考和探索。

二、热门资源推荐与展示

（一）热门资源推荐

1.电子图书

电子图书是数字图书馆不可或缺的资源之一。在数字图书馆中，用户可以找到各种类型的电子图书，包括学术专著、文学作品、科普读物等。这些电子图书不仅内容丰富、形式多样，而且更新迅速，可以满足不同用户的阅读需求。此外，数字图书馆还提供了多种阅读方式，如在线阅读、下载阅读等，让用户可以随时随地享受阅读的乐趣。

2.期刊论文

期刊论文作为学术研究者们不可或缺的参考资料，在推动学术进步、促进知识创新方面发挥着至关重要的作用。在现代的数字图书馆中，学术研究者能够便捷地检索到各类学术期刊和论文，这些资源涵盖了自然科学、社会科学、人文科学等多个领域，为研究者们提供了丰富的学术素材和灵感源泉。

期刊论文有着较高的学术价值。这些论文通常经过严格的同行评审和编辑过程，确保了内容的准确性、创新性和实用性。此外，期刊论文往往涉及前沿的研究领域和热点问题，能够反映学术界的最新动态和趋势。因此，通过阅读期刊论文，用户可以深入了解某个领域的最新研究进展和成果，从而为自己的研究工作提供有力的支持和借鉴。

在数字图书馆中，期刊论文的更新速度非常快。随着科学技术的不断进步和学术研究的深入发展，新的研究成果和理论观点不断涌现。数字图书馆能够及时收录这些最新的期刊论文，并将其呈现在用户面前。这使得研究者们能够随时了解学术界的最新动态。

　　除提供丰富的期刊论文资源外，数字图书馆还具备强大的检索和分析功能。用户可以通过关键词检索、作者检索、期刊检索等多种方式，快速找到自己所需的论文资源。同时，数字图书馆还提供了论文的引文分析、相似文献推荐等功能，帮助用户更深入地了解学术领域。例如，引文分析可以帮助用户了解某篇论文在学术界的影响力和被引用情况；相似文献推荐则可以帮助用户发现与自己研究相关的其他论文，从而拓宽研究视野和思路。

3. 学术视频

　　学术视频近年来逐渐受到了广大用户的青睐。这些视频以其直观、生动的特点，为用户提供了一个全新的学术学习平台，极大地丰富了他们的学习体验。

　　学术视频涵盖了各个学科领域的专业讲座、学术研讨会、实验操作演示等内容，从理论到实践，从基础知识到前沿研究，一应俱全。通过观看这些视频，用户可以身临其境地感受学术氛围，深入了解学科的前沿动态和发展趋势。同时，这些视频中的专家、学者和讲师们用通俗易懂的语言和生动的案例，将复杂的学术知识深入浅出地传授给用户，帮助他们更好地掌握专业知识和技能。

　　除提供丰富的学术内容外，数字图书馆还通过个性化推荐功能，进一步提升了学术视频的使用体验。根据用户的浏览记录、搜索历史和兴趣偏好等信息，数字图书馆能够智能地推送相关学术视频，满足用户的个性化需求。这种推荐功能不仅能够帮助用户更全面地了解学术领域，还能够激发他们的学习兴趣和动力，促进学术交流和合作。

　　学术视频还具备极高的时效性和互动性。由于视频制作周期相对较短，因此学术视频能够迅速反映学科领域的最新动态和研究成果。同时，通过弹幕、评论等互动方式，用户可以与其他学习者进行交流和讨论，分享彼此的心得和看法，形成良好的学术氛围。

4. 专题课程

　　专题课程是数字图书馆为用户精心打造的一种系统化学习资源，旨在为用户提供一个深入探究某一特定主题或领域的平台。这些课程由资深专家或学者亲自授课，内容涵盖了该领域的核心知识、前沿技术以及实践应用，确保了课程的高质量和权威性。

在专题课程中，用户可以接触到丰富的学习材料，包括文字、图片、视频等多种形式，有助于全面理解和掌握知识。同时，课程采用了深入浅出的教学方式，既照顾到了初学者，又能够满足具有一定基础的用户的进阶需求。这使得不同层次的用户都能从课程中获得宝贵的收获。

通过参加专题课程，用户可以系统地学习和掌握某一学科领域的知识和技能，提升自己的学术素养和综合能力。课程不仅传授了理论知识，还注重实践应用，使用户能够将所学知识运用到实际生活中。这种学习方式有助于培养用户的批判性思维、创新思维和解决问题的能力。

此外，数字图书馆还为专题课程提供了完善的学习支持服务。用户可以方便地查看自己的学习进度，随时回顾已学内容，确保学习效果。同时，课程还提供了学习成果展示功能，让用户能够展示自己的学习成果，与他人分享学习心得，从而激发学习动力。

在专题课程的助力下，用户能够更好地规划自己的学习路径，实现个性化学习。无论是学术研究、职业发展还是个人兴趣，专题课程都能为用户提供有力的支持，帮助他们不断提升自己的能力和素养。

（二）热门资源展示

1. 静态页面展示

静态页面展示作为数字图书馆的一种基础且常见的展示方式，在现代信息化社会中发挥着不可或缺的作用。它通过构建静态网页，将数字图书馆中热门资源的各类基本信息以直观、易懂的形式展现给用户，极大地提升了用户的浏览体验和获取信息的效率。

静态页面展示的核心在于其构建方式的简洁性和稳定性。静态网页是在服务器端提前生成并存储的，当用户请求访问时，服务器会直接将已经生成的页面发送给用户，而无须实时进行数据处理和页面渲染。这种方式使得静态页面加载速度极快，用户可以在短时间内获取所需信息，提高了使用便捷性。

在静态页面展示中，资源的标题、摘要、作者、出版社等基本信息被精心编排，以文字、图片等多种形式呈现给用户。其中，标题作为静态页面的核心元素，往往被设计得醒目而独特。通过使用吸引人的词汇、独特的排版和色彩搭配，标题能够迅速抓住用户的注意力，引导他们进一步了解页面的内容。摘要部分则是对资源内容的简要概括，通过简明扼要的语言，帮助用户快速了解资源的主要内容和价值。除了标题和摘要，作者和出版社等信息的展示也同样重要。通过突出显示作者姓名、职称、学术成就等信息，可以展示作者的权威性和专业性，增强用户对资源的信任感。而出版社的信息则能够反映资源的品质和出版背景，进一步提升用户对资源的认可度。

静态页面展示的优点不仅仅体现在页面加载速度和内容稳定性方面。由于静态页面是在服务器端提前生成的，因此其内容具有高度的可靠性。用户可以放心地浏览和了解热门资源的概况，而无须担心信息的真实性和准确性。此外，静态页面还具有较低的维护成本，一旦页面生成完成，就可以长期保持稳定运行，减少了因维护而带来的不便和成本。

然而，静态页面展示也存在一定的局限性。由于页面内容固定不变，用户无法根据自己的需求进行个性化设置或筛选。此外，静态页面展示对于资源的深度挖掘和关联推荐能力有限，难以满足用户日益增长的个性化需求。

2. 动态交互展示

动态交互展示通过采用先进的 web 技术和交互设计，实现了热门资源的个性化展示和深度挖掘。具体而言，动态交互展示可以根据用户的浏览历史、兴趣偏好等信息，为用户推荐相关的热门资源；同时，动态交互展示还提供了丰富的筛选和排序功能。用户可以根据自己的需求，设置筛选条件，快速定位到所需的资源。同时，用户还可以根据资源的热度、评分等指标进行排序，以便更准确地找到高质量的热门资源。

动态交互展示不仅提升了用户的使用体验，还增强了数字图书馆的服务能力。通过深度挖掘热门资源的内在关联和潜在价值，动态交互展示有助于用户发现更多有价值的信息和知识。此外，动态交互展示还可以通过用户反

馈和数据分析等手段，不断优化展示策略，提升服务质量。

在实际应用中，数字图书馆可以根据自身特点和用户需求，灵活运用静态页面展示和动态交互展示两种方式。例如，对于一些基础、稳定的热门资源，可以采用静态页面展示，以确保内容的稳定性和可靠性；而对于一些需要深度挖掘和个性化推荐的资源，则可以采用动态交互展示，以满足用户的个性化需求。

三、专题资源汇编与推送

（一）专题资源的选择与筛选

1. 选择

在选择专题资源时，需要综合考虑多个方面，以确保所选资源的优质性和适用性。

一方面，资源的权威性和准确性是至关重要的。在挑选资源时，为了确保获取到的信息具有高度的可信度和可靠性，可以关注一些具体的标志。

首先，出版机构的声誉是一个重要的参考因素。知名的出版机构往往有着严格的审稿制度和出版流程，他们会确保出版的作品在学术或实践领域具有相当的权威性和可靠性。因此，选择由这些出版机构出版的资源，可以在很大程度上保证资源的质量。

其次，学术机构的资质也是筛选资源时需要考虑的关键因素。学术机构通常拥有专业的学者和研究团队，他们在各自领域有着深入的研究和丰富的经验。这些机构发布的报告、研究成果等资源，往往具有较高的学术价值和可信度。因此，在挑选资源时，可以关注这些学术机构发布的作品，以获得更加准确、权威的信息。

再次，专业网站的权威性排名也是挑选资源时不可忽视的因素。这些网站通常会根据一定的标准和指标对资源进行排名和评价，从而帮助用户快速找到高质量的资源。通过查阅这些排名和评价，可以对资源的可信度有一个大致的了解，从而更加有针对性地选择资源。

最后，还可以参考其他学者或专家的推荐。这些学者和专家在各自领域有着丰富的经验和深入的研究，他们的推荐往往具有较高的参考价值。通过查阅他们的著作、论文或参加相关的学术活动，用户可以获取更多可靠的资源来源，进一步丰富知识储备。

另一方面，资源的时效性和完整性也是不可忽视的因素。随着科技的日新月异和研究的不断深入，各个领域的知识和信息都呈现出了快速更迭的态势。因此，在选择和使用资源时，必须高度重视其时效性和完整性，以确保用户能够获取到最新、最全面的信息，为其研究和学习提供有力的支持。

首先，资源的时效性是不可忽视的关键因素。在科技飞速发展的今天，各个领域的知识和信息都在不断更新和迭代。新的研究成果、新的理论观点、新的技术方法层出不穷，这要求相关人员必须时刻保持对最新信息的关注。因此，在选择资源时，应尽量选择最新出版的资源，以获取最新的研究成果和信息。这有助于人们了解当前领域的最新动态和趋势，掌握最前沿的知识和技术，从而为用户的研究和学习提供有力的支持。

其实，资源的完整性也是至关重要的。一个完整的资源应该包含全面的信息，能够为用户提供完整的知识体系和研究背景。这意味着资源不仅要有足够的深度和广度，还要具备系统性和连贯性。在选择资源时，应确保所选资源内容完整，避免因信息缺失而影响对某个问题或领域的全面理解和分析。

为了确保资源的时效性和完整性，相关人员可以采取一些具体的措施，第一，定期关注相关领域的最新出版动态，包括最新的学术论文、专著、研究报告等。这样可以帮助用户及时了解最新的研究成果和信息。第二，利用现代科技手段，如搜索引擎、学术数据库等，来查找和获取最新的资源。这些工具可以帮助用户快速定位到所需的资源，提高工作效率。

2. 筛选

在筛选专题资源时，需要运用一系列方法以确保所获取的资源既丰富又准确。

（1）可以利用关键词进行搜索

这一步骤的关键在于提炼出与所需主题或领域紧密相关的关键词。例如，如果用户正在研究"人工智能在医疗领域的应用",那么关键词可能包括"人工智能""医疗领域""应用"等。将这些关键词输入数字图书馆、学术搜索引擎或专业数据库中,就能快速找到大量与之相关的资源。为了进一步提高搜索的准确性和效率,还可以尝试调整关键词的组合和搜索范围。比如,可以尝试使用不同的关键词组合,或者将搜索范围限定在特定的期刊、会议论文或学术著作中。这样,就能逐步缩小搜索范围,找到更符合需求的资源。

（2）查看资源的引用情况和评价

引用次数多的资源往往经过了同行专家的严格评审和多次引用。这些资源在学术领域得到了广泛的认可,成了该领域内的经典之作。这些资源不仅具有深厚的学术底蕴,而且其观点和结论往往经过了充分的论证和检验,具有较高的可信度和权威性。

评价高的资源也往往具有较高的学术价值。这些资源在学术领域内享有良好的声誉,其作者往往是在该领域内具有深厚造诣和丰富经验的学者。他们的研究成果不仅具有创新性,而且能够为后续研究提供重要的参考和启示。

引用次数多、评价高的资源往往能够为用户提供更为全面和深入的信息。这些资源不仅涵盖了该领域内的基本概念和理论,而且能够对相关问题进行深入的剖析和讨论。

（3）参考其他学者或专家的推荐

这些学者或专家通常在本领域内具有深厚的学术背景和丰富的实践经验,他们的研究论文、专著或学术报告往往汇聚了众多前沿思想、理论和方法,为用户提供了宝贵的资源。

首先,用户可以通过查阅这些学者或专家的研究论文,获取他们在某一专题上的最新观点和研究成果。这些论文通常发表在国内外知名的学术期刊或会议上,具有较高的学术价值和权威性。通过阅读这些论文,不仅可以了解到该领域的最新进展,还能对专题的核心问题、研究方法等有更深入的认识。

其次,这些学者或专家的专著也是用户获取专题资源的重要途径。这些专著通常涵盖了某一领域的全面内容,包括理论、方法、案例等多个方面。通过阅读这些专著，可以系统地掌握该领域的基础知识，了解各种理论和方法的应用场景和优缺点，为用户在实际工作中运用这些理论和方法提供指导。

最后，还可以关注这些学者或专家的学术报告和讲座。这些报告和讲座通常包含了他们在某一领域的最新研究成果和思考，有时还能为用户提供一些前沿信息和启发。通过参加这些学术活动，可以与这些学者或专家面对面交流，了解他们的研究思路和方法，进一步加深对专题的理解。

在筛选专题资源的过程中，不仅需要关注资源的主题和内容，还需要注意一些看似微小但实则至关重要的细节问题。这些细节问题对于资源的有效利用和合规性至关重要，因此在筛选资源时务必予以充分考虑。

第一，要注意资源的格式和兼容性。由于不同的数字图书馆可能采用不同的资源格式和存储方式，因此相关人员需要确保所选资源能够在设备上正常打开和使用。例如，一些图书馆可能使用 PDF 格式进行文献存储，而另一些则可能采用 EPUB 或 MOBI 等格式。这就要求相关人员在筛选资源时不仅要关注资源的内容，还要了解其格式是否与设备或软件兼容。如果资源格式不兼容，需要考虑是否需要转换格式或寻找其他替代资源，以确保资源的有效使用。

第二，相关人员在筛选专题资源时还应考虑资源的来源和可靠性。图书馆应该选择来自权威机构或可靠来源的资源，以确保其内容的准确性和可靠性。此外，还需要考虑资源的更新频率和维护情况，以确保所选资源能够保持与时俱进的状态。

（二）专题资源的整理与分类

1. 整理

（1）明确专题范围和目标

确定专题领域：需要明确要整理的专题领域，如某个学科、某个历史时期、某个特定事件等。

明确目标用户：分析目标用户的需求和兴趣，以便在资源整理过程中更好地满足他们的需求。

（2）资源搜集与筛选

广泛搜集资源：通过各种渠道搜集与专题相关的数字化资源，包括书籍、论文、图片、视频等。

筛选有价值资源：对搜集到的资源进行筛选，去除重复、无效或质量不高的资源，保留有价值的资源。

2. 分类

（1）主题分类法

科学类资源作为数字图书馆中的重要组成部分，涵盖了物理、化学、生物等多个学科领域。在物理学科中，可以进一步细分为力学、光学、电磁学等子领域；化学学科则包括无机化学、有机化学、分析化学等分支；生物学科则涵盖了生物学、生态学、遗传学等多个研究方向。这些分类不仅有助于用户快速定位所需资源，还能促进不同学科之间的交叉融合与创新。

文学类资源，主题分类法同样发挥着重要作用。小说、诗歌、散文等不同类型的文学作品，在主题、风格、情感表达等方面具有独特的特点。因此，将这些资源按照主题进行分类，如历史题材、爱情题材、科幻题材等，有助于用户根据个人兴趣和需求进行选择和阅读。此外，主题分类法还可以用于分类不同地域、不同时期的文学作品，进一步丰富数字图书馆的文学资源。

除科学类和文学类资源外，数字图书馆还包含其他多种类型的资源，如艺术、历史、地理等。这些资源同样可以根据主题特点进行分类，以便用户更加便捷地获取所需信息。例如，艺术资源可以按照绘画、雕塑、建筑等艺术形式进行分类；历史资源可以按照历史时期、历史事件等主题进行分类；地理资源则可以按照地理区域、自然景观等特征进行分类。

（2）标签分类法

在数字图书馆中，标签的应用十分广泛。无论是图书、期刊、论文还是其他类型的数字资源，都可以通过标签进行分类和检索。这些标签既可以是用户根据资源的主题、内容或形式自行添加的，也可以是图书馆根据资源的属性和特征预设的。这些标签不仅为资源提供了一个清晰明了的分类体系，同时也为用户提供了一个便捷的检索途径。当用户对某个特定领域感兴趣时，只需在数字图书馆中输入相关的关键词或选择预设的标签，就能迅速找到与之相关的资源。这些资源可能包括经典著作、前沿论文、专业期刊等，它们涵盖了该领域的各个方面，为用户的学习和研究提供了丰富的素材。

标签分类法作为一种灵活且可扩展的资源分类方式，其优势在于能够适应不同场景和变化的需求，为资源的管理和利用提供了极大的便利。相较于传统的分类法，标签分类法不受固定的分类体系和层级结构的束缚，可以更加自由地适应资源的变化和用户的多样化需求。

第一，标签分类法的灵活性体现在其能够动态调整分类方式。在传统的分类法中，资源的分类通常是基于预设的分类体系和层级结构，难以根据资源的实际变化和用户需求进行灵活调整。而标签分类法则可以根据资源的属性和特征，以及用户的需求和兴趣，随时添加、删除或修改标签，从而实现更加精准和个性化的分类。

第二，标签分类法的可扩展性也是其重要的优点之一。随着资源数量的不断增加和类型的不断丰富，传统的分类法可能会面临分类层级过于复杂、分类标准难以统一等问题。而标签分类法则可以通过添加新的标签来扩展分类范围，使分类更加细致和全面。同时，标签分类法还可以根据用户的反馈和实际需求，不断优化和调整标签体系，提高分类的准确性和实用性。

第三，标签分类法还可以根据资源的属性进行多维度的分类。在传统的分类法中，资源的分类通常只能基于单一的属性或特征进行，难以全面揭示资源的内在特征和关联关系。而标签分类法则可以根据资源的多个属性或特征进行多维度的分类，从而更好地揭示资源的内在特征和关联关系，为用户提供更加全面和深入的信息。

（3）时间分类法

时间分类法是根据资源的出版时间进行分类的方法。通过这种方法，可以将数字图书馆中的资源按照年代或者特定的时间段进行组织。这种分类方式不仅有助于用户更好地了解资源的历史背景和发展脉络，更能揭示资源之间的内在联系和演变过程。

首先，时间分类法能够清晰地反映资源的发展和演变过程。以文学作品为例，通过运用时间分类法，用户可以轻松地探索到各个时期的文学风格和主题变化，从而揭示出文学的丰富多样性和时代性。回顾历史长河，可以发现，文学作品随着时代的变迁而不断演变。从中世纪的古典文学到现代的多元文学，从浪漫主义到现实主义，从科幻到奇幻，每一个时代都有其独特的文学风格和主题。这些风格和主题的变化不仅反映了当时社会的风貌和文化氛围，也体现了人们对于生活的不同理解和追求。

以中世纪的古典文学为例，那时的作品多以神话、史诗和宗教故事为主题，风格庄重、典雅。这些作品往往承载着人们对于神秘、神圣和崇高的向往，反映了当时社会对于宗教和神话的敬畏和崇拜。而到了现代，文学作品则更加多元和开放，主题涉及生活、情感、人性等多个方面，风格也更为多样，既有现实主义的深刻描绘，也有科幻、奇幻等题材的奇思妙想。

文学作品的发展还体现在传播方式和读者群体的变化上。在古代，文学作品主要通过手抄本和印刷品进行传播，读者群体也相对有限。而到了现代，随着互联网的普及和数字化技术的发展，文学作品得以更加广泛地传播，读者群体也变得更加多元化和年轻化。

其次，时间分类法有助于用户深入理解资源的历史背景和文化内涵。在利用时间分类法研究历史文献时，可以发现许多有趣且富有价值的信息。一方面，通过对不同时间段的文献进行比对和分析，可以揭示出历史事件之间的关联性和因果链条。例如，通过研究某个朝代的政治、经济、文化等多方面的文献，人们可以发现它们之间的相互影响和制约关系，进而理解这个朝代兴衰的深层次原因。另一方面，时间分类法还有助于用户挖掘出当时的社会风俗、价值观念和文化特色。每个时代都有其独特的文化印记，这些印记往往隐藏在历史文献的字里行间。通过仔细阅读和分析这些文献，可以还原当时的社会风貌和人们的生活状态，从而更加生动地感受历史。

最后，时间分类法还具有很高的实用价值。在数字图书馆中，用户经常需要根据特定的时间范围来检索资源。例如，研究人员在进行历史研究时，可能需要查找某个特定历史时期的文献，以了解当时的社会背景、文化特征或科技发展状况。同样，在生物学、医学等领域，研究人员也需要依据时间线来追踪疾病的发展、物种的演化等。时间分类法通过按照时间顺序对文献进行分类，使用户能够迅速定位到所需的时间段内的文献资源，大大节省了检索时间。

（4）标注方法

a.基础信息标注

资源简介：简要介绍资源的核心内容，让用户对资源有初步了解。

主题分类：根据资源内容，将其归类到相应的主题或学科领域，如历史、文学、科学等。

作者信息：提供资源的作者或编译者姓名，以及他们的专业背景或成就，帮助用户评估资源的权威性。

b.详细属性标注

出版信息：包括出版日期、出版社或发布机构，以及版次或更新日期。

内容概述：更深入地描述资源的主要内容和结构，如章节划分、主要观点等。

语言种类：标注资源的语言类型，如中文、英文、多语言等，便于用户根据语言偏好进行选择。

适用对象：指明资源适合的阅读群体，如学生、教师、专业人士等。

c.格式和技术标注

文件格式：标注资源的存储格式，如 PDF、EPUB、HTML 等，确保用户能够使用合适的软件或设备打开。

文件大小：提供资源的文件大小信息，帮助用户评估下载或传输所需的时间和资源。

访问权限：说明资源的访问权限要求，如开放访问、会员专享、付费购买等。

技术要求：如果资源有特殊的技术要求（如特定的浏览器或插件），也应进行标注。

（三）专题资源的标注与描述

1.专题资源的标注

专题资源的标注是指对资源内容进行标记和分类，以便用户能够方便地查找和获取所需信息。在进行专题资源标注时，相关人员需要首先深入了解资源的主题、内容、形式等特征。这些特征构成了资源的基本属性，也是标注工作的基础。在了解资源特征的基础上，标注人员需要运用专业的知识和技能，采用适当的标签和关键词进行描述。这些标签和关键词应当准确反映资源的主要内容和特点，以便用户能够依据这些信息进行快速定位。

以一部关于中国古代文学的专题资源为例，标注人员需要对该资源进行全面的分析。首先，他们需要确定该资源的主题，即中国古代文学。然后，他们需要分析资源的具体内容，如涉及哪些时期的文学作品、哪些作家及其作品、文学流派及其特点等。最后，在此基础上，标注人员可以采用诸如"古代文学""唐诗宋词""文学作品"等标签进行标注。这些标签不仅涵盖了资源的主题和内容，还反映了资源的文学价值和文化内涵。

除基本的标签和关键词标注外，专题资源的标注还可以进一步拓展和深化。例如，标注人员可以根据资源的受众群体，添加有针对性的标签，如"学生""研究者""爱好者"等，以便不同需求的用户能够更精准地找到所需资源。此外，标注人员还可以结合现代技术手段，如自然语言处理、机器学习等，对资源进行更精细化的标注和分类，提高标注的准确性和效率。

2.专题资源的描述

描述是对资源内容的详细阐述，能够帮助用户更全面地了解资源的价值和意义。在描述专题资源时，可以从多个维度入手，结合资源的背景信息、历史沿革、研究价值等方面进行阐述。

其一，从资源的背景信息入手，介绍资源产生的时间、地点、文化背景等，帮助用户了解资源的来源和背景。例如，一部专题资源如果是古代文学作品，可以描述其创作背景、时代背景以及作者生平等信息，让用户更好地理解和欣赏这部作品的内涵。

其二，从资源的历史沿革入手，介绍资源的发展和演变的历程。这可以帮助用户了解资源在历史长河中的地位和作用，以及它如何影响和推动了相关领域的发展。比如，一部专题资源如果是历史文献，可以详细描述它的编纂过程、传播路径以及对后世的影响，让用户深刻感受到这部文献的重要性和价值。

其三，从资源的研究价值角度进行描述。这包括资源在学术研究中的贡献、对某一领域发展的推动作用等。可以结合具体的案例、研究成果和专家观点，来展示资源在学术界的地位和影响力。例如，一部专题资源如果是科技文献，相关人员可以列举其对于科技进步的贡献，以及它在相关领域的广泛应用和认可，从而彰显其学术价值。

在描述过程中，还可以适当添加一些形容词、成语等修辞手法，以使文章更加生动形象。例如，可以使用"栩栩如生"来形容一部历史文献对古代社会风貌的生动描绘；使用"独树一帜"来强调一部专题资源在某一领域的独特地位和贡献。

第四节　数字版权服务

一、版权保护与许可管理

在数字化过程中，图书馆需要对大量的纸质文献、音像资料等进行数字化处理，这其中涉及众多作者的著作权问题。由于数字化技术的特点，文献的复制、传播变得更加便捷，这也增加了版权侵权的风险。此外，随着网络技术的发展，数字图书馆中的资源容易被非法下载、复制和传播，进一步加剧了版权保护的难度。图书馆通过获取合法授权、制定使用政策、技术保护等措施加强版权保护。

1. 获取合法授权

首先，图书馆可以通过购买数字化版权的方式获取合法授权。在购买数字化版权时，图书馆应当与版权持有者进行充分沟通，明确版权的范围、使用方式、期限以及费用等关键要素。同时，图书馆还需对版权持有者的资质和信誉进行严格审查，确保所购买的版权真实有效。

最后，图书馆可以与版权持有者达成协议，以获取合法授权。这种方式更加灵活，可以根据图书馆的具体需求和版权持有者的意愿来制订个性化的合作方案。例如，图书馆可以与作者或出版商签订授权协议，允许其在一定期限内使用、传播和展示特定作品。通过这种方式，图书馆可以在合法的前提下，获取更多优质的数字化资源。

此外，图书馆还可以利用公共领域的作品来获取合法授权。公共领域的作品是指那些已经超过版权保护期限或者因其他原因不再受版权保护的作品。图书馆可以对这些作品进行数字化处理，并纳入资源库中。这种方式既符合法律法规，又能够丰富图书馆的数字化资源。

在采购数字资源时，图书馆应当格外谨慎。图书馆应当建立严格的审查机制，对资源的合法性和版权问题进行仔细审查。这包括对资源的来源、制作方式、授权情况等方面进行全面的调查和核实。同时，图书馆还应当与供应商建立良好的合作关系，确保所购买或订阅的资源具有合法的版权归属。

2. 制定使用政策

图书馆应明确规定用户在使用数字化资源时的权限和限制。这包括但不限于复制、分发、修改等行为。对于允许复制的内容，图书馆可以设定合理的复制次数和范围，以避免资源的滥用和浪费。对于分发和修改的行为，图书馆则需要更加谨慎，确保用户不会侵犯到原作者的权益。

对于受版权保护的作品，图书馆需要特别加以关注。版权是保护创作者权益的重要手段，图书馆有责任确保用户在使用这些作品时遵守版权法规。因此，图书馆应在使用政策中明确规定，对于受版权保护的作品，用户必须获得原作者的许可或遵守版权法的相关规定，否则将面临法律制裁。

为了确保图书馆数字化资源的使用限制得到有效执行，图书馆方面必须采取一系列措施，以明确告知读者相关政策，并加强管理和监控工作。这些措施不仅有助于维护图书馆的秩序，还能保障资源的合法使用和公平共享。

第一，图书馆需要在多个渠道发布相关政策，确保用户能够方便地获取并了解这些规定。例如，图书馆可以在其官方网站上设立专门的数字化资源使用政策页面，详细列出各项规定和限制，并提供相关解释和说明。此外，图书馆还可以在借阅系统、电子阅览室等场所设置明显的提示信息，提醒用户在使用数字化资源时务必遵守规定。

第二，图书馆应该加强对用户使用行为的监督和管理。为了实现这一目标，图书馆可以设立专门的监管机构或部门，负责监督用户的使用行为。这些机构或部门可以定期检查用户的借阅记录、下载记录等，以发现用户是否存在违规行为。同时，图书馆还可以采用技术手段，如设置访问控制、使用记录分析等，对用户的使用行为进行实时监控和分析。

3. 技术保护措施

（1）数据加密技术

数据加密技术是一种先进的信息安全手段，它通过采用特定的算法和密钥，将原始数据转换为无法直接读取的密文形式。这种转换过程保证了数据的机密性和完整性，使得未经授权的用户无法获取或篡改数据。在图书馆的应用场景中，数据加密技术可以发挥巨大的作用。

首先，图书馆可以将重要的数字化资源，如电子书籍、期刊论文等，进行加密处理。通过加密处理，即使这些资源在网络上传播，黑客也无法轻易破解和获取其中的内容。只有持有相应密钥的授权用户，才能通过解密过程，获取到原始的数据内容。这种加密方式有效地防止了未经授权的访问和复制，保护了数字化资源的版权和知识产权。

其次，数据加密技术还可以提高数字化资源的访问控制水平。图书馆可以根据用户的需求和权限，为不同的用户分配不同的密钥。这样，用户只能访问自己权限范围内的资源，无法获取到其他未授权的资源。这种访问控制机制确保了资源的合理分配和使用，避免了资源的滥用和浪费。

最后，数据加密技术还可以与图书馆的其他安全措施相结合，形成更加完善的安全防护体系。例如，图书馆可以采用身份认证和访问控制等技术手段，对用户进行严格的身份识别和权限管理。同时，结合数据加密技术，可以进一步提高数字化资源的保护级别，确保数据的完整性和可靠性。

（2）数字水印技术

数字水印技术就是将特定的信息以不易察觉的方式嵌入数字化资源中。这些嵌入的信息可以在不影响资源正常使用的前提下，通过特定的技术手段在需要时提取出来。这些信息可以包括版权信息、作者信息、使用限制等，它们就像一个个隐秘的标记，为图书馆追踪非法复制和传播行为提供了线索。

在图书馆的实际应用中，数字水印技术发挥了巨大的作用。通过嵌入版权信息，图书馆可以明确表明数字化资源的归属权，防止他人未经授权擅自使用。一旦发现有非法复制或传播的行为，图书馆可以依据水印信息追踪到相关责任人，追究其法律责任。这有助于维护图书馆作为版权方的权益，防止资源被滥用或侵权。

数字水印技术还能促进数字化资源的合规使用。通过嵌入使用限制等水印内容，图书馆可以明确告知用户资源的使用条件和范围，规范用户的使用行为。这样既可以保证资源的安全和完整性，又能促进用户合理、合规地使用这些资源。

在采用技术手段保护数字化资源的同时，图书馆还需确保这些技术保护措施不会损害公共利益。这意味着图书馆需要在保护知识产权与促进知识传播之间找到平衡点。例如，图书馆在设定访问权限和使用限制时，应充分考虑用户的合理需求，避免过于严格的限制导致知识获取的障碍。同时，图书馆还应积极与版权所有者沟通合作，共同制定合理的版权保护和使用政策。

当然，图书馆还需确保技术保护措施符合相关法律法规的要求。在数字化资源保护方面，各国都有相应的法律法规进行规范。图书馆在采用技术手段时，应严格遵守相关法律法规的规定，确保自身的合规经营。例如，图书馆在采用数据加密技术时，应确保加密算法的合规性和安全性；在采用数字水印技术时，应确保水印信息的合法性和有效性。

二、版权使用培训与指导

第一，需要深入讲解版权法律法规。版权法作为保护创作者权益的重要法律武器，为创作者提供了明确的权利保障。通过详细解读版权法的各项条款，图书馆可以使用户了解到哪些行为属于侵权行为，哪些行为是合法的使用方式。同时，还可以结合国内外典型的版权案例，让用户更加直观地感受到版权法律的实际应用。

第二，介绍版权保护的基本原则也是不可或缺的一部分。版权保护的基本原则包括尊重原创、鼓励创新、平衡利益等。通过讲解这些原则，可以使用户更加深入地理解版权保护的意义和价值。同时，图书馆还可以引导用户树立正确的版权观念，认识到尊重他人的劳动成果是每个人的责任和义务。

第三，在培训过程中，可以结合具体案例，让用户更加直观地了解版权侵权的危害和后果。这些案例可以包括一些知名的侵权案件，如音乐、电影、图书等领域的盗版行为。通过详细剖析这些案例，可以使用户更加深刻地认识到侵权行为的严重性和危害性，从而增强他们的版权保护意识。

第四，为了进一步提高用户的版权保护意识，可以开展一些互动式的活动。例如，组织一些版权知识竞赛或创作比赛，让用户在实际参与中学习和掌握版权知识。这些活动不仅可以提高用户的参与度和积极性，还能有效地增强他们的版权保护意识。

第五，在数字资源的下载方面，培训应当明确指出用户需要遵守的版权规定。用户应当了解，任何未经授权的下载行为都可能构成侵权行为。因此，在培训中，可以提供一系列合法下载资源的途径和方法，如通过数字图书馆的官方渠道、与版权方达成合作关系的平台等。同时，培训还可以教育用户如何正确识别数字资源的版权信息，以便在下载时能够明确知道其版权归属及使用权限。

第六，在数字资源的分享方面，培训应当强调版权保护的重要性。分享数字资源时，用户需要确保所分享的内容已经获得版权方的授权，并且分享方式符合版权法的规定。此外，培训还可以提供一些合法的分享渠道和方式，如通过数字图书馆的分享功能、参加合法的学术交流活动等。

第七，在引用数字资源时，培训应当教授用户如何遵守引用规范，避免侵犯他人的知识产权。用户可以学习如何正确标注引用来源、注明引用内容、避免抄袭等技巧，以确保在引用数字资源时能够遵循学术规范和道德标准。

第八，培训还可以教授用户如何识别正版数字资源。在数字化时代，盗版资源层出不穷，给知识产权的保护带来了极大的挑战。因此，培训应当教育用户如何识别正版数字资源的特征，如查看版权信息、比对资源质量等，以便在获取数字资源时能够避免使用盗版资源。

三、版权纠纷处理与协调

首先，数字图书馆的版权纠纷涉及的作品类型繁多，包括图书、论文、图片、音频、视频等多种形式。每种作品类型的版权归属、使用权限等方面都存在差异，这就给纠纷的处理带来了极大的困难。由于数字技术的快速发展，作品的复制、发行和传播方式也变得更加多样和便捷，这也增加了版权纠纷的复杂性。

其次，数字图书馆版权纠纷的多样性还体现在纠纷主体的复杂性上。这些纠纷可能涉及作者、出版商、图书馆、用户等多个方面，每个主体在版权问题上都有自己的诉求和利益。因此，在处理这类纠纷时，需要充分考虑各方利益，寻求平衡点，以实现公平、公正的处理结果。

最后，数字图书馆版权纠纷的跨国性特点也不容忽视。由于互联网的无国界性，数字图书馆的资源往往覆盖全球范围，这使得版权纠纷的处理需要跨越国界进行。不同国家的法律体系、文化背景和版权政策都存在差异，这给纠纷的解决带来了很大的挑战。因此，在处理跨国版权纠纷时，需要充分了解各国法律和相关政策，以确保纠纷处理的合规性和有效性。

为了应对这些挑战，需要建立完善的版权纠纷处理机制。第一，可以设立专门的版权纠纷处理机构，这些机构可以包括政府部门、行业协会、专业律师团队等，他们具备丰富的版权知识和处理经验，能够提供专业的咨询和解决方案。第二，需要制定详细的处理流程和规范，包括纠纷的受理、调查、调解、仲裁等环节，以确保纠纷处理的公正性和效率性。第三，还可以加强国际合作，共同应对跨国版权纠纷问题，推动全球版权保护体系的完善和发展。

第五节　跨界合作服务

一、与其他图书馆或机构的合作

（一）与其他图书馆或机构的合作可以丰富数字图书馆的馆藏资源

各图书馆或机构通常都拥有独具特色的藏书和资料。这些资源不仅涵盖了广泛的学科领域，还反映了不同地域、文化和时代的特色。例如，一些历史悠久的图书馆可能保存着大量的珍贵古籍、手稿和档案，这些文献是研究古代历史、文化和社会的重要资料。而一些专业性强的机构，如博物馆等，则可能拥有大量与特定行业或领域相关的专业文献、研究报告和实物资料。

通过合作，这些各具特色的资源可以被整合到数字图书馆中，实现资源的共享和互通。这不仅可以扩大数字图书馆的馆藏范围，还可以提高资源的利用效率和价值。用户可以通过数字图书馆的平台，轻松访问到这些宝贵的资料，从而更深入地了解各个领域的知识和文化。

（二）合作有助于推动信息资源的共享和互补

通过广泛的合作与交流，各图书馆或机构纷纷将自身拥有的丰富资源上传到共享平台，使其得以供其他机构和个人使用，这种全新的资源共享模式正在改变着人们的信息获取方式。

这种资源共享模式不仅有助于避免资源的浪费和重复建设，还能显著提高信息资源的利用效率。在过去，各图书馆或机构往往各自为政，独自进行资源的采购、整理和存储，这导致了很多资源的闲置和浪费。而现在，通过共享平台，这些资源得以被更广泛地利用，充分发挥其价值。例如，某图书馆可能拥有某一本珍贵的古籍或独特的学术资料，而这些资源在共享平台上可以让更多的人得以查阅和利用，从而促进了知识的传播和学术研究的进步。

同时，不同图书馆或机构之间的资源互补性也能够得到充分发挥，使得数字图书馆的资源更加丰富和全面。每个图书馆或机构都有其独特的收藏和特色，这些资源在共享平台上可以相互补充，形成一个庞大的资源库。这使得用户可以通过一个平台，就能轻松获取到各种类型、各种领域的资源，大大提高了获取信息的便捷性和效率。

（三）合作能提升全社会的知识水平和文化素养

通过合作，数字图书馆可以将更多的优质资源呈现给广大用户。这些资源不仅涵盖了传统的书籍、期刊等文献资源，还包括了音频、视频等多媒体资源。这些多媒体资源不仅丰富了用户的阅读体验，而且使得知识学习变得更加生动、直观。例如，对于历史类书籍，用户可以通过观看相关的纪录片或历史讲座，更加直观地了解历史事件和人物；对于科普类书籍，用户可以通过观看科学实验或动画演示，更深入地理解科学原理和应用。

此外，合作还能够推动文化交流和传播。数字图书馆作为文化传承的重要载体，通过合作可以将不同地域、不同文化背景下的优秀作品引入自己的馆藏中，让用户能够接触到更广泛的文化内容。这种跨文化的交流不仅有助于促进不同文化之间的相互理解和融合，更能够激发用户的创新思维和想象力，进而提升全社会的积极水平和文化素养。

（四）合作有助于推动整个图书馆行业的发展

在实际操作中，数字图书馆与其他图书馆或机构的合作形式确实丰富多样，这些合作不仅加强了数字图书馆的服务能力和影响力，更对整个图书馆行业的发展和进步起到了积极的推动作用。

第一，数字图书馆与其他图书馆或机构建立联合目录和检索系统是一种常见的合作形式。通过这种合作，各个图书馆可以将自己的馆藏资源进行统一整合，形成一个庞大的资源网络。用户只需在一个平台上进行检索，就可以轻松获取到来自不同图书馆的资源信息。这种合作形式极大地提高了资源的利用效率和检索便利性，使用户能够更快速、更准确地找到所需的信息。

第二，互借服务也是数字图书馆与其他图书馆之间常见的合作方式。通过互借服务，用户可以在不同图书馆之间借阅图书，打破了地域和时间的限制，为用户提供了更加便捷的阅读体验。这种合作形式不仅方便了用户，也促进了图书馆之间资源的共享和流通，有助于提升整个图书馆行业的服务水平。

第三，联合采购和共建共享项目也是数字图书馆与其他图书馆或机构合作的重要形式。在联合采购方面，图书馆可以通过合作共同采购数字资源，实现资源的规模化和专业化。这不仅可以降低采购成本，还可以提高资源的质量和数量。在共建共享项目方面，图书馆可以共同开发和利用数字资源，推动数字资源的创新和发展。这种合作形式有助于提升数字图书馆的技术水平和创新能力，为整个图书馆行业带来新的发展机遇。

二、与科研机构或企业的合作

（一）科研机构

科研机构作为学术研究的摇篮和创新的源泉，承载着推动人类社会进步的重要使命。它们汇聚了众多的专家学者，拥有丰富的学术资源和研究成果。然而，这些宝贵的资源往往局限于机构内部，难以被更广泛的用户群体获取和利用。为了解决这一问题，科研机构开始积极寻求与数字图书馆的合作，共同推动学术资源的数字化和共享。

通过与数字图书馆的合作，科研机构可以将大量的学术资源进行数字化处理，将其转化为电子文献、数据库等形式，方便用户进行在线阅读和下载。这种数字化处理不仅使得学术资源更加易于保存和传播，还提高了资源的利用效率。同时，数字图书馆具备强大的技术实力和专业团队，可以为科研机构提供便捷的资源管理、检索和共享服务。科研人员可以通过数字图书馆的平台，快速定位到所需的学术资源，大大降低了在资料查找上的时间成本。

除提供资源共享服务外，数字图书馆还可以与科研机构共同开展学术研究。通过多种技术手段，数字图书馆可以帮助科研机构从海量的学术资源中挖掘出更多有价值的学术信息。这些信息可以为科研人员提供新的研究思路和方法，推动学术研究的创新和发展。同时，科研机构也可以将自身的研究成果和数据共享给数字图书馆，丰富数字图书馆的学术资源库，为其他学者提供更多的参考和借鉴。

此外，科研机构与数字图书馆的合作还可以推动学术研究的国际交流与合作。通过数字图书馆的平台，不同国家和地区的科研机构可以更加方便地进行学术交流和合作，共同推动全球科研事业的发展。这种合作不仅有助于提升科研水平，还能促进不同文化之间的交流与融合，推动人类文明的进步。

（二）企业

企业作为市场经济的主体，必须时刻保持对技术创新和市场需求的高度敏锐性。而数字图书馆作为知识资源的集大成者，正成为越来越多企业寻求创新发展的重要合作伙伴。通过与数字图书馆合作，企业不仅能够获取丰富的行业资讯、技术专利和市场数据，还能享受到定制化的知识服务，从而为企业的决策和发展提供有力支持。

首先，数字图书馆为企业提供了海量的行业资讯。这些资讯包括行业动态、政策法规、市场趋势等，有助于企业了解行业的发展方向和未来趋势。同时，数字图书馆还提供了丰富的技术专利信息，企业可以从中挖掘出潜在的商业机会，为产品研发和技术创新提供灵感。

其次，数字图书馆可以为企业提供定制化的知识服务。这些服务包括行业趋势分析、竞争对手研究等，旨在帮助企业更好地把握市场脉搏，制定有针对性的发展战略。通过数字图书馆的专业分析，企业可以深入了解竞争对手的优势和劣势，从而找到自身的差异化竞争点，提升市场竞争力。

最后，数字图书馆还可以与企业共同开发新的数字化产品和服务。例如，在线教育、数字出版等领域具有巨大的市场潜力，企业可以与数字图书馆合作，共同开发优质的数字化内容，满足用户的需求。这种合作不仅可以实现互利共赢，还可以推动数字化产业的发展和创新。

第四章　数字图书馆管理与服务创新

第一节　技术创新

一、云计算技术

云计算技术允许用户通过网络访问一个共享的资源池（包括计算资源、存储资源、数据资源等），这些资源可以根据用户的需求进行动态分配和管理。对于数字图书馆而言，云计算技术提供了一个高效、灵活、可扩展的 IT 基础设施。

（一）云计算技术在数字图书馆中的应用场景

1. 云计算技术优化数字图书馆访问体验

（1）高性能计算

云计算技术以其高性能计算的特点，为数字图书馆提供了强大的计算能力。在传统的数字图书馆中，用户在进行资源检索和访问时，往往会受到服务器性能的限制，导致出现检索速度缓慢、访问不稳定等问题。而云计算技术则通过虚拟化技术，将大量服务器资源进行整合，形成一个统一的计算资源池，从而实现了计算资源的共享与高效利用。这使得用户在进行资源检索和访问时，能够充分利用云计算平台的强大计算能力，实现更快速、更稳定的数据处理与传输。

此外，云计算技术还为数字图书馆提供了更为灵活的资源调度方式。传统的数字图书馆往往需要购买大量的硬件设备来存储和处理数据，这不仅增加了成本，还使得资源利用效率低下。而云计算技术则可以根据实际需求，

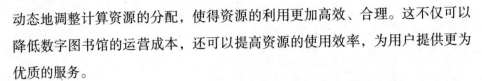

动态地调整计算资源的分配，使得资源的利用更加高效、合理。这不仅可以降低数字图书馆的运营成本，还可以提高资源的使用效率，为用户提供更为优质的服务。

（2）负载均衡

云计算的负载均衡技术是一种高效的网络资源调度策略，它通过合理分配和调度服务器资源，确保在高并发访问时数字图书馆能够保持稳定且高效的性能。在数字图书馆面临大量用户同时访问时，负载均衡技术能够将请求合理地分发到不同的服务器上，避免了单一服务器因处理过多请求而导致的过载和性能下降。

这种技术的应用对于数字图书馆而言，具有多重意义。一方面，它确保了服务的连续性。在高峰时段，当大量用户同时访问数字图书馆时，负载均衡技术能够迅速响应，避免服务中断或延迟，使用户能够顺畅地获取所需的知识资源。另一方面，它提高了系统的可靠性。通过合理分配负载，负载均衡技术降低了单个服务器出现故障的风险，增强了整个系统的容错能力和鲁棒性。

（3）移动设备支持

移动设备支持显著提升了数字图书馆的便捷性。传统的图书馆访问方式往往受限于时间和地点，用户需要亲自前往图书馆，通过实体书籍或电子设备进行查阅。而有了云计算技术和移动设备的支持，用户只需在移动设备上安装相应的应用或访问图书馆网站，便能随时随地浏览、下载或借阅图书、期刊、论文等各类资源。这种便捷的访问方式使得用户在旅途中、工作间隙等任何空闲时间，都能充分利用碎片化的时间进行学习和阅读。

2.基于云计算技术的数字图书馆多终端协同服务

（1）多终端访问

多终端访问功能满足用户多样化的需求。不同用户有不同的使用习惯和偏好，有些人可能更习惯使用电脑进行操作，而有些人则更喜欢使用手机或平板进行浏览。通过支持多终端访问，数字图书馆能够覆盖更广泛的用户群体，提供更加个性化的服务。

此外，多终端访问还有助于提高图书馆的数字化水平。随着移动互联网的普及，越来越多的用户开始使用手机或平板进行学习和阅读。通过支持这些设备的访问，数字图书馆能够吸引更多的用户，推动图书馆的数字化转型。

在具体实践中，数字图书馆通过开发适应不同终端的访问接口和应用程序，实现了多终端访问的功能。用户通过这些接口和应用程序，可以方便地访问图书馆的数字资源。

（2）协同工作

在图书馆工作中，云计算平台的应用场景十分广泛。例如，多个图书馆员通过云计算平台可以同时访问和编辑图书馆的藏书目录、借阅记录、用户信息等资源。这种多人协同工作的模式打破了传统图书馆工作中时间和空间的限制，使图书馆员可以随时随地开展工作，提高了工作效率。

此外，云计算平台还提供了丰富的协作工具，如在线文档编辑、实时聊天、共享文件等，使图书馆员之间的沟通和协作更加便捷。例如，在编制图书馆年度工作计划时，各部门的工作人员可以通过云计算平台共享资料、讨论问题、协作编写，从而避免了传统模式下资料传递和沟通不便的问题，大大缩短了工作周期。

二、人工智能与机器学习

（一）人工智能

首先，通过先进的自然语言处理技术，数字图书馆实现了对文本内容的深度挖掘和高效利用。这些技术不仅能够自动对海量的文献资源进行精确分类，使各类资源得以有序、系统地组织，而且能够提取关键信息，生成简洁明了的摘要，帮助用户迅速了解文献内容，大大提高信息检索的效率。此外，自然语言处理技术还能实现语义理解，对文本内容进行深度解析，从而更准确地把握文本的含义和作者的观点，为学术研究提供有力的支持。

其次，智能推荐系统作为数字图书馆的另一项重要功能，能够根据用户的阅读习惯和兴趣偏好，为其推荐合适的文献资源。这一系统通过分析用户的阅读历史、搜索记录和浏览行为等数据，构建出用户的个性化阅读模型，进而为其推荐相关的文献资源。这种推荐方式不仅能够帮助用户发现更多感兴趣的内容，拓宽学术视野，还能够提升阅读体验，使用户在享受阅读乐趣的同时，也能够更高效地获取所需知识。

最后，人工智能在数字图书馆的安全防护方面也发挥着重要作用。随着网络技术的不断发展，数字资源面临着越来越多的安全威胁。而人工智能能够通过机器学习和大数据分析等技术，识别出异常行为和攻击模式，及时发现并应对潜在的安全风险。同时，人工智能还能够对数字资源进行加密保护，防止未经授权的访问和篡改，保障数字资源的安全性和完整性。

（二）机器学习

机器学习模型通过对大量数字资源的学习和分析，能够揭示出数据中的内在联系和规律。以某一领域的研究文献为例，通过聚类分析，机器学习算法可以自动将相关文献划分为不同的群组，每个群组代表了一个研究方向或热点。这种自动化的分组方式不仅提高了文献检索的效率，还为研究者提供了深入了解该领域发展脉络的便利。同时，机器学习技术还可以对文献中的关键词、主题等进行提取和识别，进一步挖掘出该领域的研究趋势和未来发展方向。

三、虚拟现实与增强现实技术

（一）虚拟实景导览

利用 VR 技术，用户可以仿佛置身于一个真实而又充满奇幻色彩的数字图书馆之中。无须亲自踏足图书馆的大门，只需戴上 VR 设备，用户便能立即感受到身临其境般的参观体验。在这个虚拟的图书馆里，用户可以自由地穿梭于各个区域和设施之间，详细了解图书馆的资源分布和布局。

在这个虚拟的图书馆世界里，用户可以像在现实环境中一样，自由移动和浏览。他们可以漫步在宽敞明亮的阅览室，感受书页的翻动声和知识的气息；也可以穿梭于高耸的书架之间，寻找自己心仪的书籍。此外，VR 技术还能还原图书馆的独特氛围和特色，让用户在虚拟空间中也能感受到图书馆的文化底蕴和历史积淀。

（二）虚拟阅览室

首先，虚拟阅览室打破了传统阅览室的物理限制。在虚拟空间中，用户无须受到实体空间的束缚，可以随时随地进入这个神奇的阅读世界。无论是身处喧嚣的城市，还是偏远的乡村，只要拥有一台虚拟现实设备，用户就能轻松进入虚拟阅览室，享受阅读的乐趣。

其次，虚拟阅览室提供了丰富的书籍资源。通过虚拟现实技术，可以将海量的图书资源进行数字化处理，并呈现在虚拟空间中。用户只需在虚拟阅览室中漫步，就能轻松找到自己喜欢的书籍。

再次，虚拟阅览室为用户提供了一个互动交流的平台。在虚拟空间中，用户可以与其他用户进行实时的交流和讨论，分享自己的阅读心得和感悟。这种互动方式不仅增加了阅读的趣味性，还有助于激发用户的思考和创新能力。此外，虚拟阅览室还可以举办线上讲座、研讨会等活动，为用户提供更多的学习机会和交流平台。

最后，虚拟阅览室还具有高度个性化的特点。用户可以根据自己的喜好和需求，对虚拟阅览室进行个性化的设置和调整。例如，可以选择不同的阅读环境、调整书籍的展示方式等，让阅读变得更加舒适和便捷。这种个性化的设置方式使得每个用户都能在虚拟阅览室中找到属于自己的阅读空间。

（三）虚拟书架和图书检索

虚拟书架不仅外观逼真，而且功能强大。用户只需佩戴 VR 设备，便可置身于一个充满书籍的虚拟空间中。在这个空间里，书架上的每一本书都清晰可见，甚至连书脊上的文字都清晰可辨。用户可以通过简单的操作，如挥手或点击，在书架上进行图书检索、查找和借阅等操作。

更为重要的是，这种虚拟书架还能根据用户的偏好和需求进行个性化设置。例如，用户可以根据自己的阅读习惯，调整书架的布局和风格；还可以根据自己的兴趣爱好，设置特定的图书分类和推荐。用户不仅能够快速找到自己喜欢的书籍，还能在浏览过程中发现更多未知的宝藏。

（四）沉浸式阅读体验

在虚拟图书馆中，书籍和资料不再是平面、静态的呈现方式，而是以立体、动态的形式跃然眼前。每一本书籍都仿佛拥有了自己的生命，通过细腻的光影效果和逼真的材质纹理，呈现出令人惊叹的视觉效果。用户可以根据自己的需求，轻松地对书籍进行放大、缩小、旋转等操作，以便更加深入地了解书中的内容和细节。

除了视觉上的震撼，虚拟现实技术还为用户带来了更加丰富的互动体验。用户可以像在现实生活中一样，在虚拟图书馆中漫步、探索，寻找自己感兴趣的书籍和资料。他们可以与虚拟角色进行对话，了解书籍的背景和作者的创作过程；还可以通过虚拟手势进行翻页、标记等操作，实现更加便捷的阅读方式。

四、物联网技术

物联网技术通过射频识别（RFID）、红外传感器、GPS 等信息识别技术，将物品连接至网络，实现物与物之间、物与人之间的智能识别、跟踪、定位、监测和管理。在数字图书馆中，物联网技术被广泛应用于馆藏管理、用户服务等多个方面。

（一）射频识别（RFID）

1. RFID 标签的应用

RFID 标签在图书上的应用使得图书馆可以实现对图书的精确追踪。

与传统的条形码相比，RFID 标签不仅具有更强的穿透性和抗干扰能力，而且其独特的优势使得图书馆在图书管理上实现了质的飞跃。

一方面，RFID 标签的穿透性使其能够轻松地穿透纸张、塑料等障碍物，实现对图书的准确识别。这意味着无论图书被放在书架的哪个角落，或者是在借阅者的书包中，RFID 读写器都能够轻松地读取到标签上的信息，从而实现对图书的实时追踪。

另一方面，RFID 标签的抗干扰能力非常强。在图书馆这种环境复杂、干扰源众多的场所，RFID 标签能够稳定地工作，确保图书信息的准确读取。即使是在大量图书堆积或者人流密集的情况下，RFID 标签也能够保持高效的工作状态，为图书馆提供可靠的图书管理支持。

通过应用 RFID 标签，图书馆可以实时掌握图书的流通情况。每当图书被借阅或归还时，RFID 读写器都会自动读取标签上的信息，并将数据上传到图书馆的管理系统中。这样，图书馆员就可以随时了解哪些图书正在被借阅，哪些图书在架子上等待用户，从而有针对性地调整图书资源分配。

例如，如果某一类图书的借阅量较大，图书馆员可以及时增加这类图书的采购量，以满足用户的需求。同时，对于借阅量较小的图书，图书馆员也可以考虑将其下架或者转移到其他馆藏地点，以释放书架空间并优化馆藏结构。

2. RFID 标签在书架层板上的应用，使得图书馆能够实现对书架的智能化管理

在书架层板上安装 RFID 读写器，是 RFID 技术在图书馆管理中的重要应用之一。这些读写器能够实时感知并识别书架上的图书，通过与图书馆管理系统的连接，实现图书信息的实时更新和共享。这不仅为图书馆提供了一个强大的数据支撑平台，还使得图书馆的管理更加科学、规范。

（1）实现对书架的自动盘点

传统的图书盘点工作是一项烦琐且耗时的任务。图书馆员需要逐一检查书架上的每一本书，记录下其种类和数量，然后再与图书馆的数据库进行比对。这种盘点方式不仅耗时耗力，而且容易因为人为因素而出现错误。此外，随着图书馆藏书量的不断增加，传统盘点方式的局限性也日益凸显。

而 RFID 技术的应用则彻底改变了这一局面。通过无线电波与标签进行非接触式信息交换，从而实现对目标的自动识别。在图书馆中，每一本书都可以配备一个 RFID 标签，这些标签存储了图书的相关信息，如书名、作者、出版社等。

当图书馆员使用 RFID 扫描器对书架进行扫描时，扫描器会快速读取书架上的所有 RFID 标签，并将相关信息传输到图书馆的计算机系统中。计算机系统会对这些信息进行自动处理和分析，从而得出书架上的图书数量和种类。整个过程无须人工干预，大大减轻了图书馆员的工作压力。

此外，RFID 技术还具有高度的准确性和可靠性。由于 RFID 标签具有唯一性，每个标签都对应着一本特定的图书，因此不会出现重复或遗漏的情况。同时，RFID 技术还可以实现远程读取，即在不接触图书的情况下进行信息读取，从而避免了因人为操作不当而导致的损坏或丢失。

（2）实现自动排序功能

RFID 技术通过给每本图书贴上 RFID 标签，使得图书可以被自动识别和管理。当图书馆员需要调整书架上的图书顺序时，他们只需在图书馆管理系统中进行相应的操作。这些操作包括指定需要移动的图书、目标位置等信息。一旦操作完成，RFID 读写器便会根据指令自动调整图书的位置。

在这一过程中，RFID 读写器会与图书上的 RFID 标签进行无线通信。读写器通过发送特定的射频信号激活标签，标签则会返回包含图书信息的响应信号。读写器接收到响应信号后，会对其进行解析和处理，从而确定图书的当前位置和需要移动的目标位置。

在实际应用中，RFID 技术实现的自动排序功能不仅可以提高图书的摆放整齐度，还使得用户在查找图书时更加方便快捷。由于图书的位置信息已经被准确地记录在系统中，用户可以通过图书馆的查询系统快速找到所需图书的精确位置。这不仅节省了用户的时间，还提高了他们的满意度。

RFID 标签在自助借还系统设备上的应用，更是为图书馆的自助服务带来了革命性的改变。在 RFID 技术的支持下，图书馆的自助借还系统设备得以智能化升级。每本图书都被贴上了 RFID 标签，这些标签就像图书的"身份证"，记录着图书的基本信息和状态。当用户想要借阅或归还图书时，只需将图书放置在自助借还设备的感应区域，设备就能迅速读取标签上的信息，并自动完成借阅或归还操作。

在这一过程中，用户无须排队等待图书馆员的帮助，也无须手动输入图书信息，大大节省了时间成本。同时，由于 RFID 技术具有高速、准确的识别能力，也避免了因人为操作失误导致的借阅或归还错误，进一步提升了借阅体验。

（二）红外传感器

红外传感器作为一种重要的传感技术，在数字图书馆中扮演着关键角色。红外传感器利用红外辐射原理，通过检测物体发出的红外辐射来实现对物体的非接触式测量和识别。

1. 自动定位

首先，红外传感器通过发射和接收红外线信号，能够准确探测到图书的位置信息。在图书馆的书架上，每个书架层都安装有红外传感器，当图书被移动或错放时，传感器会立即感知到这种变化，并发出相应的信号。这些信号会被图书馆管理系统接收并处理，从而实现对图书位置的实时监控和追踪。

其次，红外传感器的应用有助于保持图书馆的整洁和有序。在传统的图书馆中，由于图书的摆放位置不易监测，经常会出现图书被随意摆放或错放的情况。这不仅影响了图书馆的整洁度，也给用户的查找带来了不便。而有了红外传感器的帮助，图书馆可以实时掌握图书的摆放情况，一旦发现图书被移动或错放，就可以立即进行处理，确保图书馆的整洁和有序。

最后，红外传感器还能提高图书的查找效率。在数字图书馆中，用户可以通过图书馆管理系统查询所需图书的位置信息。红外传感器可以实时监测图书的取出和放回情况，从而确保图书的及时归还和重新上架，促使图书馆能够更加高效地管理图书资源，为用户提供更加便捷、高效的借阅服务。

2. 借阅者行为分析

在图书馆内，这些传感器通常被安装在书架、阅读区以及入口出口等关键位置。当借阅者经过这些区域时，红外传感器能够捕捉到人体散发的热量，进而记录下行走轨迹和停留时间。这些数据对于图书馆来说具有极高的价值。

首先，它们有助于图书馆更好地了解用户的需求和偏好。通过对借阅者行为轨迹的分析，图书馆可以得知哪些区域的图书更受欢迎，哪些区域的图书借阅率较低。在此基础上，图书馆可以调整图书资源的配置，将热门图书放在更便于借阅的位置，同时增加冷门图书的宣传力度，以吸引更多用户关注。

其次，红外传感器数据还能帮助图书馆优化服务方式。例如，通过分析借阅者在阅读区的停留时间，图书馆可以了解借阅者的阅读节奏和阅读环境需求。据此，图书馆可以调整阅读区的布局和设施，提供更为舒适的阅读环境。此外，红外传感器数据还能揭示借阅者在图书馆内的活动规律，为图书馆制定更为合理的开放时间和服务安排提供有力支持。

最后，红外传感器数据在提高图书馆服务质量方面也发挥着重要作用。通过对借阅者行为的深入分析，图书馆可以识别出潜在的服务问题和改进空间。例如，若发现借阅者在查找图书时遇到较多困难，图书馆可以优化图书分类和索引系统，提高图书检索效率。同时，图书馆还可以根据用户的阅读习惯和兴趣偏好，提供个性化的推荐服务，进一步提高用户的满意度和忠诚度。

3.环境监控

在图书馆中，红外传感器可以精准地监测温度、湿度和光照等关键环境因素。通过不断收集和分析这些数据，红外传感器能够确保图书馆的环境始终保持在一个适宜用户学习和阅读的状态。例如，当室内温度过高或过低时，红外传感器会立即捕捉到这一变化，并触发报警机制，提醒图书馆员及时开启空调或暖气等设备，调节室内温度。同样地，当室内湿度过高或过低时，红外传感器也会迅速做出反应，确保图书馆的湿度环境保持在舒适的范围内。

此外，红外传感器在光照控制方面也发挥着不可或缺的作用。在白天，传感器可以根据自然光线的强弱自动调节室内灯光，确保用户能够在明亮而柔和的光线下阅读。而在夜晚或阴天，红外传感器则会根据实际需要开启或关闭灯光，为用户创造一个良好的学习环境。

除实时监测和反馈环境状况外，红外传感器还具有高度的智能化特点。它们可以通过与图书馆管理系统的连接，实现远程监控和自动控制。这意味着图书馆员可以在任何时间、任何地点通过电脑或手机等设备查看图书馆的环境状况，并根据需要调整相关参数。这不仅大大提高了管理效率，还降低了人力成本。

（三）座位预约系统

1. 系统组成

座位预约系统是一套智能化的管理系统，它结合了红外传感器、RFID 读取器模块以及先进的通信网络技术，实现对图书馆座位状态的实时监控与数据的实时传输。这套系统不仅提升了图书馆座位管理的效率，还极大地提升了用户的使用体验。

红外传感器在座位预约系统中发挥着至关重要的作用。它们被安装在座位的合适位置，能够实时感知座位的使用状态。当座位无人使用时，红外传感器会发出信号，表示该座位为空闲状态；而当座位有人使用时，红外传感器则会发出不同的信号，表示该座位已被占用。通过这种方式，系统能够准确、快速地获取座位的实时状态信息。

除红外传感器外，RFID 读取器模块也是座位预约系统中不可或缺的一部分。每个座位都配备有唯一的 RFID 标签，用于存储座位的预约信息。当用户通过终端设备预约座位时，RFID 读取器模块会读取标签中的信息，确认座位的预约状态。这种方式不仅确保了座位预约的准确性和可靠性，还避免了因为信息不一致而导致的座位使用冲突。

为了实现数据的实时传输和处理，座位预约系统还采用了先进的通信网络技术。通过无线网络连接，系统能够将红外传感器和 RFID 读取器模块收集到的数据实时传输到服务器进行处理。这样，图书馆可以随时随地了解座位的使用情况，及时进行调整和优化。

2. 预约与查询

座位预约系统为用户提供了便捷的预约和查询功能。用户可以通过图书馆的终端设备或者手机 App 进行座位的预约和查询操作。在预约时，用户可以选择合适的座位、预约时间以及预约人数等信息，系统会根据座位的实时状态进行自动匹配和确认。在查询时，用户可以实时查看座位的空闲情况、预约情况以及使用记录等信息，方便用户做出更好的选择。

这种预约与查询的方式不仅简便易行，而且有效地避免了占座现象的产生。在传统的图书馆座位管理方式中，占座现象往往是一个难以解决的问题。而有了座位预约系统后，用户只能通过系统预约座位，无法随意占用座位。这不仅保证了座位的公平使用，也提高了座位的利用率。

此外，座位预约系统还可以根据用户的使用习惯和预约记录进行数据分析，为图书馆的管理和规划提供有力的支持。例如，系统可以分析出哪些时间段是座位使用的高峰期，哪些座位更受欢迎等信息，帮助图书馆更好地调整座位布局和管理策略。

五、区块链技术

（一）提升交易效率

1. 点对点交易

点对点交易，顾名思义，是指交易双方直接进行交易，无须经过任何中间机构。在传统的数字图书交易中，用户通常需要通过电商平台或中介机构来购买版权方提供的图书内容。然而，这种方式不仅增加了交易环节和费用，还可能导致信息泄露、版权纠纷等问题。而区块链技术通过智能合约、加密货币等手段，实现了数字图书的点对点交易，为用户和版权方带来了诸多好处。

第一，点对点交易大大减少了交易环节和费用。在区块链技术的支持下，用户可以直接与版权方进行交易，无须支付中介费用。这不仅降低了用户的购买成本，还提高了版权方的收益。此外，区块链技术的智能合约功能还能确保交易的自动化和高效化，减少人工干预，进一步降低交易成本。

第二，点对点交易提高了交易效率。在传统的交易方式中，用户需要通过电商平台或中介机构进行交易，这些平台通常需要花费时间进行审核、结算等环节。而区块链技术通过智能合约和分布式账本技术，实现了交易的即时确认和结算，大大提高了交易效率。用户可以在短时间内完成购买和支付，版权方也能更快地收到款项，实现资金的快速回笼。

第三，点对点交易还增强了交易的透明度和安全性。区块链技术通过公开透明的分布式账本，确保了交易的不可篡改性和可追溯性。用户可以随时查看交易记录和资金流动情况，确保交易的公正性和合法性。同时，加密货币的使用也确保了交易的安全性和隐私保护，有效防止了信息泄露和盗用风险。

2. 实时更新

在数字图书领域，区块链技术的应用使得借阅、购买等交易信息能够实现实时更新。当用户在平台上进行借阅或购买操作时，这些交易信息会被立即记录在区块链上。由于区块链的去中心化特性，这些交易信息无须经过中心化机构的审核和确认，就能够实时同步到整个网络中。

这意味着，无论用户身处何地，只要通过平台进行查询，就能够获取到最新的图书资源信息。这对于那些需要快速获取图书资源的用户来说，无疑是一个巨大的便利。同时，由于区块链技术的不可篡改性，这些交易信息一旦被记录，就无法被篡改或删除，从而确保了数据的真实性和可信度。

（二）激励作者创作

1. 公平收益

通过区块链技术的赋能，智能合约能够确保作者从数字图书的销售和借阅中获得应得的收益，从而激励更多的作者积极投身于创作之中，进一步推动图书行业的繁荣与发展。

首先，智能合约使得数字图书的销售和借阅过程更加透明和公正。传统的图书销售模式往往存在诸多中间环节，使得作者的收益难以得到保障。而区块链技术通过去中心化的特性，消除了这些中间环节，使得每一笔交易都能够被实时记录并公开可查。智能合约的引入，进一步确保了交易的自动执行和不可篡改性，从而避免了传统合同执行过程中的欺诈和违约风险。

其次，智能合约能够确保作者获得更加公平的收益分配。在传统的出版模式中，作者往往只能获得图书销售收益的一小部分，而大部分利润则被出版社和发行商所瓜分。然而，通过智能合约的设定，作者可以更加自主地设定自己的收益分配比例，从而确保自己的劳动成果得到更加合理的回报。此外，智能合约还可以根据图书的销售情况和借阅次数等数据进行动态调整，进一步保障作者的收益。

最后，智能合约的应用还有助于激发作者的创作热情。当作者知道自己的劳动成果能够得到公平的回报时，他们往往会更加积极地投身于创作之中。这种激励机制不仅能够提高图书的数量和质量，还能够促进图书行业的创新和发展。同时，随着越来越多的作者加入数字图书的创作中来，图书行业的竞争也将变得更加激烈，从而推动整个行业的进步。

2. 版权追溯

区块链技术可以记录数字图书的版权信息，包括作者、出版日期、版权所有者等重要内容。这些信息一旦被写入区块链，就无法被篡改或删除，从而确保了版权信息的真实性和可靠性。

除版权信息外，区块链技术还可以记录数字图书的创作过程。这意味着，从最初的构思、创作到最终的出版，每一个环节的信息都可以被完整地保存在区块链上。这样的记录方式不仅有助于证明作者的创作权益，还可以为后人提供宝贵的历史资料和研究价值。

对于作者而言，区块链技术提供的版权追溯功能具有极大的意义。一旦发生侵权行为，作者可以凭借区块链上的记录，迅速找到侵权源头，并采取相应的法律手段进行维权。这不仅提高了维权的效率，还降低了维权成本，使得作者能够更加专注于创作，而无须过多担心版权问题。

（三）构建信任体系

1. 去中心化信任

区块链技术通过去中心化的方式，构建了一个公正、透明的信任体系。在这个体系中，没有中心机构或第三方来掌控信任关系，而是由所有参与节点共同维护。每个节点都具有相同的权利和义务，它们共同参与到区块链网络的运行和数据维护中。这种去中心化的结构使得区块链网络能够抵抗单点故障和避免数据篡改，保证了数据的完整性和真实性。

在区块链网络中，每个节点都会将交易数据打包成区块，并按照时间顺序将这些区块连接在一起，形成一条不可篡改的链条。由于区块链的分布式存储特性，这些数据被分散存储在每个节点的本地副本中，保证了数据的冗余备份和可靠性。同时，区块链还采用了加密算法来确保数据的安全性，只有持有私钥的用户才能对数据进行访问和修改。

2. 信息验证与共识机制

在信息验证方面，区块链技术采用了多种手段来确保数据的真实性。首先，它利用密码学原理对数据进行加密处理，使得未经授权的用户无法篡改或伪造数据。其次，区块链技术还引入了数字签名等身份验证机制，确保只有经过授权的用户才能对数据进行操作。最后，区块链还通过时间戳等技术手段，对数据产生的时间进行记录和验证，进一步增强了数据的真实性。

而在共识机制方面，区块链技术则通过一种称为"工作量证明"或"权益证明"的算法，使得网络中的各个节点能够就数据的真实性达成共识。这种共识机制使得任何对数据的篡改都会立即被网络中的其他节点发现并阻止，从而保证了数据的完整性。

正是基于这样的信息验证和共识机制，区块链技术为数字图书馆提供了强大的数据保护能力。在数字图书馆中，只有经过验证和共识的数据才能被添加到区块链中，从而确保了系统中存储的信息都是真实、可靠的。这不仅提高了数字图书馆的数据质量，也增强了用户对数字图书馆的信任度。

第二节　模式创新

一、服务模式创新

（一）远程服务

1. 远程文献传递

首先，远程文献传递服务极大地节省了用户的时间和精力。在以往，当用户需要获取某些特定的文献资源时，往往需要亲自前往图书馆进行查找和借阅。然而，这些资源可能并不在用户所在地区的图书馆中收藏，这就给用户带来了极大的不便。而远程文献传递服务的出现，彻底改变了这一状况。用户只需通过数字图书馆的系统，轻松提交文献传递请求，图书馆员便会在第一时间查找并传递这些资源给用户。这种服务方式不仅省去了用户长途跋涉的辛苦，也避免了因资源不足而无法满足用户需求的尴尬局面。

其次，远程文献传递服务促进了知识的共享和传播。在数字化时代，知识的共享和传播已经变得越来越便捷。然而，由于地域、语言、文化等因素的限制，很多优秀的文献资源仍然无法被广大用户获取。而远程文献传递服务正是打破了这些限制，让不同地域、不同语言、不同文化背景的人们都能够共享到这些宝贵的文献资源。这不仅有助于推动学术研究的进步，也有助于增进不同文化之间的交流与理解。

最后，远程文献传递服务还体现了数字图书馆在信息化建设中的重要作用。数字图书馆作为现代信息技术的产物，不仅提供了海量的数字化文献资源，还通过远程服务等方式，为用户提供了更加便捷、高效的文献获取途径。这种服务模式的创新，不仅提升了图书馆的服务水平，也增强了图书馆在信息化社会中的竞争力。

2. 数字参考咨询

数字参考咨询服务的核心在于其专业性和针对性。用户可以通过数字图书馆提供的平台，直接联系到相关领域的专家团队，就某个具体的研究课题或学术问题进行深入探讨。这些专家团队往往具有丰富的学术经验和深厚的专业知识，能够为用户提供有针对性的建议和指导。通过这种方式，用户可以更加深入地了解研究领域的最新动态和前沿技术，从而更好地推进自己的研究工作。

数字参考咨询服务的优势在于其便捷性和高效性。传统的学术交流和指导方式往往需要用户亲自前往图书馆或学术机构，与专家面对面地进行交流。然而，这种方式不仅受到时间和地点的限制，还可能因为专家的工作安排等原因而难以实现。数字参考咨询服务则打破了这些限制，用户可以随时随地通过网络平台与专家进行交流，获取专业的意见和建议。这种便捷性不仅提高了用户的工作效率，也使得学术交流更加灵活多样。

此外，数字参考咨询服务还为用户提供了更多的学术资源和信息。在数字图书馆的平台上，用户可以浏览到大量的学术文献、研究报告和最新研究成果。这些资源不仅有助于用户深入了解研究领域的各个方面，还可以为用户提供更多的灵感和思路。同时，用户还可以通过数字参考咨询服务了解到其他用户的研究经验和心得，从而更好地推进自己的研究工作。

（二）移动服务

1. 移动应用程序的开发使得图书借阅变得轻而易举

用户只需在相应的移动应用程序上注册一个账号，然后将自己的借阅证绑定至该账号，即可轻松享受到随时随地查看图书借阅状态、预约借阅图书、办理续借手续等便捷服务。这种全新的借阅方式不仅大大节省了用户的时间，也显著提高了借阅效率，为用户带来了更为轻松愉悦的阅读体验。

在过去，传统的图书借阅流程烦琐而冗长。用户往往需要亲自前往图书馆，在工作人员的指导下办理借阅手续，往往要耗费大量的时间和精力。而现如今，通过移动应用程序，用户只需轻轻一点，便可实现图书借阅的全流程操作，这极大地提高了借阅的便捷性。

除基本的借阅功能外，移动应用程序还提供了个性化的图书推荐服务。它会根据用户的借阅历史和阅读习惯，运用大数据和人工智能技术，为用户推荐适合的图书。这种个性化的推荐方式不仅能够帮助用户发现更多感兴趣的图书，还能够拓宽用户的阅读视野，提升用户的阅读体验。

2. 移动应用程序为用户提供了丰富的阅读资源

电子书籍作为现代阅读的主流形式之一，在移动应用程序中得到了广泛的推广和应用。用户可以在应用程序中浏览到数以万计的电子书籍，涵盖了文学、历史、科技、艺术等多个领域，满足了不同用户的阅读需求。同时，应用程序还提供了便捷的搜索功能，用户只需输入书名或作者名，便可快速找到所需的书籍，大大提高了阅读的效率。

移动应用程序还为用户提供了丰富的期刊论文资源。这些论文通常涵盖了各个领域的最新研究成果和前沿知识，对于科研工作者和学术爱好者来说具有重要的参考价值。用户可以通过应用程序轻松获取到这些论文，并进行深入的阅读和研究。

3. 移动应用程序支持多种阅读模式，以满足不同场景下的阅读需求

夜间模式便是备受用户喜爱的一种阅读模式。在暗光环境下，如夜晚或室内光线较暗时，传统的屏幕亮度容易刺激眼睛，导致疲劳和不适。而夜间模式则能有效缓解这一问题。它通过降低屏幕亮度、调整色温等方式，使得屏幕呈现出更加柔和、舒适的光线效果，极大地减轻了眼睛的负担。此外，一些应用程序还提供了个性化的夜间模式设置，用户可以根据自己的阅读习惯和喜好，调整亮度、色温等参数，以获得最佳的阅读体验。

护眼模式也是移动应用程序中常见的阅读模式之一。在长时间使用电子设备的情况下，屏幕对眼睛的刺激容易导致视力下降、眼睛干涩等问题。而护眼模式则能有效减少屏幕对眼睛的刺激，保护用户的视力健康。它通常通过降低屏幕亮度、减少蓝光辐射等方式来实现。同时，一些应用程序还结合了人工智能技术，根据用户的使用习惯和眼睛状态，智能调节护眼模式的参数，以提供更加个性化的保护。

4. 移动应用程序允许用户对阅读内容进行标注、笔记等操作

移动应用程序提供的标注、笔记等功能不仅增强了用户的阅读体验，更有助于他们构建自己的知识体系。在阅读过程中，用户经常需要记录下一些重要的信息、观点或者感想。移动应用程序的标注功能使用户能够轻松地为文本添加高亮、下划线或标注符号，从而快速标记出关键内容。这种方式有助于用户快速定位到重要信息，节省了大量的查找时间。移动应用程序提供的笔记功能，让用户能够在阅读时随时记录下自己的思考、感想和疑问。用户可以将这些笔记与原文对应起来，形成一个完整的阅读笔记体系。这种方式不仅有助于用户加深对阅读内容的理解，还能帮助他们日后回顾和整理。

另外，一些先进的移动应用程序还支持将笔记导出为文档或图片，方便用户与其他人分享或备份。这种功能使得用户能够更好地利用自己的阅读成

果，与他人进行交流和讨论，共同提高学习效果。

从统计数据和实证研究来看，使用移动应用程序进行标注和笔记的用户在学习效率上普遍较高。他们能够更好地掌握和理解所读内容，形成自己的知识体系，从而在日后的学习和工作中更加得心应手。

5. 移动应用程序的资源搜索功能十分强大

关键词搜索是最为常见和实用的一种方式。用户只需在搜索框中输入相关的关键词，应用程序便会自动在后台进行匹配和筛选，将符合条件的资源以列表的形式呈现出来。这种搜索方式不仅操作简便，而且搜索结果准确率高，能够帮助用户快速定位到所需的资源。

除关键词搜索外，移动应用程序还提供了分类浏览的功能。用户可以根据资源的类型、作者、出版社等属性进行筛选和浏览，以便更加精准地找到符合自己需求的资源。这种分类浏览的方式，尤其适合那些对某一领域或某一作者有深入研究需求的用户，能够帮助他们更加系统地获取相关资源。

移动应用程序还支持跨库检索功能。这使得用户只需在移动应用程序中输入关键词，便能快速检索到多个图书馆的馆藏资源。这不仅节省了用户分别进入各个图书馆网站或系统的时间，更使得用户在检索过程中无须频繁切换平台，大大提高了检索的便捷性。同时，跨库检索功能还能够帮助用户发现更多可能遗漏的资源。由于不同图书馆的馆藏资源存在差异，用户在单独检索某个图书馆的馆藏时，可能会错过其他图书馆中的相关资源。而跨库检索功能则能够将这些资源汇聚在一起，使得用户能够一次性获取到更多相关信息，从而丰富他们的知识体系和视野。

（三）自助服务

1. 自助借还书机

在过去，用户在借阅或归还图书时，通常需要经过人工审核、登记等烦琐环节。这不仅浪费了用户的时间，使得借阅过程变得冗长而烦琐，同时也增加了图书馆员的工作压力，使得他们在处理借阅事务时难以分身。随着自助借还书机的出现，彻底改变了这一状况。

自助借还书机采用先进的自动识别技术，能够快速地识别图书的条码或RFID标签，从而获取图书的相关信息。用户只需将图书放置在指定区域，机器便能自动进行识别、登记和借阅或归还操作。这种自助式服务不仅简化了借阅流程，减少了人工干预，还极大地节省了用户的时间。

此外，自助借还书机的使用还降低了人工操作的错误率。在传统的借阅过程中，由于人为因素的存在，如疏忽、误操作等，往往会导致借阅信息登记错误或图书丢失等问题。而自助借还书机通过精确的自动识别技术，可以准确地记录每本书的借阅和归还信息，有效避免了这些错误的发生，提高了整个服务流程的准确性和可靠性。

除提高借阅效率和准确性外，自助借还书机还带来了其他方面的优势。例如，它能够实时更新图书的借阅状态，方便图书馆员进行图书管理和调配。同时，自助借还书机还可以提供查询功能，使用户能够方便地查询自己的借阅记录、图书信息以及图书馆的开放时间等。

2. 自助打印复印机

自助打印复印机作为一种现代化的设备，为用户提供了极大的便利。在快节奏的生活中，无论是学生还是研究人员，打印、复印资料都是他们在图书馆中常见的需求。然而，传统的人工服务往往要求用户排队等待，耗费大量宝贵的时间，这对那些需要迅速获取资料的用户造成了极大的不便。

而自助打印复印机的出现，极大地改善了这一状况。这种设备能够实现快速、高效的打印、复印服务，极大地提高了图书馆服务的效率。用户只需在机器上选择相应的操作选项，如打印、复印、扫描等，然后输入必要的参数，如纸张大小、打印份数等，便能轻松完成打印、复印任务。这种自助式服务不仅节省了用户的时间，也让他们能够更加自由地安排自己的学习和研究计划。

此外，自助打印复印机还具备一些智能化的功能，如自动识别文件格式、自动调整打印设置等，使操作更加便捷。同时，这些设备往往配备有清晰的显示屏和友好的操作界面，使得用户即使在不熟悉操作的情况下，也能快速上手。

二、资源建设模式

（一）开放获取（OA）资源

图书馆应积极收集和整合开放获取资源，包括 OA 期刊、OA 图书、OA 数据集等，为用户提供免费或低成本的学术资源

1. OA 期刊

OA 期刊，即开放获取期刊，是开放获取资源中的一颗璀璨明珠，以其独特的开放性和共享性，为学术界注入了强大的活力。作为学者和研究者们获取高质量学术文章的重要渠道，OA 期刊在推动学术交流、促进知识传播方面发挥着举足轻重的作用。

相较于传统的订阅模式期刊，OA 期刊以其免费或低成本的获取方式，吸引了越来越多的学者和公众关注。传统的订阅模式期刊往往价格昂贵，限制了许多人获取前沿研究成果的机会。而 OA 期刊则打破了这一壁垒，使得学术成果得以更广泛地传播和应用。这种开放性和普惠性不仅促进了学术交流的繁荣，也为学术研究者提供了更为广阔的知识视野。

OA 期刊之所以备受推崇，除其开放获取的特点外，还与其严格的审稿制度和质量控制机制密不可分。为了确保文章的质量和学术价值，OA 期刊通常采用严格的审稿流程，由专业的学术编辑和同行专家进行严格的评审和筛选。这种审稿制度不仅确保了文章的学术水平，也提高了期刊的声誉和影响力。

此外，OA 期刊还具有多样化的出版形式和灵活的出版周期。它们可以根据学科领域和研究热点，灵活地调整出版内容和方向，以满足不同领域学者的需求。同时，OA 期刊的出版周期通常较短，能够更快地发布最新的研究成果，为研究者提供及时的学术参考。

通过收集和整合这些 OA 期刊资源，用户可以更加便捷地查找和获取所需文献。无论是通过专业的学术搜索引擎，还是通过图书馆等机构的 OA 期刊数据库，用户都可以轻松地获取到大量的高质量学术文章。这种便捷性不仅加速了研究进程，也为学者提供了更多的灵感和思路。

2. OA 图书

在数字化时代，OA 图书以其独特的优势，成为学术研究领域的一大亮点。相较于传统出版模式，OA 图书以数字形式向公众开放，打破了地域和时间的限制，为学术研究提供了极大的便利。

首先，OA 图书不受地域限制的特点，使得学者能够轻松查阅到世界各地的学术著作。无论身处何处，只要连接互联网，学者们便能随时随地获取所需的学术资源。这种便捷性极大地提高了学术研究的效率，让学者们能够更加专注于研究本身，而非耗费大量时间在查找资料上。

其次，OA 图书的开放性使其具有时间上的优势。传统出版模式下，学术著作往往需要经过长时间的编辑、校对和出版流程，才能与读者见面。而 OA 图书则能够实时更新，让最新的研究成果迅速传播到全球范围。这种即时性不仅加速了学术知识的传播速度，还使得学者们能够更快地获取到最新的研究动态和趋势。

最后，OA 图书往往涵盖了多个学科领域，为学者提供了更广阔的视野和更丰富的知识资源。无论是自然科学、社会科学还是人文艺术等领域，OA 图书都能提供丰富的学术资源，满足学者们多样化的需求。这种跨学科的特性有助于学者们打破学科壁垒，进行交叉学科的研究和创新。

在实证研究方面，通过对比传统出版模式和 OA 图书在学术研究领域的应用情况，可以发现 OA 图书在提高学术研究效率、促进学术知识传播以及推动跨学科研究等方面具有显著优势。例如，一项针对 OA 图书使用情况的调查显示，大部分学者表示 OA 图书为他们提供了极大的便利，使他们能够更快地获取到所需的学术资源，从而提高了研究效率。

3. OA 数据集

OA 数据集在科学研究中也发挥着越来越重要的作用。这些数据集通常包含了大量的原始数据和实验结果，为学者提供了宝贵的数据支持。通过开放获取这些数据集，学者可以更加深入地了解实验细节和结果，从而进行更精确的分析和更深入的探讨。同时，OA 数据集的共享和复用也有助于减少重复劳动和浪费资源，推动科研工作的可持续发展。

（二）用户生成内容（UGC）

在信息化和数字化飞速发展的当下，图书馆的资源库不仅仅依赖于传统的图书采购和收藏，而是更多地依赖于用户生成内容（UGC）。这种新型的内容生成方式，鼓励用户积极创作、分享和发布自己的书评、研究笔记、教学资料等，从而极大地丰富了图书馆的资源库，使其成为一个更为多元、开放和活跃的知识共享平台。

首先，用户生成内容的出现，打破了传统图书馆资源库的局限性。传统的图书馆资源主要依赖于出版社的书籍和期刊，其更新速度和内容覆盖范围往往有限。而用户生成内容则能够实时反映用户的阅读体验、研究成果和教学心得，从而为用户提供更多样化、个性化的学习资源。另外，用户生成内容还能够覆盖一些传统资源难以触及的领域，如小众文化、新兴学科等，进一步拓宽了图书馆的资源边界。

其次，用户生成内容有助于推动知识共享和学术交流。通过共享和发布自己的书评、研究笔记等，用户不仅能够展示自己的阅读成果和学术水平，还能够激发其他用户的阅读和思考兴趣，形成良性的知识互动和学术氛围。这种互动和交流不仅能够促进知识的传播和共享，还能够推动学术研究的深入和发展。

最后，用户生成内容还能够为图书馆提供宝贵的用户反馈和意见。通过分析和研究用户生成的内容，图书馆可以了解用户的阅读偏好、学习需求和期望，从而有针对性地改进和优化资源建设和服务模式。这种基于用户反馈的改进不仅能够提高图书馆的服务质量和效率，还能够增强其竞争力和吸引力。

在实践中，许多图书馆已经开始尝试引入用户生成内容的模式。例如，一些图书馆通过设立用户评论和评分系统，鼓励用户对已借阅的书籍进行评价和分享；一些图书馆还开展了用户创作比赛或征集活动，吸引用户积极参与内容创作和分享。这些举措不仅丰富了图书馆的资源库，还提高了用户的参与度和满意度。

第五章 数字图书馆安全管理

第一节 信息安全风险识别与防范

一、风险来源与特点

（一）硬件设施风险

数字图书馆硬件设施无疑是支撑其正常运转的基石。这些硬件设施主要包括高性能服务器、大容量存储设备以及稳定可靠的网络设备等。然而，正如任何机械设备一样，这些硬件在使用过程中难免会遇到故障或老化问题，进而可能对数字图书馆的正常运行产生负面影响。

服务器是数字图书馆的核心组件，它承载着处理用户请求、存储数字资源以及维护系统稳定的重要任务。然而，当服务器出现故障或突然宕机时，用户将无法访问图书馆资源，这无疑会对用户的学习、研究和工作带来极大的不便。例如，在学术研究领域，科研人员可能正亟须某篇重要文献来支持他们的研究，而服务器的宕机却让他们无法及时获取所需信息，阻碍科研工作的进展。

存储设备中存储着大量的数字资源，包括电子书、期刊论文、音视频资料等。然而，当存储设备出现损坏或故障时，重要数据可能会丢失，给用户和图书馆带来不可估量的损失。例如，一些珍贵的历史文献或孤本资料可能因存储设备故障而永远无法恢复，这对于文化传承和学术研究无疑是一种巨大的损失。

除故障和老化问题外，硬件设备的更新换代速度也是数字图书馆面临的一大挑战。随着科技的不断发展，新的硬件设备不断涌现，性能更加优越、功能更加全面。然而，对于许多数字图书馆而言，由于经费有限或管理不善等原因，往往无法及时对硬件设备进行升级和维护。这不仅可能导致图书馆的服务质量和用户体验下降，还可能给图书馆带来潜在的安全隐患。例如，一些老旧设备可能存在安全漏洞，容易被黑客攻击或感染病毒，进而威胁到图书馆的数据安全和稳定运行。

（二）网络攻击风险

数字图书馆在提供便捷、高效的知识获取途径的同时，也面临着日益严峻的网络攻击威胁。黑客们利用先进的技术手段，不断尝试对图书馆系统进行非法入侵，窃取敏感信息或破坏系统的正常运行，这给数字图书馆的安全与稳定带来了极大的挑战。网络攻击的方式可谓层出不穷，其中，社会工程学、漏洞利用和恶意软件植入是三种常见的攻击方式。

首先，社会工程学是一种利用人类心理和社会行为的攻击手段。黑客们可能会通过伪装成合法用户的方式，获取图书馆系统的访问权限。他们可能会冒充图书馆员或者用户，发送伪装成合法邮件的钓鱼邮件，诱导受害者点击含有恶意链接的附件或者输入敏感信息。一旦受害者上当受骗，黑客们就能轻易获取到系统的访问权限，进而对系统进行攻击。

其次，漏洞利用是黑客们常用的另一种攻击手段。图书馆系统可能存在各种安全漏洞，黑客们通过寻找并利用这些漏洞，可以执行恶意代码、窃取数据或篡改信息。他们可能会利用缓冲区溢出、跨站脚本攻击等技术手段，对系统进行攻击。这些攻击方式通常具有隐蔽性和破坏性，一旦被黑客成功利用，将会对图书馆系统造成极大的危害。

最后，恶意软件植入也是黑客们攻击数字图书馆的一种重要手段。病毒、木马等恶意程序可能会通过网络传播到图书馆系统中。这些恶意程序一旦被植入系统，就会潜伏在系统中，窃取敏感信息、破坏系统文件，甚至控制整个系统。这些恶意程序往往具有自我复制和传播的能力，一旦感染一台计算机，就会迅速扩散到整个网络，造成不可估量的损失。

（三）数据安全风险

数字图书馆作为现代信息技术的产物，为用户提供了便捷获取各类知识的途径。其中存储着海量的数字资源，包括但不限于电子图书、期刊论文、音视频资料等，这些资源是知识宝库中的瑰宝，具有极高的学术价值和应用价值。然而，与此同时，数字图书馆也面临着诸多风险，其中数据安全风险尤为突出。若这些宝贵的数字资源被非法获取或篡改，不仅会对图书馆本身造成重大损失，更会对广大用户的学习、研究产生严重影响。

数据安全风险是数字图书馆不可忽视的重要风险之一。由于数字资源的特殊性质，一旦遭到非法侵入或攻击，可能会导致数据泄露、篡改甚至破坏。这种风险不仅来源于外部的黑客攻击，还可能来自内部的不当操作或误操作。因此，数字图书馆必须高度重视数据安全，采取一系列有效的安全措施来防范风险。

（四）管理制度风险

数字图书馆作为现代信息技术与图书馆事业相结合的产物，其管理制度的完善与否直接关系到其是否能够正常运行。健全、科学的管理制度，不仅能够确保图书馆资源的有效利用，还能有效防范潜在的风险，保障数字图书馆的稳健发展。

然而，在实际运行过程中，由于管理制度的不完善或执行不力，数字图书馆往往面临着一系列风险和挑战。其中，数据备份和恢复策略是数字图书馆管理制度中不可或缺的一环。若图书馆未能制定明确、详尽的数据备份和恢复策略，一旦发生数据丢失或损坏，将给图书馆带来无法估量的损失。因此，数字图书馆必须高度重视数据备份和恢复工作，建立完善的数据备份机制，并定期对备份数据进行检查和更新，以确保在意外情况下能够及时恢复数据。

此外，对馆员操作行为的监管和约束也是数字图书馆管理制度中的重要一环。图书馆员在日常工作中需要频繁接触和使用各种数字资源，若缺乏有效的监管和约束，可能会导致误操作或故意破坏行为的发生。例如，一些馆员可能因操作不当导致数据丢失或损坏，甚至可能出于个人目的而故意破坏数字资源。因此，数字图书馆需要建立健全的员工操作规范，明确馆员的职责和权限，并加强对馆员行为的监督和检查，以确保数字资源的完整性和安全性。

（五）人为操作风险

随着数字图书馆的广泛应用，人为操作风险也逐渐成为其面临的重要挑战之一。这种风险不仅可能导致图书馆系统出现故障，甚至可能造成珍贵数据的丢失，给图书馆的运营和服务带来严重影响。

馆员在操作过程中可能因为疏忽大意或技能不足而引发问题。例如，在整理文件时，馆员可能会误删重要资料；在配置系统时，可能会因为操作不当导致系统崩溃。此外，一些馆员还可能因为缺乏安全意识，随意泄露账号密码或在不安全的网络环境下进行操作，从而给图书馆系统带来安全风险。

二、信息安全风险对数字图书馆的影响

（一）用户权益受损

1. 个人隐私泄露

用户的个人隐私信息一旦被泄露，不仅可能导致个人信息被滥用，如收到垃圾邮件、骚扰电话等，还可能引发更严重的后果，如身份被盗用、财产受损等。此外，个人隐私信息的泄露还可能对用户的生活、工作甚至心理健康产生负面影响。

2. 用户资料和学术成果被篡改

数字环境中，用户的学术成果、研究资料等通常以电子文档的形式存储在数字图书馆中。这些文档往往包含了作者的辛勤付出和原创思想，是知识产权的重要组成部分。然而，由于网络环境的开放性和匿名性，恶意用户或黑客有可能通过各种手段获取并篡改这些文档。他们可能删除、修改或替换文档中的内容，导致作者的学术成果失真或遭受破坏。

这种篡改行为对用户的知识产权造成了严重侵害。知识产权是作者对其

创作成果所享有的法律权益，包括著作权、专利权等。当数字图书馆中的用户资料和学术成果被恶意篡改时，其知识产权就受到了侵犯。这不仅影响了作者的声誉和学术地位，还可能导致他们失去应有的经济收益。此外，篡改行为还可能引发法律纠纷和诉讼，给作者带来不必要的麻烦和损失。

此外，数字图书馆用户资料和学术成果被篡改还对用户的个人利益造成了严重伤害。在学术界，学术成果的质量和数量是衡量学者能力和水平的重要标准。如果用户的学术成果被恶意篡改，将直接影响其在学术界的声誉和地位。这不仅可能导致他们在职称评定、学术奖励等方面遭受不公待遇，还可能影响他们的职业发展和学术生涯。

（二）信任危机

1. 损害用户信任

首先，信息安全问题可能导致用户数据泄露和隐私被侵犯。数字图书馆在提供服务的过程中，往往需要收集用户的个人信息和浏览记录。如果这些信息未能得到妥善保护，一旦被不法分子窃取或滥用，将给用户带来严重的隐私泄露风险。这不仅会让用户感到担忧和不安，也会降低他们对数字图书馆的信任度。

其次，信息安全问题可能导致学术资源的非法传播和滥用。数字图书馆汇聚了大量的学术资源，包括论文、专著、专利等。这些资源都是经过严格审核和授权才能发布的。然而，如果数字图书馆的信息安全防线被攻破，这些资源可能会被非法传播或滥用，给学术界带来极大的损失。这不仅会损害数字图书馆的声誉，也会降低用户对数字图书馆的信任和依赖。

最后，信息安全问题还可能引发用户对数字图书馆服务质量的质疑。当信息安全问题发生时，用户可能会对数字图书馆的服务质量产生怀疑，认为其管理不善、技术落后。这种质疑不仅会影响用户对数字图书馆的信任度，还会影响他们对数字图书馆服务的整体评价和使用意愿。

2. 影响数字图书馆信誉

当用户在使用数字图书馆的过程中发现个人信息泄露、数据被篡改或丢失等情况时，他们往往会对数字图书馆的安全性产生怀疑，进而对其整体评价下降。这种不信任感一旦形成，很难在短时间内消除，从而影响了数字图书馆在用户心中的形象和地位。

此外，信息安全问题还可能对数字图书馆的业务发展产生负面影响。在数字化时代，用户对信息的需求越来越旺盛，数字图书馆作为提供信息服务的重要平台，其业务的稳定发展至关重要。然而，信息安全问题的存在可能导致用户对数字图书馆的信任度降低，进而减少使用频率和依赖度，最终影响数字图书馆的业务发展。

（三）法律责任

数字图书馆作为信息资源的存储和传播平台，承载着大量用户的个人数据和重要信息。根据相关法律法规，数字图书馆有义务采取合理的技术手段和管理措施，确保用户数据的安全性和保密性。这包括但不限于数据的加密存储、访问控制、安全审计等方面。如果数字图书馆未能履行这些义务，一旦发生信息安全事件，如数据泄露、黑客攻击或系统故障，导致用户数据泄露或被非法获取，那么它将可能承担相应的法律责任。

在面临法律诉讼时，数字图书馆需要承担举证责任，证明其已经采取了合理的安全措施来保护用户数据。如果无法提供充分的证据来证明其已经尽到了合理义务，那么数字图书馆将可能面临败诉的风险。此外，根据用户数据的泄露情况和对用户造成的损失，数字图书馆还可能面临赔偿用户损失的责任。赔偿的范围可能包括因信息泄露导致的直接经济损失，如被盗用的资金、因身份盗窃而产生的费用等。此外，用户还可能要求赔偿因信息泄露而带来的精神损失和时间成本。

（四）系统运行受阻

1. 虚假信息导致失真

首先，虚假信息的发布会导致网络信息资源的失真。网络作为现代社会信息传播的重要渠道，其信息的真实性和可信度至关重要。然而，一些不法分子或别有用心的人为了获取利益或制造混乱，会故意发布虚假信息。这些虚假信息可能包括不实新闻、虚假广告、误导性言论等，它们在网络中迅速传播，给公众带来极大的困扰和误解。

其次，虚假信息的传播会影响用户获取信息的准确性和有效性。在信息社会，人们越来越依赖于网络来获取信息、了解世界。然而，当虚假信息充斥网络时，用户很难分辨信息的真伪。这不仅会浪费用户的时间和精力，还可能导致用户做出错误的决策或行动。例如，一些虚假的健康信息可能导致人们忽视真正的健康问题，甚至采取错误的治疗方法；一些虚假的投资信息可能引导人们进行错误的投资，造成经济损失。

最后，虚假信息的传播还可能对社会稳定和秩序造成威胁。当虚假信息被大量传播时，它可能引发公众的恐慌和不安，甚至导致社会动荡。一些别有用心的势力可能会利用虚假信息来煽动情绪、制造矛盾，从而达到破坏社会稳定的目的。

2. 黑客攻击和病毒感染

（1）黑客攻击

黑客攻击是指未经授权的个体或组织试图访问、篡改或破坏数字图书馆系统或数据的行为。黑客攻击的方式多种多样，包括但不限于钓鱼攻击、恶意软件攻击、SQL 注入、跨站脚本攻击（XSS）等。黑客攻击会导致用户密码泄露、数据篡改或丢失、系统瘫痪等问题。

a. 密码泄露

黑客一旦成功入侵数字图书馆系统，可能会获取到用户密码等敏感信息。这些信息的泄露不仅会对用户造成严重的隐私泄露风险，还可能被用于进一步的网络犯罪活动，如身份盗窃、欺诈等。

b. 数据篡改或丢失

黑客可能会利用先进的技术手段，对数字图书馆中的数据进行篡改或删除，进而破坏数据的完整性和真实性。

对于图书馆而言，这种数据篡改或删除的行为可能导致珍贵文献资源的损失。数字图书馆往往收藏了大量的古籍、手稿、稀有文献等，这些资源不仅具有极高的历史和文化价值，更是学术研究的宝贵财富。一旦这些资源遭到黑客的攻击，那么对于图书馆来说，将是一种无法弥补的损失。此外，这种损失还可能影响图书馆在学术界和社会中的声誉和地位，使得其难以继续发挥文化传承和知识传播的作用。

对于用户来说，黑客对数字图书馆数据的篡改或删除可能导致他们失去重要的学习或研究资料。无论是学生、教师还是科研人员，他们都依赖数字图书馆来获取所需的学术资料和信息。如果这些数据被黑客篡改或删除，那么用户将无法获取到真实可靠的信息，进而影响他们的学习和研究。这不仅可能导致他们在学术上走弯路，甚至可能对他们的职业生涯产生不良影响。

c. 系统瘫痪

在某些情况下，黑客可能会利用恶意代码或病毒对数字图书馆系统进行攻击，给系统安全带来严重挑战。

恶意代码或病毒是黑客常用的攻击手段，它们能够潜入数字图书馆系统的内部，通过篡改数据、破坏程序或占用系统资源等方式，导致系统崩溃或无法正常运行。一旦系统遭受攻击，数字图书馆的正常服务就会受到严重影响，原本应该畅通无阻的知识获取渠道将被阻断，用户将无法访问所需的文献资源。这对于学术研究、教学工作以及个人学习来说无疑是一个巨大的打击。

相关统计数据显示，近年来数字图书馆系统遭受黑客攻击的事件呈上升趋势。这些攻击不仅造成了系统服务的中断，还可能导致用户数据的泄露和损失。一些黑客甚至利用攻击手段窃取用户的个人信息和登录凭证，进而实施更严重的犯罪行为。因此，保护数字图书馆系统的安全至关重要。

（2）计算机病毒感染

计算机病毒是一种能够自我复制并传播到其他计算机系统的恶意软件。病毒感染可能导致数字图书馆系统性能下降、数据损坏甚至系统崩溃。

a. 系统性能下降

计算机病毒在系统中的存在与运行，往往给系统的正常运行带来严重的干扰和破坏。这类病毒不仅会占用大量的系统资源，包括内存、CPU 和硬盘空间等，还会通过复制自身、篡改系统设置等方式，导致系统运行缓慢、响应延迟等性能问题。对于数字图书馆而言，这类问题将直接影响其服务的效率和用户体验，从而可能影响用户对于数字图书馆的信任度和使用意愿。

具体来说，当计算机病毒在数字图书馆系统中运行时，它会不断地消耗系统的计算资源和存储空间。这些病毒通常会在后台进行各种恶意活动，如自我复制、扫描文件、窃取信息等，这些活动都会占用大量的 CPU 和内存资源。同时，病毒还可能产生大量的临时文件和垃圾文件，占用硬盘空间，导致系统存储空间不足。

此外，计算机病毒还会对系统的注册表、系统文件等进行篡改和破坏，导致系统出现各种错误和异常。这些错误和异常不仅会使系统运行缓慢，还可能引发各种不可预知的问题，如程序崩溃、数据丢失等。对于数字图书馆而言，这些问题可能导致用户无法正常访问和使用数字资源，或者在使用过程中遇到各种困难和问题。

b. 数据损坏

作为存储和提供大量文献资源的平台，数字图书馆承载着传承知识、传播文化的重要使命。然而，一旦受到计算机病毒的攻击，这些宝贵的文献资源就可能面临被篡改、破坏或丢失的风险。这不仅会严重影响图书馆的正常运行和服务质量，还可能对学术研究、文化传承等方面产生恶劣的影响。

c. 系统崩溃

一旦系统受到病毒的侵袭，首先受到冲击的便是图书馆的核心服务，如图书借阅、信息查询、在线阅读等。由于病毒可能破坏系统文件或篡改数据库信息，这些服务将变得无法访问或使用。此外，病毒还可能窃取用户的个人信息，包括账号密码、阅读记录等，给用户带来严重的隐私泄露风险。

系统崩溃或无法启动则是计算机病毒更为严重的后果。一旦系统受到病毒的严重破坏，不仅图书馆的核心服务将被迫中断，整个数字图书馆平台也可能陷入瘫痪状态。这将直接导致用户无法访问图书馆资源，无法享受图书馆提供的各项服务。对于依赖数字图书馆进行学术研究、学习或娱乐的用户来说，这会造成极大的不便。

（五）硬件设备受损

1. 物理摧毁的影响

（1）设备损坏

这些物理设施，如计算机服务器、交换机、存储设备等受到破坏时，其影响可谓巨大且广泛。

首先，这些设备的损坏最直接的影响就是它们自身的功能丧失。如果损坏是完全的，那么这些设备可能将无法修复，需要重新购置。这不仅会带来经济上的损失，更会影响图书馆的正常运营。例如，服务器是图书馆数字资源存储和访问的核心，一旦损坏，可能导致大量电子资源无法访问，影响用户的学习和研究。

其次，即使设备的损坏是部分的，也可能导致服务中断或数据丢失。部分损坏的设备可能仍具有部分功能，但性能会受到影响，无法满足正常的使用需求。此外，数据丢失的风险也不容忽视。存储设备中的数据是图书馆的重要资产，一旦丢失，可能涉及大量用户的研究资料和图书馆的珍贵文献。

最后，这些设备的破坏还可能带来一系列连锁反应。例如，如果交换机损坏，可能导致整个网络系统的瘫痪，影响图书馆内所有依赖网络服务的设备。此外，如果设备损坏导致数据丢失，那么在数据恢复期间，图书馆可能无法提供正常的服务，甚至需要暂停运营。

（2）数据丢失

物理摧毁可能源于各种因素，如自然灾害、人为失误或恶意破坏等，而无论是哪种原因，一旦存储设备受到损害，存储在其上的数字化资源就可能面临无法恢复的困境。

当存储设备遭受物理损坏时，首先受到影响的就是存储在其上的数据。这些数据可能包括重要的文档、照片、视频以及各类应用程序等，它们对于用户和图书馆而言都具有极高的价值。然而，一旦存储设备受到严重损坏，这些数据很可能变得无法访问，导致用户无法继续使用或共享这些资源。

即使存储设备在物理摧毁后能够被修复，数据也可能因为物理损坏而永久丢失。这是因为存储设备中的数据是以二进制形式存储的，一旦存储介质受到破坏，那么存储在这些介质上的数据就可能被损坏或覆盖。即使修复了存储设备的硬件部分，数据也可能因为无法恢复而彻底丢失。

（3）服务中断

数字图书馆作为用户获取知识和信息的平台，其服务的连续性和稳定性至关重要。一旦服务中断，用户将无法及时获取所需的资源，无法进行学术研究、创作或者日常工作。这对于那些需要频繁使用数字图书馆的用户来说，无疑是一种巨大的困扰。同时，服务中断还可能导致用户对于数字图书馆的信任度降低，甚至转而寻求其他渠道获取资源，这对于数字图书馆的长期发展也是极为不利的。

服务中断可能由多种原因引起，如硬件故障、网络问题、软件漏洞等。物理摧毁是导致服务中断的一种极端情况，它可能直接破坏数字图书馆的物理基础设施，导致数据丢失、系统瘫痪等严重后果。此外，即使物理设施未受直接损害，但如果因为其他原因导致服务中断，同样会给用户带来极大的不便。

2. 自然灾害的影响

（1）电力中断

自然灾害，如雷电、飓风等，却常常导致电力中断，给人们的生活和工作带来诸多不便。对于依赖电力运行的数字图书馆来说，电力中断更意味着服务的暂时中断，甚至可能对设备造成损害，严重影响用户的使用体验和图书馆的运营效率。

一方面，电力中断会导致数字图书馆的服务暂时中断。数字图书馆作为现代化信息服务的重要载体，提供了海量的电子图书、期刊、论文等数字资源，为用户提供了便捷的信息获取途径。然而，当电力中断发生时，数字图书馆的服务器、存储设备、网络设备等都可能无法正常工作，导致用户无法访问图书馆的数字资源。这种服务中断不仅会影响用户的学习和科研工作，还可能对图书馆的声誉和形象造成负面影响。

另一方面，如果电力中断时间过长，还可能对数字图书馆的设备造成损害。数字图书馆的设备往往价值不菲，且对电力供应的稳定性要求较高。长时间的电力中断可能导致设备过热、损坏电路板、损坏硬盘等严重后果。这不仅会给图书馆带来经济损失，还可能影响图书馆的运营和服务质量。

（2）环境破坏

地震作为一种常见的自然灾害，其强大的震动波能够瞬间摧毁建筑物的结构，使图书馆内的书架倒塌、书籍散落一地。在这种情况下，图书馆的藏书、设施以及整个物理环境都会遭受严重破坏。此外，地震还可能引发火灾、电力故障等次生灾害，进一步加剧图书馆的损失。

洪水则是另一种对图书馆构成巨大威胁的自然灾害。当洪水来临时，图书馆内的藏书、设备等很容易受到水浸的侵害。水浸不仅会导致书籍受潮、发霉甚至变形，还会使电子设备损坏、短路，从而影响图书馆的正常运营。同时，洪水退去后，潮湿的环境还容易滋生细菌、霉菌等有害生物，对图书馆的卫生状况构成威胁。

台风，作为热带气旋的一种，以其强大的风力、暴雨和风暴潮而闻名。当台风来临时，图书馆往往面临着多方面的挑战。一方面，强风可能导致图书馆的窗户、屋顶等结构部件受损，甚至整个建筑都有倒塌的风险。另一方面，暴雨可能导致洪水涌入，不仅毁坏书籍、设备，还可能导致电路短路等安全问题。此外，风暴潮也可能导致沿海地区的图书馆受到海水侵袭，对馆藏资源和设施造成极大的损害。

龙卷风以其极高的风速和破坏力著称，它能在极短的时间内对途经地区的建筑物造成严重破坏。对于图书馆而言，龙卷风可能将屋顶掀翻、墙壁撕裂，导致馆内物品散落一地，书籍和设施受损严重。同时，由于龙卷风的移动速度极快，图书馆往往难以提前做出有效的防范措施，这也增加了灾害带来的损失。

三、信息安全风险识别方法

（一）风险评估与识别流程

信息安全风险评估与识别是保障数字图书馆信息安全的关键环节。这一流程主要包括以下几个步骤。

1. 明确评估目标与范围

（1）评估目标

保障数据资产安全：识别图书馆各类数据（读者信息、馆藏资源数据、业务管理数据等）面临的风险，防止数据泄露、篡改与丢失，维护数据的保密性、完整性和可用性，确保读者隐私和图书馆核心资源安全。

确保信息系统稳定运行：分析信息系统（图书馆管理系统、电子资源访问系统、网络基础设施等）潜在威胁与脆弱点，降低系统故障、中断风险，保障图书馆日常业务（借还书、资源检索、读者服务等）不受影响。

合规性审查：对照国家法律法规（如《网络安全法》）、行业标准（如图书馆行业相关信息安全规范）以及图书馆内部安全策略，检查信息安全措施落实情况，确保图书馆运营合法合规。

优化安全策略：基于评估结果，为图书馆制定针对性强、切实可行的信息安全改进策略，合理分配安全资源，提升整体信息安全防护水平。

（2）评估范围

物理环境：涵盖图书馆机房、办公区域、存储设备放置场所等物理空间，评估环境安全（防火、防水、防盗、温湿度控制等）对信息系统和数据存储的影响。

硬件设施：包括服务器、计算机终端、网络设备（路由器、交换机等）、存储设备等，检查硬件老化、故障隐患以及设备兼容性带来的安全风险。

软件系统：涉及图书馆管理软件（集成借阅管理、采编系统等功能）、操作系统（服务器与终端使用的 Windows、Linux 等）、数据库管理系统（如 Oracle、MySQL 等）以及各类应用软件（电子资源访问插件、读者自助服务软件），评估软件漏洞、权限管理、数据加密等方面的安全状况。

网络架构：对图书馆内部局域网、与外部网络的连接（互联网接入、与上级单位或其他图书馆的网络互联）进行评估，分析网络边界防护（防火墙设置、入侵检测系统部署）、网络访问控制（VLAN 划分、IP 地址管理）以及网络传输过程中的数据安全。

人员管理：针对图书馆工作人员和读者，评估人员权限管理（不同岗位人员对信息系统和数据的访问权限）、安全意识（是否了解信息安全重要性、是否掌握基本安全操作规范）以及人员操作行为（如工作人员违规操作、读者恶意攻击系统等）带来的风险。

数据资产：包括结构化数据（读者数据库、馆藏书目数据库）和非结构化数据（电子文档、多媒体资源），评估数据在采集、存储、传输、使用和销毁全生命周期中的安全风险。

2. 收集相关信息

采用问卷调查、访谈以及观察等多种方法，全方位地收集与数字图书馆信息安全相关的各种信息。这些信息不仅涵盖了系统配置、网络架构、数据流程等关键要素，还涉及了人员操作、安全策略、应急响应等多个层面。

（1）问卷调查

在问卷调查方面，相关人员需要精心设计一系列问题，旨在全面了解数字图书馆在信息安全方面的现状和需求。这些问题涉及了数字图书馆的系统架构、网络安全措施、数据备份与恢复策略等多个方面。通过广泛的问卷调查，收集到大量宝贵的数据和反馈，可为后续的深入研究提供坚实的基础。

（2）访谈

邀请数字图书馆的管理人员、技术人员以及用户代表，与他们进行面对面的交流。通过访谈，更加深入地了解数字图书馆在实际运营中面临的信息安全挑战和应对策略。同时，还从用户的角度出发，了解他们对数字图书馆信息安全问题的看法和需求，这对于完善信息安全策略具有重要的指导意义。

（3）实地观察

通过亲自参观数字图书馆的运营环境，深入了解其系统配置、网络架构以及数据流程等具体情况。相关人员还可以观察数字图书馆在日常运营中的安全管理和操作实践，从中发现值得借鉴和改进的地方。

3. 进行风险识别与分析

在进行风险识别时，首先需要明确风险的定义和范畴。信息安全风险通常指的是可能导致信息泄露、损坏或不可用的潜在威胁。这些威胁可能来自外部攻击者、内部恶意行为、系统故障或自然灾害等多种因素。因此，需要综合考虑各种可能的风险来源，以确保风险识别的全面性和准确性。

接下来，可以运用多种风险识别工具和技术。例如，通过漏洞扫描工具，可以发现系统中的安全漏洞和潜在弱点；利用入侵检测系统，相关人员可以实时监测网络流量，识别异常行为。

在收集到足够的信息后，需要对这些信息进行深入分析。这包括对风险事件的可能性、影响程度和发生频率进行评估。通过运用概率统计和风险评估模型，我们可以对风险进行量化分析，得出风险等级和优先级。这有助于相关人员更好地了解风险的性质和影响，为制定风险应对措施提供依据。

最后，需要对识别出的信息安全风险进行分类和评估。根据风险的性质和影响程度，可以将风险分为不同的类别，如技术风险、管理风险、操作风险等。同时，还可以根据风险的优先级制定不同的应对措施，以确保风险得到有效控制和降低。

4.制定风险应对策略

在制定风险应对策略之前，需要对数字图书馆可能面临的风险进行识别和分析。这些风险可能包括但不限于技术风险、安全风险、管理风险以及知识产权风险等。技术风险主要来源于数字化技术的不成熟和不稳定，可能导致数据丢失、系统崩溃等问题；安全风险则主要体现在信息安全和网络安全方面，如黑客攻击、数据泄露等；管理风险则与数字图书馆的组织架构、人员配置以及管理流程有关；知识产权风险则主要涉及版权保护、侵权防范等方面。

针对这些风险，可以制定以下风险应对策略。

首先是风险规避策略。通过深入了解数字图书馆的各项风险，可以尽量避免或减少可能带来风险的行为和决策。例如，在选择数字化技术时，可以优先考虑技术成熟、稳定性高的方案；在数据管理方面，可以加强备份和恢复机制，确保数据的完整性和安全性。

其次是风险转移策略。通过与其他机构或企业合作，共同承担风险，可以有效降低数字图书馆的风险水平。例如，可以与专业的信息安全公司合作，共同防范网络攻击和数据泄露；或者与版权机构合作，共同保护知识产权。

最后是风险减轻策略。在风险无法完全规避或转移的情况下，我们可以采取措施减轻风险的影响。例如，加强人员培训，提高员工的风险意识和应对能力；建立完善的应急预案，以应对可能出现的风险事件；同时，也可以通过购买保险等方式，将风险带来的经济损失降到最低。

5. 实施风险管理与监控

建立健全的风险管理制度是数字图书馆风险管理与监控的基础。这包括制定详细的风险管理政策、流程和规范，明确各级管理人员和操作人员的职责和权限，确保风险管理工作有序进行。同时，数字图书馆还应建立风险评估机制，定期对信息系统进行风险评估，识别潜在的安全隐患和漏洞，为制定有针对性的防范措施提供依据。

监控机制是数字图书馆风险管理与监控的重要手段。通过部署专业的安全监控设备和软件，数字图书馆可以实时监测信息系统的运行状态和异常情况，及时发现并应对安全威胁。此外，数字图书馆还应建立日志管理和审计机制，记录系统操作和用户行为，以便在发生安全事件时进行溯源和调查。

（二）风险评估工具与技术

1. SWOT 分析法

通过对内部环境的优势（Strengths）、劣势（Weaknesses）以及外部环境的机会（Opportunities）和威胁（Threats）进行分析，来确定潜在的信息安全风险。

2. 脆弱性评估法

为了有效识别和应对这些安全漏洞和风险，需要借助专业的脆弱性扫描工具。其中，Nmap 和 Nessus 等工具因其强大的功能和广泛的应用而备受推崇。这些工具能够自动检测系统的安全漏洞，通过扫描系统端口、服务、应用程序等关键部分，发现潜在的安全隐患。

使用 Nmap 等工具，可以对数字图书馆的网络架构进行详细的探测和扫描，了解其网络拓扑结构、设备配置以及安全策略等关键信息。同时，通过 Nessus 等工具对系统进行漏洞扫描，可以发现系统中存在的各种安全漏洞，如未打补丁的软件漏洞、配置不当的安全策略等。

3. 威胁建模法

威胁建模法是通过建立威胁模型，对系统中的威胁进行识别和分类，并评估威胁的潜在影响和可能性的方法。这种方法有助于相关人员更全面地了解系统中的安全风险，并采取相应的措施进行防范和应对。

威胁模型需要对数字图书馆系统中的各种威胁进行识别和分类。这些威胁可能来自外部攻击者，如黑客、恶意软件等；也可能来自内部人员，如员工、管理员等的不当操作或恶意行为。此外，系统漏洞、配置不当等因素也可能成为潜在的威胁源。通过对这些威胁进行详细的分类和描述，可以更清楚地了解它们的特点和可能的攻击方式。

威胁模型需要对这些威胁进行潜在影响和可能性的评估。这包括对威胁可能造成的破坏程度、影响范围以及发生的概率进行估算。通过评估，工作人员可以确定哪些威胁是对系统安全构成最大威胁的，从而优先采取相应的防范措施。

威胁建模法可以帮助相关人员识别系统中的薄弱环节和潜在的安全漏洞。通过对系统的结构和功能进行深入分析，可以发现系统中存在的安全缺陷和漏洞，进而制定有针对性的修复和改进措施。这不仅可以提高系统的安全性，还可以避免潜在的安全风险。

4. 安全控制评估法

安全控制评估法是一种针对数字图书馆安全性的系统性评估方法，旨在评估系统中已存在的安全措施的效果和有效性。通过这种方法，可以深入了解数字图书馆的安全状况，发现潜在的安全隐患，从而确定是否需要增加或改进特定的安全控制措施来降低风险。

（1）安全审计

安全审计工作的主要任务是对数字图书馆的各个方面进行全面、细致的检查。

首先，审计人员会对系统配置进行严格的审查，包括操作系统、数据库管理系统以及各类应用软件等。他们会检查系统配置是否合理，是否存在安全隐患，并对潜在的漏洞进行识别和记录。

其次，网络架构也是安全审计的重点关注对象。审计人员会对数字图书馆的网络架构进行深入的分析，评估其抵御外部攻击的能力。他们会检查网络设备的配置、网络隔离措施以及防火墙策略等，确保数字图书馆的网络环境安全可控。

此外，用户权限管理也是安全审计不可或缺的一部分。审计人员会审查用户账号的创建、修改和删除等操作是否符合规范，用户权限的分配是否合理，是否存在权限滥用或越权操作的风险。他们会利用专业的安全工具和技术手段，对用户权限进行细致的梳理和评估，确保数字图书馆的用户权限管理规范有序。

最后，在安全审计过程中，审计人员还会利用各类安全测试工具和技术手段，对数字图书馆进行深入的漏洞扫描和渗透测试。他们会模拟黑客的攻击行为，测试数字图书馆的安全防护措施是否有效，并对发现的漏洞进行及时的修复和加固。

（2）渗透测试

渗透测试作为安全控制评估法中的一项重要手段，近年来在数字图书馆的安全保障中发挥着越来越重要的作用。它旨在通过模拟黑客攻击的方式，对数字图书馆进行全方位的攻击测试，以验证其防御体系的完善程度和应对风险的能力。

在渗透测试过程中，测试人员会充分利用各种攻击手段和技术，包括但不限于SQL注入、跨站脚本攻击、密码破解等，以尝试突破数字图书馆的安全防线。这些攻击手段都是黑客常用的攻击方式，通过模拟这些攻击，相关人员能够更真实地了解数字图书馆在面临实际攻击时的表现和可能存在的安全隐患。

测试人员在进行渗透测试时，会注重细节和策略的运用。他们会根据数字图书馆的特点和可能存在的弱点，制订有针对性的攻击方案，并运用专业的工具和技术来实施攻击。同时，他们还会对攻击过程进行详细的记录和分析，以便在测试结束后对结果进行准确的评估和反馈。

通过渗透测试，可以深入了解数字图书馆的抗攻击能力，包括防火墙、入侵检测系统、安全审计等方面的性能表现。同时，测试人员还能够发现数字图书馆存在的潜在安全隐患和漏洞，如系统配置不当、权限管理不严、数据泄露等风险点。这些漏洞一旦被黑客利用，就可能对数字图书馆的安全造成严重影响，甚至导致数据泄露或系统瘫痪等严重后果。

因此，根据渗透测试的结果，可以有针对性地加强数字图书馆的安全防范措施。例如，对发现的漏洞进行及时修复和加固，加强系统配置和权限管理，完善安全审计和日志记录等功能。同时，还可以根据测试结果对数字图书馆的安全策略进行调整和优化，提高其整体的安全防护能力。

5. 定量评估法

为了更好地量化风险的大小和潜在影响，定量评估法被广泛应用。该方法运用数学模型、统计学方法等手段，对风险进行精确、客观的评估，为数字图书馆的风险管理提供有力支持。定量评估法的常用方法主要有以下几种。

（1）风险概率与影响矩阵法

风险概率与影响矩阵法是一种高效且实用的风险评估工具，它以其直观、易操作的特点在各个领域得到了广泛的应用。尤其在数字图书馆的管理中，这一方法更是发挥了不可替代的作用。它通过构建一个矩阵，将风险概率与风险影响程度进行巧妙的组合，从而帮助管理者快速识别出不同等级的风险，为制定有针对性的风险应对策略提供了有力的支持。

风险概率与影响矩阵法的核心在于构建一个二维矩阵，其中一个维度代表风险发生的概率，另一个维度则代表风险发生后可能带来的影响程度。通过对这两个维度的组合，可以将风险划分为不同的等级，如低风险、中风险和高风险等。这样的划分有助于管理者更加清晰地了解风险的分布情况，从而有针对性地采取措施进行防范和应对。

通过运用风险概率与影响矩阵法，数字图书馆管理者可以系统地识别和分析各种潜在风险。他们可以根据风险的概率和影响程度，将风险划分为不同的等级，并针对不同等级的风险制定相应的应对策略。例如，对于高风险的领域，管理者可以加强安全防护措施，提高系统的稳定性和安全性；而对于低风险的领域，则可以采取相对宽松的管理策略，以节省资源和成本。

此外，风险概率与影响矩阵法还具有很好的灵活性和可扩展性。管理者可以根据实际情况对矩阵进行调整和优化，以适应不同环境和场景下的风险评估需求。同时，该方法还可以与其他风险管理工具和方法相结合，形成一套完整的风险管理体系，为数字图书馆的安全稳定运行提供有力的保障。

（2）层次分析法

层次分析法作为一种广泛应用的定量评估法，为各种复杂问题提供了深入、系统的解决方案。尤其在数字图书馆风险评估领域，它展现出了其独特而高效的实用价值。这种方法通过构建一个层次化的结构模型，将原本复杂多变的风险问题逐一拆解为若干个相对简单、易于处理的子问题，进而对这些子问题进行逐层深入的分析。

在层次分析法的实践中，首先需要明确数字图书馆风险评估的目标和范围，然后根据这些目标和范围构建出一个层次化的结构模型。这个模型通常包括目标层、准则层和方案层等多个层次，每个层次都代表着不同的评估维度或子问题。通过这种结构化的方式，相关人员可以更加清晰地看到各因素之间的相互影响和制约关系，从而更全面地评估数字图书馆的风险状况。

在层次分析法的应用过程中，相关人员还需要对各层次的因素进行量化处理，以便进行更精确的评估。这通常涉及对因素的权重赋值、评分等步骤。通过这些量化处理，可以将原本难以直接比较的因素转化为可量化的指标，从而更容易地进行比较和分析。

此外，层次分析法还注重对各因素之间的相互影响和制约关系进行综合考虑。在数字图书馆风险评估中，各因素之间往往存在复杂的相互作用关系，如技术因素与管理因素、环境因素与人为因素等。通过层次分析法，可以将这些相互影响和制约的关系纳入评估模型中，从而得出更全面、更准确的评估结果。

（3）蒙特卡洛模拟法

蒙特卡洛模拟法作为定量评估法中的一种关键手段，已经在多个领域得到了广泛的应用。在数字图书馆的风险评估中，该方法凭借其独特的优势，为管理者提供了更加准确、可靠的风险预测和分析结果。

蒙特卡洛模拟法的核心思想在于通过随机抽样和模拟实验，对风险的发生概率和潜在影响进行量化评估。这种方法突破了传统风险评估的局限性，能够充分考虑风险的不确定性和随机性。在数字图书馆中，风险可能来自多个方面，如数据丢失、系统崩溃、网络攻击等。蒙特卡洛模拟法能够综合考虑这些风险因素，为管理者提供一个全面的风险评估框架。

在具体应用过程中，蒙特卡洛模拟法通常包括以下几个步骤。首先，根据数字图书馆的实际情况，确定风险评估的目标和范围。然后，对可能的风险因素进行识别和分析，包括风险的来源、性质、影响等。接下来，通过随机抽样生成大量的模拟数据，模拟风险事件在不同条件下的发生情况。最后，对模拟结果进行统计分析，得出风险的发生概率和潜在影响。

蒙特卡洛模拟法的优点在于其能够处理复杂的非线性关系和不确定性因素。在数字图书馆中，风险往往呈现出复杂性和多样性，难以用传统的线性模型进行准确描述。而蒙特卡洛模拟法可以通过模拟实验的方式，充分考虑各种不确定性因素，从而得出更加准确的风险评估结果。

蒙特卡洛模拟法还可以结合其他方法和技术，如敏感性分析、回归分析等，对风险进行更加深入的分析和预测。例如，可以通过敏感性分析确定哪些风险因素对数字图书馆的影响最大，从而有针对性地制定风险应对策略。

在数字图书馆的实际应用中，定量评估法具有广泛的应用场景。例如，在数字图书馆的信息安全风险评估中，可以利用定量评估法对各种潜在的安全威胁进行量化分析，从而制定出更加有效的安全防范措施。此外，在数字图书馆的读者服务、资源建设等方面，定量评估法同样可以发挥重要作用，帮助数字图书馆实现更精准的管理和更优质的服务。

6. 场景分析

场景分析的核心在于对未来可能发生的情景进行设想和预测。它要求人们对现有的环境、技术、政策等因素进行深入分析，并考虑它们在未来可能发生的变化。通过对这些因素的组合和排列，可以构建出多种可能的未来情景，并对每一种情景进行详细的描述和分析。

在进行场景分析时，需要关注多个方面的因素。首先，技术因素是不可忽视的一部分。随着科技的不断进步，新的安全威胁和漏洞也会不断出现。因此，我们需要密切关注新技术的发展动态，以及它们对信息安全可能带来的影响。其次，政策因素也是影响信息安全的重要因素。政府的政策调整、法律法规的变动都可能对信息安全环境产生重大影响。最后，社会环境、经济因素等也会对信息安全产生直接或间接的影响。

通过对不同可能情景的分析，可以发现潜在的信息安全风险，并制定出相应的对策。例如，在某些情景下，黑客可能会利用新的技术手段进行攻击；而在另一些情景下，内部人员可能会泄露敏感信息。针对不同情景下的风险，可以采取相应的预防措施，如加强技术防范、提高馆员安全意识等。

第二节　法律法规遵守与合规性管理

一、国内外数字图书馆法律法规体系

（一）国际数字图书馆法律法规概况

在国际层面，数字图书馆法律法规主要围绕知识产权、信息安全、数据保护等方面展开。国际组织如联合国教科文组织（UNESCO）、世界知识产权组织（WIPO）等，通过制定一系列国际公约和协议，为数字图书馆的发展提供了国际法律框架。同时，各国政府也根据本国实际情况，制定了相应的法律法规，以规范数字图书馆的运营和管理。

例如，在知识产权方面，国际上的主要法律包括《伯尔尼公约》《世界版权公约》等，这些公约明确了著作权人的权利和保护措施，为数字图书馆在使用和传播作品时提供了法律依据。此外，各国还根据本国法律，对数字图书馆的版权问题进行了详细规定，如美国的《数字千年版权法》（DMCA）等。

在信息安全和数据保护方面，国际组织也制定了一系列标准和协议，如ISO 27001信息安全管理体系标准等。这些标准和协议为数字图书馆在保障信息安全、防止数据泄露等方面提供了指导。同时，各国政府也通过制定相关法律法规，加强对数字图书馆的监管和管理，确保其在运营过程中遵守相关法律法规。

（二）国内外数字图书馆法律法规发展历程对比

从发展历程来看，国内外数字图书馆法律法规的演进呈现出明显的差异与特点。在国外，由于信息技术起步较早，数字图书馆的发展也更为成熟，因此其法律法规体系也相应较为完善。这些法律法规不仅涵盖了版权法、信息自由法等基础法律，更逐步扩展到了数据安全法、个人信息保护法等细分领域，从而确保数字图书馆在运营过程中能够充分保障用户权益、信息安全与数据安全。

具体来说，国外早期的版权法为数字图书馆的建设与发展提供了基本的法律保障。随着信息技术的不断革新，信息自由法的出台，进一步促进了信息的流通与共享。而近年来，数据安全法与个人信息保护法的出台，更是为数字图书馆在数据管理与用户隐私保护方面提供了坚实的法律支撑。这些法律法规的完善与深化，不仅推动了国外数字图书馆事业的蓬勃发展，也为全球数字图书馆的发展树立了典范。

相比之下，我国数字图书馆法律法规的起步虽然较晚，但发展速度却异常迅猛。近年来，我国政府高度重视数字图书馆的建设与发展，相继出台了一系列与数字图书馆相关的法律法规。其中，《中华人民共和国著作权法》作为保护数字图书馆资源版权的重要法律，为数字图书馆提供了版权保护的法律依据。而《中华人民共和国网络安全法》的出台，则进一步保障了数字图书馆在运营过程中的网络安全与信息安全。

（三）国际上典型数字图书馆法规案例分析

在国际上，众多典型的数字图书馆法规案例为人们提供了丰富的经验和深刻的启示。其中，Google 数字图书馆案无疑是一个备受瞩目的案例，它不仅引发了全球范围内的广泛关注和热议，而且为人们解决数字图书馆的版权问题提供了宝贵的参考。

Google 数字图书馆案涉及的核心问题是版权争议。在这个案例中，Google 公司尝试通过大规模地扫描将图书数字化来构建一座庞大的数字图书馆。然而，这一行为却引发了版权人的强烈不满和抗议。他们认为，Google 未经授权就擅自扫描和使用他们的作品，严重侵犯了他们的版权权益。这一争议迅速升级，并引发了全球范围内的广泛关注和讨论。

面对这一争议，Google 公司不得不通过法律途径来解决版权问题。经过长时间的诉讼和谈判，Google 最终与版权人达成了一系列协议和解决方案。这些协议不仅明确了版权人在数字化图书中的权益和利益分配方式，还规定了 Google 在使用这些数字资源时应遵守的法律法规和道德准则。

这个案例给人们带来了深刻的启示。首先，它告诉我们，在数字资源的收集和使用过程中，必须充分尊重版权人的权益和利益。任何未经授权的扫描、复制和使用行为都可能构成侵权行为，并引发法律纠纷。因此，在构建数字图书馆时，我们必须采取合法合规的方式获取和使用数字资源，确保不侵犯任何版权人的权益。

其次，这个案例也提醒人们，在数字化时代，版权问题变得更加复杂和敏感。随着技术的发展和普及，数字资源的获取和使用变得越来越容易，但同时也带来了更多的版权风险和挑战。因此，相关人员需要加强对版权问题的重视和关注，不断完善相关法律法规和制度规范，以应对数字化时代带来的新挑战。

最后，Google 数字图书馆案还展示了在解决版权问题时合作与共赢的重要性。通过协商和谈判，Google 与版权人最终达成了双方都能接受的解决方案，实现了互利共赢的局面。这告诉我们，在解决版权问题时，应该积极寻求合作和共赢的方式，通过协商和谈判来达成妥协和共识，以推动数字图书馆的健康发展。

（四）我国数字图书馆法律法规的现状及特色

1. 现状

（1）法律体系不断完善

近年来，我国政府对数字图书馆法律法规的建设给予了高度重视，制定了一系列与数字图书馆相关的法律法规。这些法律法规涵盖了数字图书馆的建设、运营、管理以及版权保护等方面，为数字图书馆的健康发展提供了基本的法律保障。

（2）法律法规逐步细化

随着数字图书馆的快速发展，我国相关法律法规也在逐步细化。例如，在版权保护方面，我国已经制定了《中华人民共和国著作权法》及其相关实施条例，明确了数字图书馆在版权保护方面的责任和义务。同时，还制定了一系列关于网络安全、数据保护等方面的法律法规，为数字图书馆的信息安全提供了有力保障。

（3）国际合作加强

我国积极参与国际知识产权合作和交流，与世界各国共同推动国际知识产权保护制度的完善。通过加入国际知识产权组织、签署国际条约等方式，我国数字图书馆在国际合作方面取得了积极进展。

2. 特色

（1）结合国情制定法律法规

我国数字图书馆法律法规在制定过程中充分考虑了国情和实际需求。例如，在版权保护方面，我国法律法规既吸收了国际先进经验，又结合我国实际情况进行了创新和发展。同时，在数字图书馆的建设和运营方面，也充分考虑了我国图书馆事业的特点和发展需求。

（2）强调版权保护

我国数字图书馆法律法规非常注重版权保护。通过制定严格的版权保护制度、加强版权监管和执法力度等措施，我国数字图书馆在版权保护方面取得了显著成效。这不仅保护了版权人的合法权益，也促进了数字图书馆的健康发展。

（3）注重信息安全保护

我国数字图书馆法律法规非常注重信息安全保护。通过制定严格的信息安全管理制度、加强技术防范和监管等措施，我国数字图书馆在信息安全方面取得了积极成效。这保障了用户隐私和数据安全，增强了用户对数字图书馆的信任度。

二、法律法规对数字图书馆的基本要求

(一)法律法规对数字图书馆的法律义务规定

1. 法律法规明确了数字图书馆在版权保护方面的法律义务

作为一个负责任的、专业的信息服务平台,数字图书馆必须严格遵守版权法规定,确保所收录、传播的数字资源具有合法的版权来源。这不仅有助于维护知识产权的尊严,也是保障用户权益、促进文化繁荣的必要之举。

在收录作品时,数字图书馆必须严格遵守版权法规定,获得原作者的授权或许可。这意味着,对于任何一部作品,无论是图书、期刊还是其他形式的出版物,数字图书馆都需要事先与原作者或版权所有者进行沟通,取得他们的明确授权。通过签订版权协议或获取授权许可,数字图书馆可以合法地收录这些作品,并在其平台上进行展示和传播。

在传播作品时,数字图书馆同样需要严格遵守版权法规定。这包括在展示作品时注明版权信息,如作者姓名、作品名称、出版日期等,以便用户了解作品的来源和版权归属。此外,数字图书馆还应采取必要的技术手段,防止盗版和非法复制。

2. 法律法规还规定了数字图书馆在个人信息保护方面的法律义务

(1)明确个人信息保护的法律义务

a. 遵守《中华人民共和国个人信息保护法》

《中华人民共和国个人信息保护法》作为我国个人信息保护领域的基本法律,对个人信息处理者的行为提出了明确的要求。作为个人信息处理者,数字图书馆必须严格遵循这些规定,确保在收集、使用、存储、传输等各个环节都符合法律要求。

在收集个人信息时,数字图书馆应遵循合法、正当、必要的原则。这意味着数字图书馆只能收集与其服务目的直接相关的个人信息,且必须事先告知用户收集的目的、方式和范围,并获得用户的明确同意。此外,数字图书

馆还应采取加密等安全措施，确保收集的个人信息不被非法获取或滥用。

在使用个人信息时，数字图书馆应遵循目的明确、合理使用、安全可控的原则。这意味着数字图书馆只能按照事先告知用户的目的使用个人信息，不能随意改变使用方式或将其用于其他目的。同时，数字图书馆还应采取必要的技术和管理措施，防止个人信息被泄露、篡改或毁损。

在存储和传输个人信息时，数字图书馆同样需要严格遵守法律规定。例如，应定期对存储的个人信息进行备份和加密处理，以防止数据丢失或被盗取。在传输个人信息时，应使用安全的传输协议和加密技术，确保数据在传输过程中的安全。

《中华人民共和国个人信息保护法》还规定了个人信息处理者的法律责任。如果数字图书馆在个人信息处理过程中违反了法律规定，将可能面临罚款、吊销相关许可证等处罚。因此，遵守法律规定不仅是对用户隐私权益的尊重和保护，也是数字图书馆自身稳健发展的必要保障。

b. 最小化收集原则

最小化收集原则强调，数字图书馆在收集个人信息时，应当严格限制在实现处理目的的最小范围内，避免过度收集用户的个人信息。这一原则体现了对用户隐私权的尊重和保护，也是数字图书馆在提供服务的同时，维护用户信任、树立良好形象的重要一环。

为了落实最小化收集原则，数字图书馆需要从多个方面着手。

首先，图书馆需要明确收集个人信息的具体目的，并仅收集与实现这些目的直接相关的个人信息。例如，在为用户提供个性化推荐服务时，图书馆可以收集用户的阅读偏好、浏览记录等信息，但不应收集与推荐服务无关的其他信息。

其次，数字图书馆应建立严格的个人信息收集、存储和使用规范，确保所收集的个人信息得到妥善保管，并防止信息泄露和滥用。图书馆可以采用加密技术、访问控制等安全手段，提高个人信息的安全保护水平。同时，图书馆还应加强对馆员的培训和教育，提高他们对个人信息保护的意识和能力。

最后，数字图书馆还可以通过多种方式来增强用户对最小化收集原则的信任。例如，图书馆可以在网站上公开个人信息收集、使用及保护的政策和措施，让用户了解图书馆在个人信息保护方面的努力和成果。同时，图书馆也可以为用户提供方便快捷的个人信息修改和删除渠道，让用户能够随时掌握自己的个人信息情况，并及时纠正可能存在的错误或不当使用。

（2）具体的法律义务

a. 告知与同意

数字图书馆在收集个人信息之前，必须明确告知用户收集信息的目的、方式和范围。这是保障用户知情权的基本要求。图书馆应通过隐私政策、服务协议等文件，详细阐述收集信息的具体目的，如提高服务质量、优化用户体验、进行学术研究等。同时，还应说明信息的收集方式，包括但不限于用户注册、浏览行为记录、搜索历史等。此外，图书馆还需明确告知用户信息收集的范围，即哪些个人信息将被收集，以便用户能够对自己的隐私权益有清晰的认识。

数字图书馆在告知用户信息收集情况后，必须取得用户的明确同意。这意味着用户需要在充分了解信息收集目的、方式和范围的基础上，自主选择是否提供个人信息。图书馆应在用户注册或使用服务前，要求用户阅读并同意隐私政策和服务协议。这种同意应当是明确的、自愿的，而不是在用户不知情或被迫的情况下进行的。此外，图书馆还应为用户提供便捷的退出机制，以便用户随时选择停止提供个人信息或终止服务。

b. 数据泄露处理

首先，数字图书馆应立即对泄露事件进行全面调查，查明事件原因和范围，以及涉及的用户数量和信息内容。这有助于数字图书馆更准确地了解数据泄露事件的影响和危害程度，为后续的补救措施提供依据。

接下来，数字图书馆应迅速采取补救措施，防止数据泄露事件进一步扩大。例如，可以暂停相关服务，关闭泄露信息的访问通道，防止不法分子利用泄露信息进行非法活动。同时，数字图书馆还应加强系统安全，修复漏洞，提升安全防护能力，防止类似事件再次发生。

在采取补救措施的同时，数字图书馆还应及时向相关主管部门报告。主管部门可以根据数据泄露事件的性质和严重程度，给予数字图书馆相应的指导和支持，帮助其更好地应对和处理数据泄露事件。此外，主管部门还可以对数字图书馆进行监管和检查，确保其符合相关法规和规定，保障用户信息安全。

除向主管部门报告外，数字图书馆还应及时通知受影响的用户，可以通过发送电子邮件、短信或电话等方式进行。通知内容应包括数据泄露事件的基本情况、对用户可能产生的影响以及数字图书馆所采取的补救措施等。这有助于用户了解事件的真相，减少恐慌和误解，同时也有助于数字图书馆与用户建立信任关系，提升用户满意度。

最后，数字图书馆还应提供必要的帮助和支持给受影响的用户。例如，可以为用户提供咨询服务，解答用户的疑问和困惑；可以协助用户更改密码、重置账号等，保障用户的账号安全；还可以提供相关的法律援助和维权支持，帮助用户维护自己的合法权益。

c.不得非法买卖、提供或公开个人信息

① 非法买卖

数字图书馆及其馆员不得以任何形式出售、交易或换取用户的个人信息，包括直接交易和间接通过第三方平台进行的交易。图书馆应建立严格的内部控制机制，防止内部人员利用职权或职务之便进行个人信息的非法买卖。

② 非法提供

在未经用户同意的情况下，图书馆不得擅自将用户的个人信息提供给任何第三方，包括合作伙伴、广告商等。这是因为用户信息一旦泄露或被滥用，可能给用户带来诸多不便和潜在风险。例如，用户可能会收到大量的垃圾邮件、推销电话，甚至面临身份被盗用、财产受损等严重后果。因此，图书馆在保护用户隐私方面必须保持高度的警觉和责任心。

然而，在必要的情况下，如响应法律要求或执行公务时，图书馆可能需要提供用户信息。在这种情况下，图书馆必须确保有合法的依据和程序，遵循相关法律法规的规定，避免滥用用户信息。例如，在涉及刑事侦查、国家安全等情况下，图书馆可能需要依法配合有关部门的工作，提供相关信息。

但在此过程中，图书馆必须确保信息的提供符合法定程序，避免对用户的合法权益造成损害。

③非法公开

图书馆作为信息服务的提供者，有责任保护用户的个人信息不被非法获取、使用和泄露。因此，图书馆不得擅自公开用户的个人信息，包括但不限于在公开场合、网站或社交媒体发布用户个人信息，仅第三方透露用户个人信息等行为。

在公开场合发布用户个人信息：图书馆不得在图书馆内部或外部的任何公开场合，如会议、展览、讲座等，发布或展示用户的个人信息。

在网站或社交媒体上发布用户个人信息：图书馆不得在其官方网站、社交媒体平台或其他在线渠道上发布用户的个人信息，除非经过用户明确授权或法律允许。

向第三方泄露用户个人信息：图书馆不得将用户的个人信息泄露给任何第三方，包括合作伙伴、广告商、其他组织或个人，除非法律允许或用户明确同意。

尽管图书馆不得擅自公开用户个人信息，但在某些特定情况下，法律允许或用户明确授权的情况下，图书馆可以公开用户个人信息。这些条件包括但不限于法律要求、用户授权、公共利益等。

法律要求：当法律要求图书馆提供用户个人信息以配合执法、司法程序或履行法定义务时，图书馆可以依法提供相关信息。

用户授权：在用户明确授权的情况下，图书馆可以根据用户的意愿和指示，公开或分享用户的个人信息。这通常需要在用户注册、使用服务或进行特定操作时获得用户的明确同意。

公共利益：在特定情况下，为了维护公共利益或公共安全，图书馆可能需要在符合法律规定和程序的前提下，公开用户个人信息。

3. 法律法规还对数字图书馆的其他方面进行了规定，如服务质量保障、知识产权纠纷处理机制等

法律法规对数字图书馆的服务质量保障进行了详尽的阐述。这不仅要求数字图书馆在提供数字化服务时必须确保所提供服务的安全性、稳定性和高效性，而且还需积极提升用户体验，为用户提供更为便捷、个性化的服务。例如，数字图书馆应当建立完善的用户反馈机制，及时收集和处理用户意见和建议，以便不断改进和优化服务流程。同时，法律法规还鼓励数字图书馆采用先进的技术手段，如人工智能、大数据分析等，提高服务的智能化和精准化水平，更好地满足用户的多元化需求。

法律法规对数字图书馆处理知识产权纠纷的机制也进行了明确规定。数字图书馆作为知识的传播者，必须尊重和保护知识产权，避免侵犯他人的合法权益。因此，法律法规要求数字图书馆在收录和提供数字化资源时，必须遵守知识产权相关法律法规，取得原作者的授权或许可。对于因版权问题产生的纠纷，数字图书馆应当积极与当事人沟通协商，寻求合理的解决方案。此外，法律法规还鼓励数字图书馆建立知识产权纠纷调解机制，通过调解、仲裁等方式，妥善解决纠纷，维护各方利益。

（三）版权保护与知识产权法规在数字图书馆的应用

1. 数字资源的版权保护

（1）著作权法的基本原则

图书馆在提供数字资源时，确实必须严格遵守著作权法的基本原则，以确保不侵犯作者的著作权。著作权法赋予了作者对其作品的广泛权利，这些权利包括但不限于复制权、发行权和信息网络传播权等。

a. 复制权

复制权是指作者享有的以印刷、复印、拓印、录音、录像、翻录、翻拍等方式将作品制作一份或者多份的权利。

图书馆在将纸质书籍、文章或其他作品转化为数字资源时，必须确保获得作者的复制权许可。这通常通过购买数字版权、获得版权持有者的授权或与版权集体管理机构达成协议来实现。

注意事项：图书馆不得擅自复制受版权保护的作品，除非获得明确的法律授权或符合著作权法规定的合理使用条件。

b. 发行权

发行权是指作者享有的以出售或者赠与方式向公众提供作品的原件或者复制件的权利。虽然图书馆通常不直接销售数字资源，但其在向公众提供数字资源时，实际上是在行使一种广义的"发行"行为。因此，图书馆必须确保所提供的数字资源已经获得了作者的发行权许可。

注意事项：图书馆在提供数字资源时，应确保这些资源不会被用于商业目的，除非获得了明确的商业使用许可。

c. 信息网络传播权

信息网络传播权是指以有线或者无线方式向公众提供作品，使公众可以在其选定的时间和地点获得作品的权利。图书馆在提供数字资源时，通常会将资源上传至其网站或数据库，供用户在线访问或下载。这一过程涉及信息网络传播权的行使。因此，图书馆必须确保在未经作者许可的情况下，不将受版权保护的作品上传至网络供公众访问。

注意事项：图书馆在提供数字资源时，应明确告知用户这些资源的版权归属和使用限制，防止用户滥用或误用。

d. 其他权利

除上述权利外，著作权法还规定了包括修改权、保护作品完整权、表演权、放映权、广播权、展览权等在内的多项权利。图书馆在提供数字资源时，也应尊重并保护这些权利。

（2）合理使用与法定许可

a. 合理使用

著作权法作为保护创作者权益的重要法律，不仅明确了作者对作品的独占权利，也规定了在一些特定情况下他人可以未经作者许可使用其作品的合理使用原则。这一原则为公众获取信息、传播知识、进行学术研究等提供了便利，同时也在一定程度上平衡了作者权益与社会公共利益的关系。

为了保障公众的合法使用权益，同时避免侵犯作者的版权，图书馆需要依据著作权法中的合理使用原则，在符合法律规定的条件下使用这些作品。具体来说，合理使用原则在图书馆提供数字资源时的应用主要体现在以下几个方面。

首先，图书馆在提供数字资源时，可以为了教学目的而合理使用受版权保护的作品。例如，为了辅助教学，图书馆可以将一些教材、参考书籍等数字化后提供给学生和教师使用。这种使用方式符合著作权法中的教学目的合理使用规定，既方便了学生和教师的学习和研究，也避免了因版权问题而带来的法律风险。

最后，图书馆在提供数字资源时，还可以为了学术研究而合理使用受版权保护的作品。学术研究需要广泛引用和参考各种文献资料，而图书馆作为文献资料的收藏和提供者，可以依据合理使用原则，为研究人员提供必要的文献资源。这种使用方式不仅有助于推动学术研究的进展，也体现了图书馆在促进知识传播和共享方面的积极作用。

此外，图书馆在提供数字资源时，还需要注意遵守著作权法中关于合理使用的限制条件。例如，图书馆在使用受版权保护的作品时，应当遵循"适度使用"的原则，避免过度使用或滥用作品；同时，图书馆也应当尊重原作者的署名权和作品完整性权等合法权益，不得对作品进行篡改或歪曲。

b. 法定许可

在某些特定情况下，法律允许在未经作者明确许可的情况下使用其作品，然而，这种使用并非完全免费，而是应当支付相应的报酬给作者或版权所有者。这一规定既保障了作者的合法权益，又在一定程度上促进了作品的传播和利用。对于图书馆而言，在提供数字资源服务时，了解和遵守相关的法定许可规定显得尤为重要。

法定许可，是指在某些特定的场合和条件下，法律规定了无须取得版权人同意即可使用其作品的制度。这种规定通常是为了满足社会公共利益的需要，如教育、科研、新闻报道等。然而，即便是在法定许可的范围内，使用者仍需按照法律规定支付相应的报酬给版权人，以体现对作者劳动成果的尊重。

在图书馆提供数字资源的过程中，法定许可的应用主要体现在以下两个方面。一方面，图书馆在为用户提供电子书籍、期刊等数字资源时，可能会涉及未经作者许可的作品使用问题。在这种情况下，图书馆需要仔细甄别这些作品是否属于法定许可的范畴，如属于教育用途的教材、科研论文等。另一方面，图书馆在提供数字资源时，还需要注意遵守相关的版权标识和声明要求，确保用户能够明确了解作品的版权归属和使用条件。

通过遵守法定许可规定，图书馆不仅可以确保自身的合法权益不受侵犯，还能够为用户提供更加丰富、优质的数字资源服务。同时，这也有助于促进作品的广泛传播和利用，推动文化事业的繁荣发展。

（3）数字资源的合法获取

图书馆可以通过购买方式获取数字资源。随着科技的飞速发展，数字资源的种类和数量日益增多，涵盖了图书、期刊、论文、多媒体资料等多个领域。图书馆可以通过与各大出版机构、数字资源提供商合作，购买其提供的正版数字资源，从而确保资源的合法性和可靠性。购买数字资源不仅有助于图书馆丰富馆藏，还能为用户提供更多元化的阅读选择。

图书馆还可以通过授权方式获取数字资源。在数字资源日益普及的今天，许多机构和个人都愿意将其创作的作品进行数字化并分享给广大用户。图书馆可以与这些机构或个人签订授权协议，获得其作品的数字版权，进而将其纳入馆藏范围。这种方式不仅有助于保护创作者的权益，还能让图书馆获取到更多独特、珍贵的数字资源。

（4）版权声明的准确性

首先，图书馆在提供数字资源时，应明确标注版权人信息。版权人是拥有作品版权的个人或组织，他们享有作品的复制、发行、展览、表演、放映、广播、信息网络传播等权利。图书馆在标注版权人信息时，应确保准确无误，以便用户能够明确了解资源的版权归属。

其次，版权年份也是图书馆在标注版权信息时不可忽视的一部分。版权年份通常指的是作品首次发表或创作的年份，它对于确定作品的保护期限和判断侵权行为具有重要意义。图书馆应准确标注版权年份，以便用户了解资源的保护期限，避免因误用而引发版权纠纷。

最后，图书馆还应提供清晰的版权声明。版权声明是对作品版权状况的一种说明，它通常包括作品的授权范围、使用方式、禁止行为等内容。图书馆在提供数字资源时，应附上清晰的版权声明，使用户能够明确了解资源的使用规则和限制，从而避免产生不必要的法律纠纷。

（5）许可协议的使用

首先，许可协议通常详细规定了数字资源的使用范围。这包括但不限于资源的访问权限、使用方式以及传播渠道等。图书馆应确保在协议规定的范围内合理使用数字资源，不得超出许可范围进行非法复制、传播或用于商业目的。同时，图书馆还需关注协议中对于资源使用方式的限制，如是否允许下载、打印或转发等，以避免因违规操作而引发的法律风险。

其次，许可协议会明确数字资源的使用期限。这通常涉及资源的有效期限、续约条件以及终止协议的相关事宜。图书馆应关注协议中的这些条款，确保在资源使用期限届满前与数字资源提供商进行及时沟通，以便续约或寻求其他解决方案。此外，图书馆还应了解协议中关于终止条款的规定，以便在必要时采取相应措施维护自身权益。

最后，许可协议中还会涉及费用问题。这包括数字资源的购买费用、使用费用以及可能的额外费用等。图书馆应认真核对协议中的费用条款，确保费用合理且符合预算要求。同时，图书馆还应关注协议中对于费用支付方式和时间的规定，以便按时支付费用并避免产生不必要的纠纷。

2.数字版权管理技术的应用

（1）数字资源的加密与授权

数字版权管理技术是一种综合性的技术手段，旨在保护数字内容的版权和知识产权。通过采用先进的加密算法和授权机制，该技术可以有效地防止数字资源的非法复制、传播和使用。在图书馆领域，数字版权管理技术可以应用于电子图书、期刊、论文等各类数字资源的保护和管理。

其中，数字资源的加密是确保版权安全的重要一环。通过采用先进的加密算法，图书馆可以将数字资源转换为一种特殊的编码形式，只有掌握相应密钥的用户才能对其进行解密和访问。这样一来，非法用户即便获得了数字资源的副本，也无法正常打开和使用，从而有效地杜绝了侵权行为的发生。

　　授权管理是实现数字资源合法使用的重要手段。图书馆可以根据用户的身份和权限，为其分配相应的数字资源使用权限。这些权限可以包括阅读、下载、打印等不同的操作，以满足用户的不同需求。同时，图书馆还可以对用户的访问行为进行监控和管理，确保数字资源的使用符合规定和约定。

　　在实际应用中，图书馆通常会采用专门的数字版权管理系统来实施数字资源的加密和授权。这些系统可以根据图书馆的具体需求进行定制和配置，实现数字资源的自动化管理和监控。同时，这些系统还可以与其他系统进行集成，如用户信息管理系统、借阅管理系统等，以实现数字资源的全面管理和服务。

　　（2）用户跟踪

　　用户跟踪是数字图书馆业务管理系统中一项至关重要的功能。通过这一功能，图书馆能够对用户的行为和需求进行监测与分析，进而实现对数字对象的全面管理与控制。在数字化时代，图书馆不仅承载着传统的纸质资源，还涵盖了大量的数字对象，如电子书籍、期刊、多媒体资源等。这些数字对象的管理和分发需要借助先进的技术手段来确保版权安全、资源有效利用以及用户服务的优化。

　　在内容分发方面，数字图书馆业务管理系统通过在线平台将数字对象推送给用户。用户可以通过登录系统，随时随地访问所需的数字资源。同时，系统还提供了多种格式和设备的适配，确保用户在不同设备和场景下都能获得良好的阅读体验。

　　在保护数字版权方面，数字图书馆业务管理系统采用了先进的数字版权管理技术。这些技术可以对数字对象进行加密和授权，确保只有授权用户才能访问和使用。此外，系统还通过用户跟踪功能，对用户行为进行实时监控和记录。这样，图书馆就可以有效防止版权侵权行为的发生，并在发现违规行为时及时采取措施进行制止。

　　在用户跟踪方面，数字图书馆业务管理系统通过记录用户的登录信息、访问记录、操作行为等数据，实现了对用户的全面跟踪。这些数据不仅有助于图书馆了解用户的使用习惯和需求，还可以为图书馆优化服务提供有力的支持。例如，图书馆可以根据用户的访问记录，推荐相关的数字资源；根据用户的操作行为，改进系统的功能和界面设计。

此外，用户跟踪功能还支持借阅期内防止版权侵权、到期自动归还等功能。在借阅期内，系统会对用户的访问和使用行为进行严格的监控，一旦发现违规行为，如非法复制、传播等，系统会立即采取措施进行制止。同时，在借阅期到期时，系统会自动将数字对象从用户的设备上收回，确保资源的有效利用和版权安全。

3. 法律合规与责任追究

（1）法律合规的监控

图书馆应制定详细的数字资源使用政策，明确用户在使用数字资源时应遵守的规定。这些规定包括但不限于用户需遵守知识产权法律法规，不得擅自复制、传播或用于商业用途；用户应尊重数字资源的版权和隐私权，不得侵犯他人的合法权益；用户还需遵守图书馆的管理规定，如按时归还、不得损坏数字资源等。

图书馆应密切关注相关法律的变化和发展趋势，确保数字资源的管理与使用符合法律要求。随着数字化技术的不断进步和法律法规的不断完善，图书馆需要不断更新和完善数字资源使用政策，以适应新的法律环境。此外，图书馆还应加强对用户的法律教育，提高用户的法律意识和合规意识，促进用户自觉遵守数字资源使用规定。

在实际操作中，图书馆可以通过多种方式来加强法律合规的监控。

第一，图书馆可以设立专门的法律合规部门或岗位。这个部门或岗位的主要职责是负责数字资源使用政策的制定、更新和解释工作。他们需要深入了解相关的法律法规和版权要求，根据图书馆的具体情况，制定合适的政策并定期更新。同时，他们还需要向图书馆员和用户提供相关的政策解读和咨询服务，帮助大家更好地理解和遵守这些规定。

第二，图书馆可以建立数字资源使用日志系统。这个系统可以记录用户的使用行为和操作轨迹，包括访问时间、访问内容、下载次数等详细信息。通过对这些数据的分析，图书馆可以及时发现和处理违规行为，如未经授权的下载、复制和传播等。同时，这个系统还可以为图书馆提供有关用户使用习惯和需求的有价值信息，帮助图书馆优化数字资源服务。

第三，图书馆还可以加强与版权方、法律机构等外部机构的合作。通过与这些机构的沟通和协作，图书馆可以更好地了解版权要求和法律法规的变化，及时调整自己的服务策略。同时，这些机构也可以为图书馆提供法律支持和指导，帮助图书馆应对可能出现的法律纠纷和诉讼。

（2）责任追究机制

图书馆应建立一套完善的责任追究流程。在发现违规行为后，图书馆应立即展开调查，收集相关证据，并依据法律法规对责任人进行初步认定。随后，图书馆应将调查结果和相关证据提交给相关部门，由其依法进行进一步处理。这一流程确保了责任追究的公正性和透明度，避免了因人为素导致的偏差和错误。

图书馆在责任追究过程中应采取多种措施，以维护数字资源的版权和知识产权。一方面，图书馆可以通过行政处罚手段，对违规责任人进行取消借阅资格等处罚，以起到警示和震慑作用。另一方面，图书馆还可以通过民事赔偿手段，要求违规责任人赔偿因侵权行为给版权所有者带来的经济损失。这些措施的实施，既体现了法律的威严，也保护了版权所有者的合法权益。

第六章　数字图书馆发展趋势与挑战

第一节　发展趋势预测

一、内容多样化

随着信息技术的迅猛发展，人们对信息的需求日益多样化。传统的文本资料虽然具有深厚的文化底蕴和学术价值，但已无法满足现代用户对于直观、生动、多元化信息的需求。因此，数字图书馆纷纷引入音频、视频、图片等多种形式的资料，以丰富其内容，提高用户体验。例如，一些历史类图书配上生动的图片和解说视频，能够让用户更加直观地了解历史事件和人物；而一些科学类论文则通过图表、动画等形式展示研究成果，使用户更容易理解复杂的科学原理。

数字图书馆的内容多样化还促进了学术交流和知识创新。通过数字图书馆的平台，不同领域的学者可以共享和交流自己的研究成果，从而推动学术进步。同时，多样化的内容也为研究者提供了更为丰富的素材和灵感来源，有助于他们开展更具创新性的研究工作。

二、平台开放化

平台开放化意味着数字图书馆在资源共享和互联互通方面取得了显著进步。传统的图书馆虽然拥有大量的藏书，但受限于物理空间和时间，无法充分满足用户的需求。而数字图书馆的开放平台打破了这些限制，使得用户可以随时随地访问丰富的数字资源。此外，开放平台还促进了图书馆之间的资源共享，通过数据交换和协作，实现了资源的最大化利用。

平台开放化为数字图书馆带来了更多的创新可能。在开放平台上，图书馆可以引入先进的技术和工具，提升服务质量和效率。例如，利用大数据分析和人工智能技术，可以对用户的阅读习惯和需求进行精准分析，为用户提供个性化的推荐服务。同时，开放平台也鼓励开发者参与图书馆服务的开发和创新，从而推动图书馆服务的不断升级和完善。

三、技术智能化

随着人工智能、大数据、物联网等技术的不断发展和应用，数字图书馆在资源管理、服务提供、用户体验等方面实现了显著的智能化提升。

（一）智能化馆藏管理系统

OCR 技术，全称为光学字符识别技术，是一种通过扫描纸质文档，将图像中的文字信息转化为可编辑、可搜索的电子文本的技术。在数字图书馆中，OCR 技术的应用使得纸质书籍能够自动转化为电子文档，从而实现了自动化的书目录入。

这一技术的引入，极大地减轻了图书馆员的工作负担。传统图书馆的书目录入工作需要耗费大量的人力、物力和时间，而 OCR 技术则能够快速地完成这一工作，极大地提高了工作效率。图书馆员不再需要逐页翻阅书籍，手动输入书名、作者、出版社等信息，而是可以通过扫描设备将整本书籍快速录入系统，极大地提高了录入的速度和准确性。

除减轻工作负担和提高效率外，OCR 技术还为数字图书馆带来了更多的可能性。通过 OCR 技术，数字图书馆可以将大量的纸质书籍转化为电子文档，形成数字化的资源库。这些电子文档不仅可以在线阅读，还可以进行全文检索、关键词搜索等操作，方便用户快速获取所需信息。

（二）智能化借阅服务

首先，图书馆 App 或网站提供了丰富的图书资源供用户选择。用户只需在手机上或电脑上轻轻一点，即可浏览到图书馆内海量的藏书信息。无论是文学名著、科技专著还是学术论文，都能轻松找到。而且，这些资源都是实时更新的，确保了用户能够获取到最新的知识和信息。

其次，在线预约和借阅操作方便快捷。用户只需在 App 或网站上填写自己的借阅信息，选择想要借阅的图书，并确认借阅时间即可。图书馆员会根据用户的预约信息进行图书的整理和准备，确保在约定的时间内将图书送达用户手中。这样，用户就无须亲自前往图书馆排队等待办理借阅手续，节省了宝贵的时间。

此外，在线预约和借阅还能够帮助图书馆更好地管理图书资源。通过统计和分析用户的借阅数据和偏好，图书馆可以更加精准地了解用户的需求，进而优化藏书结构和服务模式。同时，图书馆还能够根据用户的借阅记录进行个性化推荐，为用户提供更加贴心的服务。

（三）智能化学习空间管理

1. 智能导览与定位

（1）智能导览系统

a. 交互式布局图

通过图书馆的智能终端或移动应用，用户可以访问图书馆的交互式布局图。该布局图能够清晰地展示图书馆的各个楼层、区域、书架布局以及服务点等。

用户可以放大、缩小、拖动布局图，以便更细致地查看图书馆的各个部分。

b. 区域介绍

先进的智能导览系统针对图书馆内的每一个区域，都提供了详尽而全面的介绍信息，这些信息通常包括区域的功能定位、藏书特点、空间布局等。在智能导览系统的帮助下，用户只需点击布局图上的特定区域，即可迅速获取该区域的详细介绍，能够更好地了解图书馆的资源分布和使用情况。

智能导览系统还具备强大的交互功能。用户可以通过系统查询图书馆的借阅记录、预约图书、参与线上活动等，实现了线上线下无缝对接。此外，智能导览系统还为图书馆员提供了极大的便利。他们可以通过系统实时了解图书馆内各个区域的资源使用情况，及时调整资源分配，确保资源的充分利用。同时，系统还能帮助图书馆员分析用户的阅读习惯和需求，为图书馆的改进和发展提供有力的数据支持。

c. 导览路径规划

智能导览系统作为现代图书馆、博物馆等场所的重要辅助工具，不仅提供了丰富的导览信息，更拥有强大的路径规划功能。用户在参观或学习的过程中，只需简单输入目的地，如特定的书架、阅览室或其他功能区，智能导览系统便能迅速根据当前位置和目的地，为用户规划出最优的导览路径。

这一路径规划功能充分利用了先进的地图技术和算法，确保规划的路径既短捷又合理。用户在输入目的地后，系统会在后台进行实时计算，综合考虑各种因素，如楼层分布、通道走向、障碍物等，以确保规划的路径既符合实际情况，又能最大限度地节省用户的时间和精力。

此外，智能导览系统在展示路径时，采用了图形化方式，使用户能够一目了然地了解整个路径的走向和布局。同时，系统还辅以详细的文字说明和箭头指示，让用户在行走过程中能够随时查看和核对，确保不会走错方向或错过目的地。

除基本的路径规划功能外，智能导览系统还具备一些高级特性，如实时定位、语音提示等。这些特性不仅提高了系统的便捷性和实用性，也使得用户在参观或学习的过程中能够享受到更加智能化、人性化的服务。

（2）实时定位服务

a. 位置感知

在现代科技日新月异的时代，物联网技术的快速发展为各行各业带来了前所未有的机遇。特别是在图书馆行业，物联网技术的运用为图书馆管理带来了革命性的变革。其中，利用物联网技术（如蓝牙信标、Wi-Fi 定位等）实现用户的实时定位，不仅提升了图书馆的服务水平，也进一步优化了用户的阅读体验。

① 蓝牙信标

蓝牙信标，作为一种低功耗的无线设备，近年来在各个领域得到了广泛的应用。其独特的功能，即能够向附近的智能终端发送信号，从而实现精准定位，为各行各业带来了前所未有的便利。特别是在图书馆中，蓝牙信标的应用更是为提升服务质量、优化用户体验发挥了重要作用。

在图书馆中，蓝牙信标的应用构建了一个覆盖全馆的无线定位网络。通过在各个区域精心部署蓝牙信标，图书馆可以实现对整个馆区的全面覆盖。这些蓝牙信标像是图书馆中的隐形守护者，默默地为用户提供着定位服务。

当用户携带智能终端进入图书馆时，智能终端会自动与附近的蓝牙信标进行连接。这种连接是快速且稳定的，确保了用户在图书馆内的无缝定位体验。一旦连接成功，智能终端会将位置信息实时上传至图书馆的定位系统。这些位置信息包括用户所在的楼层、区域以及具体的书架或座位等，为图书馆提供了丰富的数据支持。

图书馆的定位系统会根据接收到的位置信息，对用户的位置进行实时跟踪和记录。这种跟踪和记录是高度精确的，可以实时反映用户在图书馆内的活动轨迹。图书馆可以利用这些数据来分析用户的阅读习惯和偏好，为后续的服务改进提供有力依据。

此外，蓝牙信标的应用还为图书馆提供了更多的可能性。例如，图书馆可以根据用户的位置信息推送相关的书籍推荐、活动通知等个性化服务。这种服务方式不仅提高了图书馆的服务质量，也增强了用户的阅读体验。同时，蓝牙信标还可以用于图书馆的防盗系统，通过实时监测用户的位置信息，能够及时发现异常情况并采取相应的措施。

② Wi-Fi 定位技术

Wi-Fi 定位技术作为现代图书馆实现用户实时定位的关键工具，以其独特的优势在图书馆管理中发挥着日益重要的作用。这种技术通过无线网络信号的强度和传输延迟等参数，对智能终端的位置进行精确推算，为图书馆提供了一种高效、准确的定位方式。

在图书馆内，Wi-Fi 定位技术的运用主要依赖于精心部署的 Wi-Fi 定位设备。这些设备通过接收来自智能终端的无线信号，能够实现对用户的无线定位。与传统的定位方式相比，Wi-Fi 定位技术具有覆盖范围广、定位精度高等显著优点。无论是在图书馆的大厅、阅览室还是走廊，只要智能终端处于 Wi-Fi 信号的覆盖范围内，都可以实现精确的定位。

此外，Wi-Fi 定位技术还具有较高的灵活性。由于 Wi-Fi 网络在现代生活中已经普及，因此图书馆无须投入大量资金进行基础设施建设，只需在现有网络基础上增加定位设备即可。这不仅降低了实施成本，还使得 Wi-Fi 定位技术在各类图书馆中得到了广泛应用。

在实际应用中，Wi-Fi 定位技术为图书馆带来了诸多便利。

首先，Wi-Fi 定位技术为图书馆管理借阅行为提供了强有力的支持。通过实时监测用户的位置信息，图书馆可以获取大量关于用户借阅偏好和阅读习惯的数据。这些数据可以帮助图书馆更加精准地了解用户的需求，从而有针对性地优化图书资源的配置。例如，图书馆可以根据用户的借阅偏好，对热门图书进行增加库存或调整摆放位置，以便用户能够更快速地找到所需的书籍。同时，图书馆还可以根据用户的阅读习惯，制定更加人性化的借阅规则和服务，如延长借阅时间、提供预约服务等，以满足用户的个性化需求。

其次，Wi-Fi 定位技术还能够帮助图书馆更好地管理用户流量。在高峰期，图书馆可以通过实时监测用户的位置信息，了解各个区域的拥挤程度，从而及时调整座位布局或增设临时阅读区，以缓解人流压力。这不仅提升了用户的借阅体验，还避免了因人流拥挤而引发的安全隐患。

再次，Wi-Fi 定位技术在提高图书馆安全性方面也发挥了重要作用。在紧急情况下，如火灾、地震等突发事件，图书馆可以迅速利用 Wi-Fi 定位技术定位到需要帮助的人员，为救援工作提供有力支持。通过实时监测用户的位置信息，图书馆可以迅速确定被困人员的具体位置，为救援人员提供准确的救援路径和救援方案。这不仅提高了救援效率，还降低了因救援不及时而造成的损失。

最后，Wi-Fi 定位技术还可以用于图书馆的防盗工作。图书馆可以通过实时监测用户的位置信息，发现那些长时间停留在某一区域或频繁进出特定区域的异常行为，从而及时采取措施防止图书丢失或损坏。

b. 位置查询

在数字图书馆中，智能终端扮演着关键的角色。用户只需轻轻一点，便能启动位置查询功能。系统会迅速捕捉并处理读者的位置信息，随后以图形化的方式将其展示在布局图上。这张布局图宛如一张详尽的地图，标注着图书馆内的各个角落，包括书架、阅读区、休息区等。而用户的位置则以醒目的标识标出，让用户一目了然。

这种图形化的展示方式使用户能够直观地了解自己在图书馆中的位置。无论是初次踏入图书馆的新手，还是经常光顾的老用户，都能迅速找到自己的所在。

除了帮助读者定位自己，这一功能还能为用户提供其他便利。例如，当用户想要前往某个特定的书架或阅读区时，只需在智能终端上输入目的地，系统便会为用户规划出最优的路线。这不仅节省了用户的时间，还避免了在图书馆中迷失方向的尴尬。

c. 位置分享

当用户在图书馆内寻找书籍时，可能会因为不熟悉图书馆的布局而迷失方向。此时，只需启用位置分享功能，用户便能迅速将自己的位置信息发送给图书馆员或朋友。这样，图书馆员或朋友便能根据位置信息快速定位到用户的位置，提供及时的帮助或进行书籍的推荐和分享。

位置分享功能还有助于在紧急情况下迅速寻求帮助。例如，当用户在图书馆内突然感到身体不适或遭遇其他突发状况时，可以通过位置分享功能迅速通知图书馆员或朋友。他们能够根据位置信息迅速赶到现场，提供必要的援助和支持。

除紧急求助外，位置分享功能还能促进用户之间的交流和协作。在图书馆这样一个充满学术氛围的环境中，用户之间经常会有学术讨论、观点交流等需求。通过位置分享功能，用户可以方便地找到志同道合的伙伴，一起探讨学术问题、分享学习心得。这不仅能够拓宽用户的视野和思路，还能增进彼此之间的友谊和合作。

（3）智能提醒与导航

a. 图书位置提醒

当用户在智能终端上搜索特定图书时，智能导览系统便会发挥其独特作用。这个系统通过与图书馆的图书管理系统相连接，能够实时获取图书的位置信息。一旦用户输入图书的名称或 ISBN 号，系统便会迅速检索数据库，并找到该图书当前的所在位置。

智能导览系统会通过多种方式为用户提供位置提醒。系统会首先明确告诉用户图书所在的书架编号，这对于大型图书馆尤为重要，因为每个书架都承载着大量的图书，没有明确的编号指引，用户很难快速找到目标图书。此外，系统还会告知用户图书所在的楼层，这在多层结构的图书馆中尤为关键。有了这些信息，用户便可以避免在楼层间盲目寻找，从而节省大量时间。

除了提供书架编号和楼层信息，智能导览系统还会为用户提供具体的导航路径。这通常包括从当前位置到目标书架的详细路线，包括需要走过的走廊、经过的楼梯或电梯等。有些先进的系统甚至能够支持语音导航，让用户在行走过程中也能轻松获取指引。

智能导览系统的图书位置提醒功能不仅提高了图书馆的服务效率，也为用户带来了极大的便利。在以前，用户可能需要在图书馆内耗费大量时间寻找特定的图书，而现在，只需在智能终端上轻轻一点，便可获得准确的位置信息和导航路径。这不仅节省了用户的时间，也让他们能够更加专注于阅读和学习。

b. 活动导航

智能导览系统可以根据用户的兴趣偏好以及活动的时间、地点等信息，为用户提供个性化的活动导航服务。借助智能导览系统，用户可以轻松了解到图书馆内正在举办的各类活动，从而根据自己的需求进行选择。

智能导览系统通过先进的技术手段，为用户提供了详细的活动信息。系统会告诉用户活动的具体名称、主题、主讲嘉宾等，让用户对活动有一个初步的了解。同时，系统还会根据活动的地点，为读者规划出最佳的到达路径，包括具体的楼层、走廊、楼梯等信息。只需按照系统的指引，就可以轻松找到活动的举办地点。

除提供活动的具体位置和路径外，智能导览系统还会告知用户活动的时间安排。系统会提醒读者活动的开始时间和结束时间，以及是否需要提前预约或购票等信息。可以根据自己的时间安排，合理安排参加活动的时间，避免错过精彩的讲座或展览。

2. 智能环境调节

（1）智能环境调节系统具备强大的数据收集和处理能力

智能环境调节系统通过遍布图书馆的传感器设备，实时收集温度、湿度和光线等关键数据。这些传感器不仅具有高度的灵敏性和准确性，而且能够覆盖图书馆的各个角落，确保数据的全面性和可靠性。一旦收集到数据，系统会立即将这些信息传输到中央控制系统。

中央控制系统是智能环境调节系统的核心，它具备强大的数据处理和分析能力。当接收到传感器传来的数据时，中央控制系统会根据预设的算法和模型，对这些数据进行深入的处理和分析。这些算法和模型是基于大量的历史数据和专家知识构建的，能够准确地反映图书馆内环境参数的变化规律。

通过分析这些数据，中央控制系统能够得出最佳的环境调节方案。例如，当系统检测到图书馆内的温度过高时，它会自动调整空调的温度设定，降低室内温度；当湿度过低时，系统会自动开启加湿器，增加室内湿度；当光线不足时，系统会自动调节照明设备的亮度，确保用户能够在舒适的光线下阅读。

除实时调节环境参数外，智能环境调节系统还具有智能化的学习和优化功能。它能够根据用户的使用习惯和反馈，不断优化调节方案，提高环境调节的准确性和舒适度。同时，系统还能够将历史数据和调节方案进行保存和分析，为未来的环境调节提供宝贵的经验和参考。

（2）智能环境调节系统具有高度的自动化和智能化水平

首先，智能环境调节系统具有强大的自动调节能力。一旦系统根据图书馆内的实时环境数据，以及用户的需求和偏好，确定了最佳的环境调节方案，它就会立即自动控制空调、加湿器、灯光等设备，对图书馆内的温度、湿度、光线等环境因素进行精准调节。这种自动调节的过程完全无须人工干预，极大地提高了调节的效率和准确性。

其次，智能环境调节系统还具备高度的个性化设置能力。系统可以根据不同用户的需求和偏好，对图书馆内的环境进行个性化调节。例如，对于喜欢安静阅读的用户，系统可以降低灯光亮度、减小空调噪声；而对于需要集中精力的用户，系统则可以提高灯光亮度、调整室内温度至最适宜的状态。这种个性化设置不仅提升了用户的阅读体验，还体现了系统对人性化需求的关注。

最后，智能环境调节系统还能根据时间、季节等因素进行智能调整。在不同的时间段和季节里，图书馆内的环境需求也会有所变化。系统能够智能识别这些变化，并自动调整环境参数，确保图书馆内的环境始终保持在最佳状态。例如，在冬季，系统会自动提高室内温度，避免读者感到寒冷；而在夏季，系统则会降低室内温度，并开启加湿器以保持室内湿度适宜。

（3）智能环境调节系统还可以与其他智能化设备和服务进行联动

智能环境调节系统能与图书馆的借阅系统紧密结合。借阅系统记录了每位用户的借阅记录和阅读习惯，而智能环境调节系统则可以根据这些数据，为每位用户推荐更加适合的阅读环境。

智能环境调节系统还可以与图书馆的其他智能化服务进行联动。例如，当系统检测到图书馆内人数较多时，它可以自动开启空气净化设备，确保室内空气的清新和流通；同时，它还可以与图书馆的导览系统相结合，为用户提供更加精准的导航和位置指引。

四、市场规模持续扩大

随着数字化阅读的普及和用户对信息需求的增长，数字图书馆的市场规模也在不断扩大。据统计，近年来数字图书馆的用户数量呈现出快速增长的趋势，而市场规模更是呈现出爆发式的增长态势。预计未来几年，数字图书馆行业将继续保持高速增长，市场规模将超过万亿元，成为推动全民阅读和文化建设的重要力量。

数字图书馆之所以能够取得如此巨大的市场成功，除了其便捷性和高效性，还得益于其独特的优势。首先，数字图书馆打破了传统图书馆的时空限制，用户可以随时随地进行阅读，不再受限于图书馆的开放时间和地点。其次，数字图书馆提供了个性化的阅读推荐服务，根据用户的阅读习惯和兴趣偏好，为其推荐合适的书籍和资料，提高了阅读的针对性和深度。最后，数字图书馆还具备强大的检索功能和数据分析能力，可以帮助用户快速找到所需信息，并对数据进行深入分析和挖掘。

五、政策支持、投入增加与加强监管

（一）政策支持

在政策支持方面，国家将继续出台一系列详尽而具体的政策文件，为数字图书馆行业的发展提供全方位的有力保障。这些政策文件不仅明确了数字图书馆行业的发展战略、目标和重点任务，为各级政府和相关部门提供了清晰的指导和依据，还深入考虑了行业的创新发展需求，鼓励和支持新技术、新应用、新业态在数字图书馆领域的深入探索和实践。

首先，这些政策文件将详细阐述数字图书馆行业的发展战略和目标，明确其作为信息化时代知识传播和文化建设的重要载体，应如何更好地服务于公众的学习、研究和娱乐需求。同时，文件还将对行业的重点任务进行细化，包括数字资源的整合、服务模式的创新、技术标准的统一等，以确保数字图书馆行业的有序发展。

其次，政策将特别关注数字图书馆行业的创新发展。随着科技的飞速发展，新技术、新应用和新业态不断涌现，为数字图书馆行业带来了巨大的发展机遇。政策文件将鼓励各级政府和相关部门积极支持数字图书馆行业的技术创新和模式创新，推动新技术、新应用在数字图书馆领域的广泛应用，促进数字图书馆行业的转型升级。

最后，政策还将关注数字图书馆行业的人才培养和队伍建设。数字图书馆行业的发展离不开高素质的人才支持，政策将鼓励高校和科研机构加强数字图书馆相关专业人才的培养，同时推动数字图书馆行业与相关产业的深度融合，吸引更多优秀人才投身数字图书馆事业。

（二）投入增加

在投入增加方面，国家将多渠道筹措资金，专项用于数字图书馆工程的建设和运营。这些资金将主要用于以下几个方面。

首先，资金将用于数字图书馆的基础设施建设。这包括硬件设备的购置、网络环境的优化以及数据中心的建设等。通过基础设施建设，可以确保数字图书馆拥有稳定可靠的运行环境，为公众提供持续、高效的信息服务。

其次，资金将用于数字化资源建设。这包括将传统文献资源进行数字化处理，将其转化为可在网络上进行浏览、检索和下载的电子资源。同时，还将积极引进国内外优秀的数字资源，丰富数字图书馆的内容，满足公众的多样化需求。

再次，技术研发与升级也是资金投入的重要方向。随着技术的不断进步，数字图书馆需要不断更新和升级技术，以适应新的信息服务需求。国家将支持数字图书馆在数据挖掘、人工智能、大数据分析等领域进行技术创新和研发，提升数字图书馆的技术含量和服务水平。

最后，人才培养也是资金投入的重要一环。数字图书馆的建设和运营需要一支高素质、专业化的队伍来支撑。国家将加大对数字图书馆人才的培养力度，通过举办培训班、开展学术研究等方式，提高数字图书馆人员的业务水平和创新能力。

（三）加强数字图书馆行业的监管和规范

近年来，随着信息技术的迅猛发展，数字图书馆行业逐渐成为文化事业发展的重要支撑。为了更好地促进这一行业的健康有序发展，国家将进一步加强数字图书馆行业的监管和规范。

首先，国家将建立健全相关法律法规和标准规范，为数字图书馆行业的发展提供坚实的法治保障。这些法规将针对数字图书馆建设、运营、维护等方面制定详细的规定，明确各方职责和权益，防止市场乱象的发生。同时，标准规范也将对数字图书馆的技术、服务、管理等方面提出明确要求，确保数字图书馆的服务质量和水平。

其次，国家将加强对数字图书馆行业的监管和管理，确保行业的健康发展。这包括对数字图书馆的建设、运营和维护进行监督检查，对违规行为进行查处和纠正。同时，还将建立数字图书馆行业的评估机制，定期对数字图书馆的服务质量、技术水平、管理效率等进行评估，以促进行业的自我完善和提升。

最后，国家还将加强与国际数字图书馆行业的交流与合作，引进国外先进的理念和技术，推动我国数字图书馆行业的国际化发展。通过与国际同行的交流与合作，可以学习借鉴国际上的先进经验和技术，提升我国数字图书馆行业的整体水平和竞争力。

具体来说，国家可以组织举办国际数字图书馆论坛、研讨会等活动，邀请国内外专家、学者和企业代表共同探讨数字图书馆行业的发展趋势和前沿技术。同时，还可以加强与国际数字图书馆组织的合作，共同制定国际标准和规范，推动全球数字图书馆行业的协同发展。

第二节　面临的挑战与应对策略

一、数字图书馆发展面临的挑战

（一）数字化和开放获取的挑战

随着数字技术的发展，图书馆需要更多地转向数字化资源和开放获取资源。这带来了资源管理和技术支持方面的挑战，要求图书馆加强数字化资源的管理和服务能力，拓展开放获取资源的获取渠道。

（二）用户服务模式的挑战

1. 信息过载

在数字化时代，信息呈爆炸式增长，使得用户面临着海量的信息选择。然而，过多的信息不仅增加了用户筛选和甄别的难度，还可能导致用户产生信息焦虑。因此，数字图书馆需要建立有效的信息筛选和推荐机制，帮助用户快速找到所需的信息，提高用户体验。

2. 技术更新

随着大数据、人工智能等技术的不断发展，数字图书馆需要不断更新和升级其技术和服务模式，以满足用户日益增长的需求。然而，技术更新往往伴随着成本投入的增加和风险控制难度的提升。因此，数字图书馆需要在技术更新与用户需求之间找到平衡点，确保服务质量和效率的提升。

二、应对策略

（一）加强数字化资源管理和服务能力

建立完善的数字化资源平台意味着需要对各类资源进行数字化处理，以便更好地保存、展示和传播。在图书馆领域，数字化馆藏已成为一项重要的工作。通过扫描、拍照等技术手段，将纸质文献转化为电子文档，不仅可以节省大量存储空间，还能让用户随时随地通过网络访问这些资源。此外，数字化阅读也逐渐成为人们的阅读新方式。电子书籍、期刊、报纸等数字化阅读材料的出现，不仅丰富了阅读内容，还提高了阅读的便捷性。

除提供数字化服务外，强化数据管理和知识服务能力也是数字化资源平台建设的重要环节。通过建立数据管理系统，相关人员可以对各类数据进行整合、存储、分析和挖掘，从而提取出有价值的信息和知识。这些数据可以用于支持决策制定、学术研究、市场分析等多个领域。同时，知识服务平台的建设也至关重要。它能为用户提供知识检索、学术交流等服务，促进知识的共享和传播。

（二）优化和创新用户服务模式

1. 加强信息筛选和推荐技术

在海量信息中，筛选出有价值、准确的信息并推荐给用户，是提升用户体验的关键。数字图书馆可以利用自然语言处理、机器学习等先进技术，对信息进行深度挖掘和分析，提取出用户感兴趣的主题和关键词，从而为用户推荐更加精准的内容。同时，通过对信息来源和质量进行严格的审核和筛选，可以确保信息的真实性和准确性，提高用户对数字图书馆的信任度。

2.加大技术投入和研发力度

随着技术的不断进步，数字图书馆需要不断更新和升级自身的技术体系，以适应新的信息获取方式和用户需求。

首先，加强基础设施建设是数字图书馆技术升级的关键一环。随着大数据时代的到来，数字资源的数量呈爆炸式增长，对存储和计算能力提出了更高的要求。因此，数字图书馆需要投入更多的资源，建设高性能的存储设备和计算中心，以应对海量数据的存储和处理需求。同时，数字图书馆还应加强网络基础设施建设，提高网络带宽和稳定性，确保用户能够顺畅地访问和使用数字资源。

其次，优化检索算法也是数字图书馆技术升级的重要方面。随着用户信息需求的日益多样化，传统的检索方式已经无法满足用户的精准需求。因此，数字图书馆需要研发更加先进、智能的检索算法，提高检索速度和准确率。通过引入机器学习、自然语言处理等先进技术，数字图书馆可以实现对用户查询意图的准确理解，并快速返回相关度高的结果。

最后，开发智能化服务也是数字图书馆技术升级的重要方向。随着人工智能技术的快速发展，智能问答、语音交互等智能化服务已经成为数字图书馆提升用户体验的重要手段。通过引入智能问答系统，数字图书馆可以为用户提供更加精准、个性化的解答；而语音交互技术的应用则可以让用户通过语音指令轻松操作数字图书馆，提高使用便捷性。

（三）强化数字图书馆建设

首先，高端服务器的运用是数字图书馆建设的基石。这些服务器能够处理大量的数据请求，提供稳定、高速的访问体验。通过优化服务器的硬件配置和软件架构，可以确保数字图书馆系统能够承载更多的用户访问和数据存储需求。

其次，网络通信技术的应用为数字图书馆提供了强大的数据传输和共享能力。利用高速网络技术和数据压缩技术，可以实现数字资源的快速传输和共享，为广大用户提供便捷的访问服务。此外，网络通信技术的发展也为数字图书馆提供了远程访问和移动访问的可能，进一步扩大了数字图书馆的服务范围。

再次，存储系统作为数字图书馆的核心组成部分，承担着数字资源的存储和管理任务。利用先进的存储技术和大容量存储设备，可以确保数字资源的长期保存和高效管理。同时，存储系统还需要具备数据备份和恢复功能，以应对可能出现的数据丢失或损坏情况，保障数字资源的完整性和可靠性。

最后，先进的知识组织和调度系统是实现数字图书馆高效运作的关键。通过构建合理的知识组织体系，可以对数字资源进行科学的分类、整理和展示，方便用户查找和获取所需信息。而调度系统则负责根据用户的需求和系统的负载情况，合理分配资源，确保数字图书馆的稳定运行。

（四）关注特色资源建设

特色资源建设是图书馆资源建设的重要组成部分，它旨在将具有独特价值和专业特色的资源整合到图书馆内，以丰富图书馆现有资源，提升图书馆的学术影响力和竞争力。通过围绕特色优势学科进行专题数据采集，可以深入挖掘这些学科的内涵和特点，形成独具特色的资源库，为用户提供更为全面、专业的服务。

在进行特色资源建设时，需要注重数据的采集和整理。首先，要明确特色优势学科的范围和重点，确保数据采集的针对性和有效性。其次，要通过多种渠道搜集和筛选有价值的信息资源，包括学术论文、专著、专利、研究报告等，以确保资源的全面性和权威性。最后，要对采集到的数据进行整理、分类和标注，方便用户检索和使用。

建立特色数据库是特色资源建设的关键环节。特色数据库应具备以下特点：第一，数据丰富，涵盖特色优势学科的各个方面；第二，数据质量高，数据来源可靠、准确；第三，数据更新及时，能够反映学科发展的最新动态和趋势。在建立数据库的过程中，还可以引入先进的信息技术和数据分析方法，以提高数据处理的效率和准确性。

　　将用户有价值的资源整合到图书馆内是特色资源建设的最终目的。通过整合这些资源，可以为用户提供更加全面、专业的服务，满足他们在学术研究、学习交流等方面的需求。同时，这些资源的整合也有助于提升图书馆的知名度和影响力，吸引更多的读者和学者前来使用图书馆的资源和服务。

第七章　数字图书馆案例分析与经验借鉴

第一节　成功案例分析

一、江西省图书馆的智慧化建设

江西省图书馆近年来致力于新馆建设，以用户需求为导向，积极拥抱现代信息技术，推出了一系列数字化、智能化的创新服务，极大地提升了图书馆的服务效率和用户体验。

首先，江西省图书馆借助大数据技术，建立了图书馆大数据平台。这一平台通过收集和分析用户的借阅记录、阅读习惯、阅读喜好等数据，为图书馆提供了丰富的数据支持。图书馆可以根据这些数据，更加精准地推荐适合用户的图书，提供个性化的阅读服务。同时，大数据平台还可以帮助图书馆更好地了解用户的需求，优化图书采购和馆藏结构，提高图书馆的运营效率。

其次，江西省图书馆推出了"无感借还"智慧流通服务。这一服务利用先进的物联网技术和人脸识别技术，实现了用户在图书馆内的无感知借阅和归还。用户只需将图书放置在指定的借还书口，系统即可自动识别和记录图书信息，完成借阅或归还操作。这一服务不仅简化了借阅流程，减少了用户的等待时间，还提高了图书馆的流通效率。同时，"无感借还"服务还增强了图书馆的智能化水平，提升了用户的阅读体验。

再次，江西省图书馆还建设了图书馆服务数据智慧墙。这面智慧墙通过实时展示图书馆的各项服务数据，如借阅量、阅读时长、最受欢迎的图书等，让用户对图书馆的服务情况一目了然。智慧墙不仅为图书馆提供了直观的数据展示方式，还激发了用户的阅读兴趣，促进了图书馆与用户之间的互动。

此外，智能书架服务也是江西省图书馆的一大亮点。智能书架通过内置的传感器和识别技术，可以实时监测图书的摆放位置和借阅情况。当图书被取走或归还时，智能书架会自动更新图书信息，并将数据同步到图书馆的管理系统中。这一服务使得图书的管理和盘点工作变得更加高效便捷，减少了人力成本，提高了工作效率。

最后，江西省图书馆还推出了基于 5G 的图书馆空间网络服务。通过 5G 技术的高速率、低延迟特点，图书馆为用户提供了更加快速和稳定的网络服务。用户可以在图书馆内随时随地访问网络资源，享受更加便捷的阅读体验。同时，5G 技术还为图书馆的远程教育和在线活动提供了有力的技术支持，拓展了图书馆的服务范围和功能。

二、上海图书馆的数字阅读服务提升

上海图书馆近年来致力于强化信息网络设备，旨在为广大用户提供更加便捷、高效的服务体验。其中，云计算和 Wi-Fi 技术的广泛应用，极大地推动了无线移动阅读服务的普及和发展。

首先，上海图书馆通过引入云计算技术，实现了数字资源的集中存储和高效管理。云计算技术的应用，使得图书馆能够轻松应对大量数据的存储和访问需求，同时也提高了数据处理的速度和准确性。此外，云计算技术还使得数字资源的备份和恢复变得更加便捷，有效保障了数字资源的安全性和稳定性。

其次，Wi-Fi 技术的普及和应用，为无线移动阅读服务提供了强有力的支持。用户在图书馆内可以随时随地通过 Wi-Fi 连接到数字资源，实现无缝阅读和浏览。同时，图书馆还开发了专用的 APP，支持 iOS 和 Android 两大系统移动操作系统，使用户在图书馆外也能方便地使用图书馆的数字资源。该 APP 不仅提供了丰富的数字资源内容，还具备个性化推荐、智能搜索等功能，极大地提升了用户的阅读体验。

最后，上海图书馆还不断研究和优化基于浏览器的在线阅读体验。通过引入先进的网页技术和设计理念，图书馆推出了专门的数字阅读平台。该平台不仅具备清晰简洁的界面设计，还提供了多种阅读模式和排版方式，以满足不同用户的阅读需求。同时，图书馆还注重数字资源的版权保护和知识产权管理，确保用户在享受阅读乐趣的同时，也能够尊重原作者的权益。

三、福建省图书馆的个性化推荐系统

福建省图书馆作为福建省的文化地标之一，一直以来都致力于为广大用户提供优质的阅读服务。为了更好地满足用户的个性化需求，图书馆引入了一套先进的个性化推荐系统，该系统以大数据分析和机器学习技术为支撑，极大地提升了用户的阅读体验。

这套个性化推荐系统充分利用了福建省图书馆丰富的用户数据资源。通过对用户的借阅记录、浏览历史、阅读习惯等多维度数据进行深入挖掘和分析，系统能够精准地把握每位用户的阅读偏好和需求。在此基础上，系统能够为用户精准推荐符合其兴趣爱好的图书。

除推荐与用户兴趣相符的图书外，这套个性化推荐系统还具备预测未来阅读需求的能力。通过对用户的借阅行为和阅读习惯进行深度学习和分析，系统能够预测用户未来的阅读需求，并提前为其准备相关的图书资源。这种预测功能使得图书馆的服务更加贴心和及时，有效提升了用户的满意度。

该系统还具备智能分类和标签功能。通过对图书内容进行深度挖掘和分类，系统能够为用户提供多样化的图书选择。用户可以根据自己的兴趣或需求，通过标签快速找到感兴趣的图书类型或主题。这种智能分类和标签功能使得图书馆的图书资源更加易于查找和利用，极大地提升了用户的阅读效率。

这套个性化推荐系统还具有强大的自我学习和优化能力。随着越来越多的用户使用该系统，系统能够不断积累和优化数据模型，使得推荐结果更加精准和个性化。这种持续的学习和优化使得福建省图书馆能够不断满足用户的个性化需求，为其提供更加优质的阅读服务。

四、浙江省图书馆的智慧空间管理

浙江省图书馆在新馆建设中，以智慧空间管理为核心，积极引进物联网技术、传感器技术等先进手段，旨在实现图书馆空间资源的智能化管理，为用户提供更为优质、高效的阅读体验。

在智慧空间管理方面，浙江省图书馆采取了一系列创新举措。

首先，通过引入智能照明系统，图书馆实现了对光照亮度的自动调节。该系统能够根据不同区域的阅读需求，智能调节灯光亮度，为用户营造舒适、柔和的阅读环境。同时，智能温控系统也得以应用，通过自动调节室内温度，确保用户在四季都能享受到适宜的阅读温度。

其次，浙江省图书馆还采用了智能安防系统，实现了对图书馆全方位的监控与保护。该系统利用先进的摄像头、传感器等技术，对图书馆的入口、出口、书架等关键区域进行实时监控，有效防止了盗窃、损坏等行为的发生。同时，系统还具备智能报警功能，一旦发现异常情况，便会立即触发报警机制，确保图书馆的安全与稳定。

再次，浙江省图书馆还引入了智能导览系统和智能座位预约系统，为用户提供更加便捷的服务。智能导览系统通过电子显示屏、语音提示等方式，向用户展示图书馆的布局、设施及藏书情况，帮助用户快速了解并熟悉图书馆的环境。而智能座位预约系统则允许用户通过手机或电脑进行座位预约，有效避免了因座位紧张而导致的排队等待现象，提高了空间的利用率。

最后，浙江省图书馆还利用大数据技术，对空间使用情况进行实时监控和分析。通过收集并分析图书馆内的数据，管理者能够及时了解图书馆的繁忙时段、座位使用率等信息，从而有针对性地制定管理措施，提高空间利用率。此外，大数据技术还能为图书馆的未来发展规划提供有力支持，推动图书馆的可持续发展。

第二节　经验总结与借鉴

在以上的成功案例分析中，可以看到一些图书馆在智慧化建设方面取得了显著的成效。这些经验不仅为其他图书馆提供了宝贵的借鉴，也为已经进一步推动图书馆的智慧化进程提供了有力的支持。

　　首先，江西省图书馆的"无感借还"智慧流通服务极大地提升了图书馆的服务效率和用户体验。这一创新服务充分利用了现代信息技术的优势，使得用户在借阅和归还图书时无须排队等待，节省了时间，提高了效率。同时，这种服务方式也使得图书馆的借阅流程更加便捷、智能化，为用户提供了更好的阅读体验。

　　其次，上海图书馆通过强化信息网络设备，引入无线移动阅读服务，使得用户在图书馆外也能使用图书馆的数字资源。这一举措打破了传统图书馆的地域限制，使得图书馆的服务范围更加广泛。同时，上海图书馆还不断研究和优化基于浏览器的在线阅读体验，推出了专门的数字阅读平台，为用户提供了更加多样化的阅读选择。

　　再次，福建省图书馆的个性化推荐系统也值得人们借鉴。该系统利用大数据分析和机器学习技术，根据用户的借阅记录、浏览历史、阅读习惯等多维度数据，为用户提供精准、个性化的图书推荐。这种智能化的推荐方式不仅提高了图书馆的服务水平，也大大提升了用户的满意度和忠诚度。

　　最后，浙江省图书馆的智慧空间管理实践也为图书馆发展提供了有益的启示。通过引入物联网技术、传感器技术等先进手段，实现对图书馆空间资源的智能化管理，提高了空间的舒适度和安全性。同时，通过大数据技术对空间使用情况进行实时监控和分析，为管理者提供了有力的决策支持。

参考文献

[1] 孙琦. 数字化时代图书馆管理与服务问题研究 [J]. 电脑采购，2022（48）：112-114.

[2] 赵睿. 数字经济环境下图书馆管理与服务创新研究 [J]. 知识经济，2023，640（12）：111-113.

[3] 王家玲，查道懂，张春梅. 基于区块链的数字孪生图书馆管理与服务模式研究 [J]. 新世纪图书馆，2023（5）：63-69.

[4] 焦薇. 试论数字图书馆管理和服务模式的继承与创新 [J]. 电脑爱好者（校园版），2022（23）：221-222.

[5] 苏红英. 数字化图书馆阅读服务育人理念的践行——评《图书馆管理策略与阅读服务创新研究》[J]. 中国教育学刊，2023（7）：后插41.

[6] 李钰鑫，魏崇辉. 中国图书馆学专业期刊的刊文情况与研究热点 [J]. 图书馆学刊，2023，45（10）：94-99.

[7] 张靖. 数字孪生技术驱动下公共图书馆创新管理与服务探索 [J]. 河南图书馆学刊，2024，44（2）：55-57.

[8] 张浩，林晓欣，郭晶，等. 科技·人才·创新：变革教育背景下的高校图书馆发展——"第十六届图书馆管理与服务创新论坛"综述 [J]. 大学图书馆学报，2023，41（6）：50-55.

[9] 李欣欣，曹国如，徐畅. 高校图书馆数字化服务问题及策略研究 [J]. 科技资讯，2023，21（6）：185-188.

[10] 陈妍. 新时代图书馆数字化转型发展策略研究 [J]. 兰台内外，2024（1）：70-72.

[11] 杨建峰 . 射频识别技术在公共图书馆流通应用研究 [J]. 信息记录材料，
2023，24（2）：167-169.

[12]《河北科技图苑》编辑部 . 投稿指南 [J]. 河北科技图苑，2023，36（3）：封 2.

[13] 张俊明 . 图书馆纸质书籍的保护和管理研究 [J]. 中华纸业，2023，44（19）：
143-145.

[14] 肖素超 . 人工智能在高职图书馆数字阅读推广中的应用 [J]. 造纸装备及材
料，2023，52（8）：187-189.

[15] 高塈 . 网络环境下高校图书馆参考咨询服务的现存问题及优化策略 [J]. 造
纸装备及材料，2023，52（11）：191-193.

[16] 李娟 . 信息时代下高校图书馆管理模式创新研究 [J]. 兰台内外，2024（9）：
78-80.

[17] 努尔兰·吐尔达洪，刘岩，鲍慧敏，等 . 基于树莓派的图书馆预约系统 [J].
电脑编程技巧与维护，2023（8）：54-57.

[18] 覃建杰，杨兰 . 工科类学校智慧校园建设的技术架构 [J]. 装备制造技术，
2023（3）：225-227.

[19] 王丽君 . 现代图书馆管理系统的创新与实践 [J]. 大数据时代，2024（3）：40-42.

[20] 张红岩 . 智慧环境下民办高校图书馆管理与服务模式创新研究 [J]. 兰台内
外，2024（1）：64-66.

[21] 韩雨奇 . 高校图书馆管理与服务中大数据的应用研究 [J]. 科学与信息化，
2024（1）：159-161.

[22] 王静，黄艳 . "互联网 +"背景下图书馆数字化阅读发展刍议 [J]. 信息系统
工程，2023（3）：10-12.

[23] 施珍妮 . 试论"以人为本"是现代图书馆管理和服务创新的关键 [J]. 兰台
内外，2023（19）：73-75.

[24] 邱晔 . 河南省图书馆图书典藏与流通工作的实践与思考 [J]. 河南图书馆学
刊，2024，44（4）：105-107.

[25] 杨新涯 . 图书馆与图情学科携手元宇宙新赛道 [J]. 数字图书馆论坛，2022
（7）：8-10.

[26] 彭亮，柯平. 赋能对于图书情报事业是否是个新概念？——基于组织管理和技术发展双视角 [J]. 现代情报，2022，42（4）：3-10.

[27] 陈晓功. 提高地方高校图书馆管理人员专业素质的建议 [J]. 传媒论坛，2022，5（3）：102-104.

[28] 张玉伟. 对县级图书馆数字资源共享的思考 [J]. 黑龙江档案，2022（1）：320-322.

[29] 贾丙香. 数字化模式下图书馆的管理与创新 [J]. 兰台内外，2022（5）：52-54.

[30] 马燕. 现代图书馆管理与服务的人本化 [J]. 才智，2022（10）：133-135.

[31] 李秀娟. 新一代服务平台环境下的智慧图书馆建设：业务重组与数据管理 [J]. 黑龙江档案，2022（1）：318-320.

[32] 李一男. 新时期图书馆馆员队伍建设的现状及对策 [J]. 畅谈，2023（4）：223-225.

[33] 林晓欣，郭晶，张晗，等. 新技术背景下学术图书馆的管理与服务：守正与创新——"第十五届图书馆管理与服务创新论坛"综述 [J]. 大学图书馆学报，2023，41（2）：51-56.

[34] 程捷. 图书馆纸质图书保护措施与科学管理 [J]. 华东纸业，2023，53（5）：28-30.

[35] 朱文玲. 高校图书馆管理理念：人文与科技的融合 [J]. 科技风，2022（15）：157-159.

[36] 胡琦. 医院图书馆的文献资源建设与管理策略研究 [J]. 畅谈，2023（19）：10-12.

[37] 杨思洛，吴丽娟. 基于 BERTopic 模型的国外信息资源管理研究进展分析 [J]. 情报理论与实践，2024，47（2）：189-197.

[38] 薛鑫. 新时代数字图书馆视域下的图书馆管理工作变革 [J]. 时代报告，2023（26）：101-103.

[39] 谢飞. 智能环境下省级公共图书馆管理与服务创新研究 [J]. 图书馆学刊，2022，44（7）：45-48.

[40] 申峰. 智慧社会高校图书馆员的角色定位与职业能力研究 [J]. 科教导刊（电子版），2023（19）：281-283.